¡PC FACIL!

por Joe Kraynak

TRADUCCION
MIGUEL ANGEL MARTINEZ SARMIENTO
TRADUCTOR PROFESIONAL

REVISION TECNICA
VICTOR HUGO GONZALEZ QUINTERO
INGENIERO EN COMUNICACIONES Y EL
ICE, ESIME, IPN.

PRÉNTICE HALL HISPANOAMERICANA, S.A.
MEXICO-ENGLEWOOD CLIFFS -LONDRES-SYDNEY
TORONTO-NUEVA DELHI-TOKIO-SINGAPUR-RIO DE JANEIRO

DIRECTOR: RAYMUNDO CRUZADO GONZALEZ
DIRECTOR DE MERCADOTECNIA: MOISES PEREZ ZAVALA
DIRECTOR DE PUBLICACIONES: ALBERTO SIERRA OCHOA
GERENTE EDITORIAL: MARICELA VILLAGOMEZ ESTRADA
SUPERVISORES DE TRADUCCION: ENRIQUE PALOS BAEZ
JOSE LOPEZ ANDRADE
SUPERVISOR DE PRODUCCION: JUAN ANTONIO RODRIGUEZ MORENO

¡PC FACIL!

Traducido del inglés de la obra:
THE COMPLETE IDIOT'S GUIDE TO PCs

Spanish language edition published by
Prentice-Hall Hispanoamericana, S.A.

Copyright © 1995

Edición en español publicada por
Prentice-Hall Hispanoamericana, S.A.

Derechos Reservados © 1995

Enrique Jacob No. 20, Col. El Conde
53500 Naucalpan de Juárez, Edo. de México

ISBN 968-880-466-5

Miembro de la Cámara Nacional de la Industria Editorial, Reg. Núm. 1524

Original English Language Edition Published by
Copyright © 1994 By ALPHA BOOKS
All Rights Reserved

ISBN 1-56761-459-0

IMPRESO EN MEXICO / PRINTED IN MEXICO

IMPRESORA ROMA
TOMAS VAZQUEZ No. 152.
COL. A. MODERNA C.P. 08220
MEXICO, D.F.

Editora
Marie Butler-Knight

Editor de adquisiciones
Barry Pruett

Editora de administración
Elizabeth Keaffaber

...sarrollo
...Rack

...oducción
...chel

...ejemplar
...Gable

...e portada
...Cook

...dores
...s, Roger Morgan

...ciones
...derbosch.

Elaboradores de índice
Greg Eldred, Rebecca Mayfield

Equipo de producción
*Gary Adair, Brad Chinn, Kim Cofer, Meshell Dinn, Mark Enochs,
Stephanie Gregory, Jenny Kucera, Beth Rago, Marc Shecter, Kris
Simmons, Greg Simsic, Carol Stamile, Robert Wolf.*

*Mi sincero agradecimiento a C. Herbert Feltner, por asegurar
la precisión técnica de este libro.*

Editora de desarrollo
Mary Cole

Editor de producción
Phil Kitzes

Editora de ejemplo
Audra C.

Diseñador de portada
Scott Cool

Diseñadores
Amy Peppler-Adams

Ilustraciones
Steve Vanderbosch

Resumen de Contenido

Resumen de Contenido

Contenido

4 ¿Qué Pasa ahí Dentro?   33

5 Alimentando a su Computadora: Discos, Archivos y otros Comestibles   45

6 Cómo Llevarse Bien con el Jefe, el DOS   57

7 Evite al DOS, Emplee Windows de Microsoft   71

11 Conviértase en una Superpotencia de información con su Base de Datos   133

12 Póngase Gráfico, Aunque no Sea Artista   145

20 Cómo Aprender Algo de su PC 227

21 10 Programas para Personas Reales 239

24 Actualización de una PC: Cómo Gastar Todavía más Dinero   281

25 Cómo Reunir Pistas: Imprima una Lista de Archivos de Programas   295

26 Tal Vez Usted Pueda Arreglarlo   305

Introducción: ¿Qué Tiene en Este Momento?

Ya cayó. Le dijeron que una computadora haría más fácil su trabajo, se encargaría de las complicaciones y le proporcionaría más tiempo para practicar el golf y jugar con sus hijos. Usted también les creyó. Todos lo hicimos.

Pero cuando empieza a usar la computadora y las cosas parecen no ser tan fáciles, la computadora es tan amigable y acomedida como un pescado muerto. Y los libros que vienen con la computadora no lo hacen tan mal. Claro tienen toda la información que necesita; siempre y cuando pueda encontrarla y traducirla a algo que se parezca al idioma que habla. Pero, ¿quién tiene tiempo?. Usted necesita un libro que le enseñe lo básico: un libro que le indique lo que necesita saber, en idioma común; ni más ni menos.

Bienvenido a *PC Fácil*

La obra que el lector tiene ante sí funciona bajo la premisa que usted no necesita ser mecánico para conducir un auto. En este libro no voy a transmitirle información técnica. No voy a explicar cómo funciona un chip de computadora ni cómo un monitor exhibe hermosas imágenes o cómo funciona la impresora. Tampoco le proporcionaré cien comandos de DOS, noventa de los cuales no va a emplear. Se lo prometo.

En lugar de eso, aprenderá cosas prácticas y útiles, tales como ...

- Cómo encender su computadora (y rearrancar o reiniciar cuando falla todo lo demás).

- Cómo emplear DOS para ejecutar otros programas (y como evitar a DOS cuando sea posible).

☛ Cómo desplazarse por Windows de Microsoft.

☛ Qué clase de programas puede ejecutar en su computadora y qué puede hacer con ellos.

☛ Cómo comprar una computadora que no sea obsoleta.

☛ Cómo hacer que su computadora se sienta como el ser inferior que es.

☛ Cómo evitar problemas (y salir de ellos).

Le sorprenderá lo poco que necesita saber para usar una computadora.

¿Quién es Usted?

Tal vez se pregunte si este libro es para usted. Nosotros también nos hicimos esa pregunta cuando lo escribimos. Pensamos: "Tal vez la persona ya tenga una computadora, tal vez tenga una en el trabajo, tal vez vaya a comprar una, tal vez..." Bueno, ya me entendió.

Para no descartar a nadie escribimos el libro para todos. Tal vez tenga una PC en su casa o en el trabajo y necesita aprender a usarla. Tal vez vaya a comprar una PC y necesita saber lo que debe buscar, como configurarla cuando la tenga con usted. Tal vez sienta curiosidad por los tipos de programas que pueda ejecutar en una PC y lo que ofrecen. O tal vez desee saber todo lo confuso en relación con las PC. Quienquiera que sea, cualquier cosa que necesite saber sobre las PC, la encontrara aquí.

¿Cómo Usar este Libro?

No tiene que leer este libro de principio a fin (aunque tal vez se salte algo divertido si lo hace). Si quiere saber qué son las bases de datos, avance a ese capítulo. Si desea una lección rápida para emplear DOS, avance al capítulo de DOS. Cada capítulo es una unidad completa con la información que necesita para sobrevivir en el problemático mundo de las computadoras. Sin embargo, para dar estructura a este libro, lo dividí en tres partes:

☛ La parte 1, "capacitación básica", se refiere a los fundamentos: las partes de la computadora, cómo encenderla, cómo trabajar con discos y cómo desplazarse por DOS y Windows.

☛ La parte 2, "el arsenal de software", explica los diferentes tipos de productos de software que emplea para realizar trabajos prácticos, como escribir cartas, calcular sus impuestos y jugar.

☛ La parte 3, "computación guerrillera", contiene mucha información para comprar, configurar y dar mantenimiento a una computadora; salir de problemas y sobrevivir sin documentación.

Cómo Hacemos las Cosas en Esta Parte del Mundo

Empleé diferentes convenciones en este libro para hacer más fácil su uso. Por ejemplo, cuando necesite escribir algo, como aparece aquí:

Escriba esto

Sólo escriba lo que dice. Es tan sencillo como eso.

Si desea comprender más sobre los comandos que escribe, encontrará algo de información en las cajas del fondo. Debido a que está en cajas, puede saltarse con rapidez la información si desea evitar los detalles sangrientos.

Aquí están algunos iconos especiales usados en este libro que le ayudan a aprender lo que necesita:

Definiciones fáciles de comprender para cada término de computadora le permiten "hablar como si supiera". Encontrará todos los términos de "hable como si supiera" y definiciones al final de este libro.

Estas notas y consejos demuestran la manera más fácil de ejecutar cierta tarea.

Sálteselo. Es ruido de fondo (tecnicismo), a menos que esté verdaderamente interesado.

Aquí encuentra ayuda cuando las cosas salen mal.

Marcas Registradas

Hemos puesto en mayúsculas todo el hardware y software que sabemos o sospechamos que es marca registrada, marca de servicio de un fabricante de computadoras y/o software (para que usted sepa quién es el responsable). En Alpha Books no podemos certificar esta información, por lo que no esperamos que nos citen a un juzgado.

Parte I
Capacitación Básica

¡Esto es la guerra! Desde el momento que mueve el interruptor de corriente de su computadora hasta que se bate en retirada, su computadora intentará vencerlo. Sus tácticas son irracionales y abrumadoras. Usted introduce un comando, y su computadora exhibe "Comando o nombre de archivo incorrecto". Usted hace clic en un botón y el manuscrito en el que ha trabajado durante horas simplemente desaparece en medio de un destello de luz. Intenta abrir un archivo que creó y guardó y se encuentra con que éste aparentemente se ha ido a otra dimensión. Con esta barrera constante de asaltos ilógicos, la computadora espera cansarlo y forzarlo a una rendición incondicional.

Para ganar la guerra (o al menos para dar una buena pelea), necesita aprender información acerca del enemigo: de qué está hecho, cómo piensa y cómo puede indicarle qué hacer. En esta parte, recibirá la capacitación básica que necesita para sobrevivir.

Capítulo 1

Lo Mínimo
que Necesita
Saber

A muchas personas les gusta tocar una máquina hasta que se convencen de que no saben lo que hacen. Como último recurso, sacan un manual y empiezan a leer. Ese enfoque no tiene nada de malo. De hecho, se lo recomiendo; entre más practique, más aprenderá. Sin embargo, si se mete en problemas mientras atisba, consulte las preguntas en este capítulo. Es probable que encuentre la respuesta que necesita.

1. ¿Cómo Enciendo una Computadora?

Una vez conectadas todas las partes de una computadora, encenderla es tan fácil como prender una TV. Sólo mueva el interruptor de corriente de la unidad del sistema, del monitor, de la impresora y de cualesquiera otros dispositivos que estén conectados a su computadora. Espere a que se acaben todos los rechinidos y bips y estará preparado para comenzar.

¿Importa mucho qué parte enciende primero? En realidad no, pero el orden sugerido es activar primero el monitor y la impresora y después la *unidad del sistema* (la caja en la que se asienta el monitor). ¿Por qué? Debido a que, en ocasiones, la unidad del sistema tiene que hablar con las otras partes mientras calienta sus propios chips.

2. ¿Qué Veré Cuando Encienda la Computadora?

Cuando enciende la computadora, ejecuta una serie de comandos de inicio, que puede ver en la pantalla. Lo que aparece después depende de la configuración de su computadora. He aquí las cuatro cosas más comunes que observará:

☛ **Windows de Microsoft**. Muchas computadoras recientes están configuradas para ejecutar Windows de Microsoft de manera automática. Cuando las enciende, observa una pantalla que se parece a la que se muestra en seguida. Si ésa es la que obtiene, avance al capítulo 7 para saber qué hacer después.

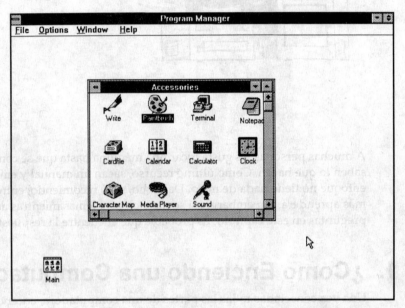

Un tipo de pantalla de apertura para una computadora con Windows.

☛ **El indicador del DOS**. En otros tiempos, todas las computadoras estaban configuradas para exhibir el infame indicador del DOS. Si ve algo parecido a esto:

C:\>

o esto:

A:\>

o esto:

A>

en su pantalla, avance al capítulo 6, donde aprenderá a enfrentar el indicador del DOS (y a deshacerse de él).

☞ **El logotipo del fabricante de computadoras**. Muchos fabricantes de computadoras la configuran para que exhiba su logotipo en la pantalla (como si pudiera olvidar quién la fabricó). Es probable que su computadora ejecute Windows de Microsoft. El fabricante configura Windows para que exhiba un maquillaje de fondo que incluya el logotipo del fabricante. Avance al capítulo 7 para aprender a trabajar en Windows.

☞ **Un menú**. Algunas computadoras vienen con un menú de todos los programas que contienen. Si ve tal menú, no tema. Sólo lea todo lo que contiene la pantalla (sobre todo en la parte de abajo). Con frecuencia la pantalla incluye mensajes que le indican qué hacer después o cómo obtener ayuda.

3.　¿Estropearé Algo si Oprimo Este Botón?

Su computadora no va a romperse si oprime botones. La única manera de estropear el *hardware* (la máquina misma) es dejarla caer, derramarle algo o conectarle algo cuando está encendida. Por supuesto, hay algunas otras maneras más creativas de destruir una computadora, pero voy a dejar que sean los niños quienes se las enseñen.

4.　¿Cómo Introduzco Este Disco en la Computadora?

Puede introducir un disco en la *unidad de discos* (la ranura al frente de la unidad del sistema) de varias maneras: al revés, de lado, doblado en dos (¡ay!) pero el disco está diseñado para entrar de una manera única. Tome el disco por el lado de la etiqueta, de manera tal que su dedo pulgar la cubra. Retírelo de su cubierta plástica o de papel e insértelo en la unidad como se muestra. Si la unidad tiene una palanca, bájela de tal manera que quede atravesando la ranura.

Palanca de unidad   Luz de unidad   Botón de
                                              expulsión

                      Luz de unidad

Inserte el disco con la etiqueta hacia arriba o a la izquierda (si su computadora está de lado).

Disco de 5 1/4   Disco de 3 1/2

Asegúrese de que la luz de la unidad junto a la ranura NO esté encendida antes de quitar un disco (si la luz está encendida, la unidad está leyendo o escribiendo en el disco). Cuando se apaga la luz, oprima el botón de expulsión o mueva, hacia arriba, la palanca de la unidad para que no esté atravesada por el frente de la ranura. Saque el disco y vuelva a colocarlo en su funda.

5. ¿Qué Quieren Decir Unidad A, B, C?

Muchas compañías tienen tres unidades manejadoras de discos: A, B y C, como se muestra aquí. Cuando desee trabajar con un archivo que esté en un disco colocado en alguna de las unidades, tiene que *accesarla*, o "cambiar a" esa unidad. Por lo general, modifica la letra de unidad al seleccionarla de una lista en la pantalla o al escribir la letra de unidad seguida por dos puntos y oprimir Enter. Por ejemplo, si se encuentra en el indicador del DOS y desea cambiar al disco en la unidad A, escriba **a:** y oprima **Enter**.

Unidad C

Unidad A

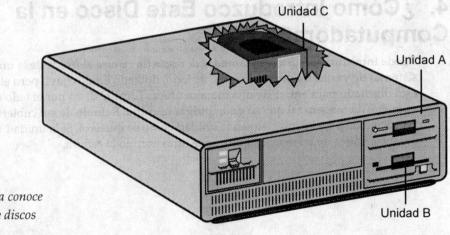

Su computadora conoce sus unidades de discos como A, B, C.

Unidad B

Para complicar un poco las cosas, algunas computadoras sólo tienen una unidad de discos flexibles, por lo que cuentan con la unidad de disco reconocida como A y una unidad de disco duro C pero no una unidad de disco B. Otras computadoras dividen el disco duro en C, D, E y otras letras. Y todavía otras computadoras tienen una unidad manejadora de CD-ROM, que por lo general es la D o cualquier otra letra sin usar.

Debe haber sólo un disco en la unidad a la vez. Una vez me consultó una persona que había introducido tres discos en una sola unidad (¡guau!). Tampoco inserte el disco en el espacio entre las unidades. Lo hice una vez y tuve que quitar la cubierta de mi computadora para recuperarlo.

6. Compré un Programa Nuevo, Ahora ¿Qué?

Normalmente, los programas vienen en uno o más discos flexibles. En otras épocas, introducía el disco flexible en la unidad y ejecutaba el programa de inmediato. Ahora, tiene que *instalar* el programa primero en su disco duro. (Instalar consiste en copiar los archivos de varios discos flexibles a un directorio en el disco duro de la computadora y descomprimir los archivos para que su computadora los use.) Una vez instalado el programa, guarde los discos de programa en un lugar seguro y ejecute el programa desde su disco duro o Windows.

Por suerte, muchos programas se instalan a sí mismos, sin ninguna ayuda de su parte. En esta época, las instrucciones de instalación son tan sencillas que se imprimen en la etiqueta del disco. Si no es así, siga estas instrucciones básicas para instalar un programa que se ejecute bajo el DOS:

1. Inserte el disco 1 en la unidad A o B y cierre la palanca del seguro, si tiene una (las unidades de 3.5" no tienen palancas).

2. Asegúrese de que se encuentra en el indicador del DOS. (Debe verse en la pantalla A:>, B:>, C:> o algo similar.) Si se encuentra en otro programa o en Windows, los comandos que siguen, que pertenecen al DOS, no funcionarán.

3. Escriba **a:install** o **b:install** y oprima **Enter**. (Escriba a:install si colocó el disco 1 en la unidad A. Escriba b:install si insertó el disco 1 en la unidad B.)

4. Siga las instrucciones que se presentarán en la pantalla y cambie los discos cuando se lo indiquen.

Lo único que puede variar de un programa a otro es el paso 2. Con algunos programas, usted escribe **install**. Con otros, escribe **setup**. Si tiene problemas para saber lo que debe escribir, haga esto:

1. Inserte el disco 1 en una de las unidades.

2. Escriba **a:** (si el disco está en la unidad A) o **b:** (si el disco está en la unidad B) y oprima **Enter**.

3. Escriba **dir*.bat** y presione **Enter**. Después escriba **dir*.exe** y oprima **Enter**.

4. Busque archivos que digan INSTALL.BAT o INSTALL.EXE o SETUP.BAT o SETUP.EXE. Escriba la primera parte del nombre de archivo (la parte antes del punto) y oprima **Enter.**

Los programas de Windows son todavía más fáciles de instalar. Para los detalles, consulte el capítulo 7.

Si no sabe cuál comando escribir para ejecutar el programa, escriba **dir /w** después del paso 5 y oprima **Enter**. Busque un archivo que termine en .BAT, .EXE o .COM. Escriba la primera parte del nombre del archivo (la parte antes del punto) y oprima **Enter**.

7. Instalé el Programa, Ahora ¿Dónde Está?

Introdujo el comando con el que, según el manual, se ejecuta el programa y recibió el mensaje de **Comando** o **Nombre de archivo incorrecto** o **Archivo no encontrado**. Instaló el programa, sabe que está ahí, pero no sabe llegar a él. Casi siempre, el problema es que el programa de instalación colocó los archivos del programa en un *directorio* en su disco duro. Un directorio es una división de su disco duro, una especie de gaveta en un archivero. Por lo general, tiene que cambiar al directorio que contiene los archivos del programa antes de proporcionar el comando necesario para ejecutarlo. Para observar una lista de los directorios en el DOS, haga lo siguiente:

1. Cambie a la unidad que contiene los directorios en los que desea buscar (por ejemplo, para cambiar a la unidad C, escriba **c:** y oprima **Enter**).

2. Escriba **cd** y oprima **Enter**. Esto cambia al directorio principal (o directorio "raíz") en la unidad activa.

3. Escriba **dir /a:d** y oprima **Enter**. DOS exhibe una lista de los directorios de la unidad activa.

4. Busque un nombre que se parezca al del programa que desea ejecutar (por ejemplo, TurboTax se instala a sí mismo en un directorio llamado TTAX).

5. Para cambiar a ese directorio, escriba **cd \nomdir** (donde *nomdir* es el nombre del directorio) y oprima **Enter**. (Por ejemplo, para cambiar al directorio TTAX, escriba **cd \ttax** y oprima **Enter**.)

6. Ahora escriba el nombre del comando necesario para ejecutar el programa y oprima **Enter**.

8. Tengo un Ratón, Pero ¿Cómo lo Uso?

Si tiene un ratón conectado a su computadora, puede emplearlo para introducir comandos (en lugar de su teclado) en la mayoría de los programas. Sin embargo, primero tiene que dominar estos cuatro movimientos básicos del ratón:

- ☛ **Apuntar**. Para apuntar, deslice el ratón por su escritorio hasta que el apuntador se encuentre encima del elemento al que desea apuntar. Sin embargo, no sucede nada hasta que hace clic.

- ☛ **Hacer clic**. Para hacer clic en algo, mueva el apuntador del ratón sobre él (apúntele) y después oprima y suelte el botón del ratón sin moverlo. Por lo general, haga clic para seleccionar algo, tal como un archivo o un comando (emplee el botón izquierdo del ratón, a menos que se le diga específicamente que utilice el botón derecho).

- ☛ **Hacer doble clic**. Usualmente se hace doble clic para ejecutar un programa o un comando. Para hacer doble clic, mueva el apuntador del ratón sobre el elemento en el que desea hacer doble clic, detenga el ratón y presione con rapidez dos veces el botón del ratón.

- ☛ **Arrastrar**. Por lo general se arrastra un elemento para moverlo o dimensionarlo. Para arrastrar, mueva el apuntador del ratón sobre el elemento (apúntele) y mantenga oprimido el botón del ratón mientras desliza el ratón sobre el escritorio. Por lo general se observa que el elemento se mueve por la pantalla a su nueva posición.

Para más información sobre el empleo de un ratón, consulte el capítulo 7.

9. ¿Debo Emplear Windows?

Sí. Los programas diseñados para funcionar con Windows son más fáciles de usar y, por lo general, son más poderosos que sus contrapartes en el DOS. Los tradicionalistas le pueden decir que evite Windows, pero no los escuche. Windows llegó para quedarse.

Si no sabe si su computadora tiene Windows, obtenga el indicador del DOS, escriba **c:** y oprima **Enter**. Después, escriba **win** y oprima **Enter**. Si tiene Windows, el comando debe ejecutarse. Si eso no funciona, siga los pasos de la sección anterior para buscar un directorio llamado Windows. Después escriba **win** y oprima **Enter** otra vez. Para desplazarse por Windows, emplee esta imagen como guía:

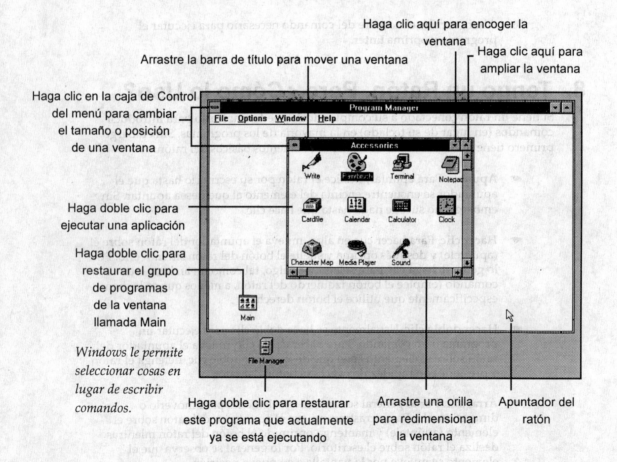

Haga clic aquí para encoger la ventana

Haga clic aquí para ampliar la ventana

Arrastre la barra de título para mover una ventana

Haga clic en la caja de Control del menú para cambiar el tamaño o posición de una ventana

Haga doble clic para ejecutar una aplicación

Haga doble clic para restaurar el grupo de programas de la ventana llamada Main

Windows le permite seleccionar cosas en lugar de escribir comandos.

Haga doble clic para restaurar este programa que actualmente ya se está ejecutando

Arrastre una orilla para redimensionar la ventana

Apuntador del ratón

10. Cuando Termine, ¿Sólo Apago Todo?

No, hágalo hasta que cierre los programas con los que trabajó. De otra manera, puede perder el trabajo creado y desordenar el cerebro de su computadora. La mayoría de los programas tienen un comando Exit o Quit que debe emplear para salir del programa. Este comando hace dos cosas: 1) si no ha guardado su trabajo, se lo advierte y 2) de manera ordenada, quita el programa de la memoria de su computadora. Si simplemente apaga su computadora, evita esta importante red de seguridad.

Para salir de la mayoría de los programas, abra el menú **File** y seleccione **Exit** o **Quit**. Con programas de Windows, mantenga presionada la tecla **Alt** y oprima **F4**. Si emplea Windows, debe regresar al indicador del DOS antes de apagar la computadora.

Esta página fue dejada en blanco
sin intención.

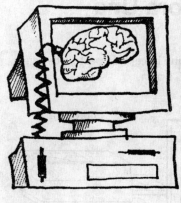

Capítulo 2

Las Partes son las Partes: Anatomía de Computadoras 101

Al Final de Este Capítulo, Podrá:

☞ Nombrar las partes (hardware) que forman una computadora.

☞ Decirles a sus amigos dónde tiene el cerebro una computadora.

☞ Señalar las unidades de discos.

☞ Reconocer una unidad CD-ROM en una prueba de identificación policiaca.

☞ Indicar las diferencias entre un monitor y un equipo de televisión.

☞ Explicar el concepto de software a un extranjero que haya llegado como parte de un intercambio estudiantil.

Mientras está sentado frente a una computadora, no necesita conocer los nombres de las partes. Puede apuntar y decir "esa cosa empezó a hacer ruido, así que oprimí este botón y ahora no encuentro nada". O "introduje una de estas cosas planas en este hueco y ahora no puedo sacarla". Pero si le tiene que decir a alguien lo que sucede por teléfono, necesita conocer los nombres más comúnmente utilizados de las partes. En este capítulo, aprenderá lo que hace cada parte, cómo se llama y cómo contribuye a hacer de su computadora una computadora.

¿Qué Hace a Una Computadora Una Computadora?

Antes de deshacer una computadora y describir lo que hace cada parte, observe esta figura para tener una imagen general de una PC típica.

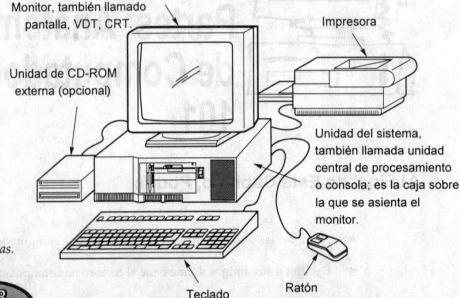

Monitor, también llamado pantalla, VDT, CRT.

Impresora

Unidad de CD-ROM externa (opcional)

Unidad del sistema, también llamada unidad central de procesamiento o consola; es la caja sobre la que se asienta el monitor.

Una computadora personal consta de algunas partes básicas.

Teclado

Ratón

Antes de que piense que PC significa "políticamente correcto", en realidad significa *personal computers* y se refiere a la computadora personal específica de IBM (lo contrario de las Apple, Macintosh y Commodore). Aunque muchas personas utilizan el término "computadora personal" para describir cualquier computadora, yo lo uso específicamente para las IBM y compatibles (Compaq, Packard Bell, etc.).

La Unidad del Sistema: Cerebros en Una Caja

Aunque la unidad del sistema no se ve más impresionante que una caja de zapatos grande, contiene los siguientes elementos que le permiten a su computadora realizar las operaciones más complejas:

Chips de memoria. Los chips de memoria, las neuronas de su computadora, almacenan instrucciones y datos en forma temporal mientras los emplea su computadora. Cuando ejecuta un programa, las instrucciones de éste se conservan en la memoria. Todo lo que escribe se almacena en la memoria para que su computadora pueda trabajar con ello.

TECNO CEREBRO ENSEÑA...

IBM introdujo su primera computadora personal (la *IBM PC*) en 1981. Después que se empezó a vender como pan caliente, otras compañías empezaron a fabricar y vender computadoras que se parecían y funcionaban como la PC. Estas copias inteligentes se llamaban (y se llaman) *sistemas compatibles con PC, sistemas compatibles con IBM* o *clones*.

Unidad central de procesamiento. La unidad central de procesamiento (CPU) es el cerebro de la computadora. Considere los otros dispositivos conectados a su sistema como las manos y los pies. La CPU envía las instrucciones del programa y la información que usted introduce a los otros dispositivos (manos y pies) para hacerlos funcionar. Los chips de la memoria de su computadora funcionan como áreas para manejar las instrucciones que emplea la CPU, igual que usted se basa en su memoria para guardar información que necesita recordar de vez en vez.

Puertos de entrada y salida. En la parte posterior de la unidad hay varias salidas (puertos) en las que puede conectar su teclado, ratón, monitor, impresora, modem y otros dispositivos.

Unidades de discos flexibles. El acceso a una unidad de disco flexible se hace a través de una ranura en la parte frontal de la computadora. Su computadora puede tener más de una. Los discos flexibles son cuadrados, de plástico y se colocan en una unidad para manejar instrucciones pertenecientes a programas u otra información. La computadora lee las instrucciones o la información, las lleva a la memoria y las emplea para hacer su trabajo.

Unidades de disco duro. Una unidad de disco duro está integrada completamente en la unidad de sistema y, por lo tanto, no se puede ver o tocar por manos profanas. La unidad de disco duro actúa como un disco flexible gigante, pero almacena cientos de veces más información.

Unidad de CD-ROM. Las computadoras más recientes tienen una unidad de CD-ROM, que se parece mucho a un reproductor de CD. Puede comprar discos compactos que contienen

HABLE COMO SI SUPIERA

La unidad del sistema es la parte central de la computadora. Cualesquiera dispositivos conectados a la unidad del sistema se consideran *periféricos* (como en "visión periférica"). Los dispositivos periféricos incluyen el monitor, la impresora, el teclado, el ratón, el modem y el bastón de mando. Algunos fabricantes consideran el teclado y el monitor partes esenciales de la computadora y no periféricos.

programas, enciclopedias (con sonido y movimiento) y juegos fantásticos que se ejecutan en la unidad de CD-ROM.

Interruptor de corriente. Si tiene un modelo antiguo de computadora, el interruptor de corriente (por lo general, de color naranja) está cuidadosamente oculto en la parte trasera, lateral derecha de la unidad del sistema. Si no la encuentra, búsquela en la parte frontal (el último lugar en que buscaría). El capítulo 3 le ofrece más detalles acerca de cómo encender su sistema.

Cómo Picotear con el Teclado

Un *teclado* es una máquina de escribir sin problemas. No tiene que cambiar cintas, alimentarla de papel o desatascar brazos atorados. Eso está reservado para la impresora. El teclado sólo tiene muchas teclas y un cable que lo enlaza a la unidad del sistema, como se muestra aquí.

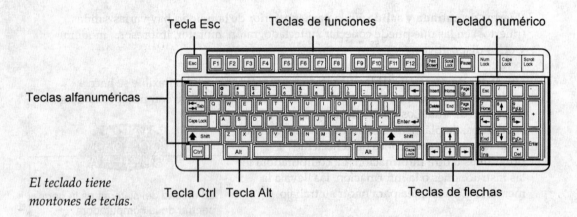

El teclado tiene montones de teclas.

Como muestra la imagen, el teclado tiene más partes que un formato de pago de impuestos. Aunque la posición de las teclas en su teclado puede variar, todos los teclados de PC contienen algunas teclas comunes:

Teclas alfanuméricas. Alfanumérico es un término elegante para "letras y números". Esta área del teclado también incluye una tecla de mayúsculas (Shift), una tecla Enter (o Return), una barra espaciadora, una tecla de tabulador (Tab) y una tecla de retroceso (Backspace).

Teclas de funciones. Las teclas de funciones son 10 o 12 (conocidas como teclas F) y se encuentran en la parte superior o a la izquierda del teclado. Estas teclas se numeran como F1, F2, F3 y así sucesivamente. Se emplean para introducir comandos. ¿Cuáles comandos? Eso depende del programa.

Teclas de flechas. También conocidas como teclas del movimiento del cursor, las teclas de flechas mueven el cursor (la línea o caja parpadeante) por la pantalla.

Teclado numérico. El teclado numérico consta de un grupo de teclas con números que se encuentran en la misma posición de las de una máquina sumadora. Este teclado incluye una tecla de bloqueo numérico (Num Lock) que, cuando se activa, hace que el teclado escriba números. Con Num Lock desactivada, emplea el teclado numérico para desplazarse por la pantalla (como lo indican las flechas y abreviaturas bajo los números).

Teclas Ctrl y Alt. Las teclas Ctrl (Control) y Alt (Alternative) hacen que las otras teclas en el teclado respondan de manera diferente a como lo hacen en forma normal. Por ejemplo, si oprime la tecla F1 sola, la computadora puede exhibir una pantalla de ayuda; pero si mantiene presionada la tecla Control mientras oprime F1 (Ctrl + F1 en lenguaje utilizado dentro del círculo computacional), la máquina realiza un comando completamente diferente.

Tecla Esc. Se emplea a la tecla Esc (Escape), en la mayoría de los programas, para regresarse o abandonar lo que se está haciendo en ese momento.

Cómo Curiosear con un Ratón

Un ratón es un dispositivo para apuntar que le permite moverse con rapidez en la pantalla y seleccionar comandos al hacer clic en los botones, en lugar de oprimir teclas. La figura siguiente muestra un ratón normal.

Lo práctico de un ratón es que, en realidad, usted no tiene que saber lo que hace un programa para emplearlo. Sólo curiosea con el ratón hasta que encuentra algo útil. Sin embargo, tiene que

La mayoría de los ratones de computadoras poseen dos botones y no tiene piel. Algunos ratones tienen un tercer botón en medio (supongo que el de la panza) que, si oprime por error, hace que el ratón se revuelque y se ría como loco. Si su ratón tiene piel y muerde cuando le oprime su botón, es probable que se haya equivocado de ratón.

saber cómo atisbar. Aquí están los cuatro movimientos básicos que necesita conocer.

Apuntar. Para apuntar algo en la pantalla, deslice el ratón en su escritorio hasta que el apuntador toque el área o comando deseados (cuando se apunta, en realidad no se hace nada).

Un ratón típico.

Hacer clic. Para seleccionar un comando o moverse a un área en la pantalla, apunte al comando o área, mantenga quieto el ratón y oprima y suelte el botón del ratón. (Escuchará que el botón del ratón hace clic; como cuando se corta las uñas.) A menos que se indique otra forma, debe emplear el botón izquierdo del ratón. Los programas reservan el botón derecho para deseleccionar o para otras acciones especiales.

Hacer doble clic. Hacer doble clic (clic, clic) consiste en oprimir y soltar el botón izquierdo del ratón dos veces con rapidez, sin mover a éste. Por lo general, se hace doble clic para activar un comando.

Arrastrar. Arrastrar consiste en mantener presionado el botón del ratón mientras lo mueve. Por lo general, arrastra para seleccionar letras o palabras, mover algo en la pantalla o dibujar una línea o forma. Los ratones son unos bribones veleidosos y usted tiene que acostumbrarse a su carácter.

Si ésta es su primera cita con un ratón, recuerde los siguientes consejos:

Manténgalo quieto mientras hace clic. Si hace movimientos mientras hace clic, puede quitar el apuntador del ratón del elemento que desea seleccionar. Por ejemplo, tal vez elija borrar (Delete) en lugar de copiar (Copy).

Haga clic para seleccionar; doble clic para introducir. Si hace clic en algo, se selecciona pero no sucede nada. Si desea que pase algo, haga doble clic.

Haga doble clic con rapidez. Dos clics no forman un doble clic. Si hace clic dos veces en forma lenta, sólo selecciona dos veces un elemento.

Observe el otro cursor. Cuando trabaja con texto (letras y palabras), tiene dos cursores: el apuntador del ratón y el cursor de texto (una barra vertical u horizontal). Cuando empieza a escribir, el texto se introduce en la posición del cursor de texto, no en la del apuntador del ratón. Para mover el cursor de texto, debe hacer clic con el ratón donde desea colocar al cursor de texto.

El Monitor: El Parabrisas de su Computadora

El monitor es el parabrisas de su computadora. Mientras trabaja, el monitor le permite ver lo que está haciendo. Incluso atrapa tanto polvo como el parabrisas de su auto. Cuando ejecuta un programa, éste exhibe una pantalla, menú (vea el siguiente ejemplo) o *indicador* que le permite introducir un comando o escribir texto.

En este caso, *indicador* significa "mirada vacía". La computadora lo observa y le dice "dime algo". Le indica (o le solicita) que introduzca información o un comando. Puede ser el indicador de DOS, **C:>** o un mensaje, tal como **Escriba su nombre**.

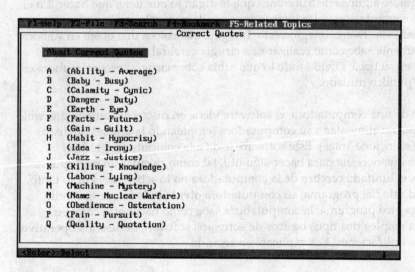

Este programa exhibe un menú cuando lo inicia.

Encontrará todo tipo de monitores: CGA, EGA, VGA, SVGA. Por ahora, sólo recuerde esto: CGA = mala imagen, EGA = imagen mediocre, VGA = imagen muy buena, SVGA = imagen superbuena. El capítulo 21 tiene más información sobre los tipos de monitores que puede adquirir.

La Impresora: Póngalo por Escrito

La impresora heredó todas las partes problemáticas que solían encontrarse en las máquinas de escribir: el rodillo, la cinta para impresora y los pequeños brazos metálicos que contenían las letras (o su equivalente). El trabajo de la impresora es transformar los zumbidos eléctricos que escucha de su computadora en algo que puedan leer los humanos.

Las impresoras van desde el tipo económico de matriz de puntos, la cual imprime cada carácter como una serie de puntos, hasta las costosas impresoras laser, que operan como máquinas copiadoras. En medio se encuentran las impresoras de inyección de tinta, que esparcen tinta en la página (suena problemático, pero no lo es). Para más información de los diferentes tipos de impresoras, consulte el capítulo 21.

El Software: Enviando a su Computadora a la Escuela

Antes de que su computadora pueda hacer algo útil, necesita educarse; en otras palabras, requiere algunas instrucciones que le digan lo que tiene que hacer. En el mundo de la computación, estas instrucciones se llaman *software*. Para ilustrar cómo funciona el software, imagine esto. Imagine que coloca una oblea en su boca y automáticamente sabe cómo realizar una cirugía cerebral. Escupe esa oblea y coloque otra en su boca. Olvida todo lo que sabía sobre cirugía cerebral y ahora es un contador público titulado.

En el caso de una computadora, el software viene en discos de tamaño digerible con los que puede alimentar a su computadora (empleando la unidad de discos flexibles que mencioné antes). Este software le da a la computadora todo el conocimiento que necesita para hacer algo útil, tal como calcular un presupuesto. Sin embargo, el limitado cerebro de la computadora no lo sabe todo. Por lo tanto, cuando usted sale del programa, su computadora olvida todo lo que aprendió. Cuando carga otro programa, la computadora sabe cómo hacer otra cosa. Su computadora emplea dos tipos básicos de software: software de sistema operativo y software de aplicaciones. Los explicaré en seguida.

TECNO CEREBRO ENSEÑA...

Las instrucciones que sigue una computadora no están en una forma que pueda comprender un ser humano normal. Las instrucciones están en lo que se llama *lenguaje de máquina*, el cual consiste en una serie de ceros y unos. Los ceros quieren decir apagado y los unos encendido. Un programa emplea lenguaje de máquina para encender y apagar en una secuencia particular miles de interruptores dentro de la computadora, a la velocidad de la luz, lo que permite a la computadora ejecutar su magia.

Software de Sistema Operativo: Cómo Proporcionar los Fundamentos a su Computadora

El *software de sistema operativo* proporciona las instrucciones que necesita su computadora para vivir y respirar. Le dice al sistema cómo obtener y almacenar información en discos, cómo exhibir la información en la pantalla y cómo emplear la memoria de la computadora y la unidad de procesamiento. Además, establece las reglas que deben cumplir los otros programas.

Por lo general, la PC emplea cualquiera de dos sistemas operativos: DOS u OS/2. El capítulo 6 analiza en detalle el sistema operativo más popular, el DOS (no analizamos el OS/2). Además, usted puede ejecutar Windows de Microsoft, GeoWorks o algún otro *ambiente* encima del DOS para hacer más fácil su uso. El capítulo 7 le proporciona los detalles para trabajar con Windows de Microsoft.

Software de Aplicación: Cómo Aplicar el Conocimiento a Tareas Utiles

Con un sistema operativo, su computadora tiene los fundamentos, pero no puede dedicarse a alguna tarea práctica, tal como ayudarle a escribir cartas de negocios o calcular si puede pagar el refinanciamiento de su casa.

HABLE COMO SI SUPIERA

Un **ambiente** es un lugar en el que su computadora ejecuta diversas tareas. Windows de Microsoft, por ejemplo, despliega un ambiente orientado al manejo de gráficas que le permiten seleccionar imágenes, que representan comandos, preferentemente que teclearlos. Lo anterior facilita el uso de la computadora (siempre y cuando conozca el significado de las imágenes).

Lo que su computadora necesita es *software de aplicación*. Este software consiste en un conjunto de instrucciones especializadas que su computadora emplea para dedicarse a una tarea útil. Este es el software (o programa) que compra para hacer su trabajo (tal como escribir cartas, encontrar un número telefónico o jugar Tetris). En la segunda parte de este libro, conocerá los diferentes tipos de aplicaciones y para qué sirven.

Lo Mínimo que Necesita Saber

En este capítulo, conoció las partes básicas que forman una computadora y su función. Si no desea llenar su memoria con detalles, al menos recuerde lo siguiente:

- ☞ La unidad del sistema contiene la memoria y la fuerza cerebral de su computadora.

- ☞ Las unidades de discos flexibles, en la parte frontal de la computadora, le permiten transferir instrucciones e información de discos a la unidad del sistema.

- ☞ Un teclado, conectado a la unidad del sistema, le permite escribir información e introducir comandos que le dicen a la unidad del sistema qué debe hacer.

- ☞ Un ratón es un dispositivo opcional que le permite señalar y seleccionar comandos y objetos en lugar de escribir comandos con el teclado.

- ☞ El monitor se conecta a la unidad del sistema y le proporciona una manera de observar lo que sucede dentro de la computadora y los efectos de lo que usted hace.

- ☞ Una impresora transforma su trabajo de su forma electrónica dentro de la computadora a una forma impresa.

- ☞ El software le proporciona a su computadora las instrucciones que necesita para operar y ejecutar tareas útiles.

- ☞ Hay dos tipos de software: software de sistema operativo y software de aplicación. El software del sistema operativo carga y hace funcionar la computadora. El software de aplicación proporciona las instrucciones que necesita su computadora para ejecutar una tarea específica.

Capítulo 3
Cómo Empezar a Producir Frutos

Al Final de Este Capítulo, Podrá:

- Encender las partes de su computadora en el orden adecuado (como si de verdad importara).

- Impresionar a sus amigos al encender todo a la vez desde una tablilla de corriente.

- "Arrancar" su computadora sin patearla.

- Volver a arrancar su computadora (cuando necesita un cambio de actitud).

- Apagar su computadora (cuando encuentra algo más interesante que hacer).

Para que su computadora viva y piense, tiene que encenderla. En este capítulo, le diré cuáles interruptores necesita mover y en qué orden (aunque esto último, en realidad, no es tan importante). Le diré cómo responden gran parte de las computadoras al duro despertar conocido como "el arranque". Y aprenderá a apagar la computadora. No se preocupe; nada de lo que haga en este capítulo dañará su equipo.

Encender su monitor e impresora antes que la unidad del sistema puede prolongar la vida de su computadora. Cuando la unidad del sistema está encendida, encender otro dispositivo envía una descarga de corriente a la unidad del sistema. Eventualmente, este tipo de descarga puede freír las delicadas partes de la unidad del sistema. Por lo tanto, primero encienda su monitor e impresora.

Paso 1: Encienda una Tablilla de Corriente

Si tiene todo conectado a una tablilla de corriente, debe encenderla primero, para llevar electricidad a las otras conexiones. De otra manera, cuando prenda su monitor y su unidad del sistema, nada pasará.

Primero, asegúrese de que esté conectada la tablilla de corriente. Encienda su interruptor. Algunas tablillas de corriente tienen una luz para indicarle que están encendidas.

Paso 2: Primero el Monitor

Aunque puede encender un monitor cuando quiera, hacerlo después es como empezar a manejar antes de limpiar el parabrisas. Mientras el monitor está apagado, no observará lo que sucede. Haga esto para encender el monitor:

Los símbolos I y O son jeroglíficos egipcios que quieren decir encendido y apagado. Los descubrieron en una antigua excavación egipcia de computadoras, a principios de los años noventa. Frente a la computadora había un libro titulado *El DOS para momias* pero los expertos están de acuerdo en que el libro no es ponderable.

1. Encuentre el interruptor de corriente. Pruebe en la parte trasera, a un lado, detrás de un panel oculto o en el último lugar que se le ocurriría: exactamente enfrente.

2. Mueva u oprima el interruptor de corriente. Si hay un I y un O en el interruptor (estos símbolos ganaron el premio "Poco Amigables para el Usuario" en 1993), recuerde que I significa "encendido" y O significa "apagado". Escuchará un tono agudo igual al que hace su televisión al encenderla.

3. No se preocupe si la pantalla todavía está en blanco. Sigue en blanco hasta que usted enciende la unidad del sistema.

Paso 3: ¿Enciende la impresora?

Si va a emplearla, enciéndala. Si no va a usarla en ese momento, déjela apagada. No necesita estar encendida para emplear el resto de la computadora, y usted tiene cosas más importantes que hacer. Cuando necesite imprimir, haga esto:

1. Encuentre el interruptor o botón de corriente.

2. Mueva el interruptor u oprima el botón.

3. Busque un botón que dice "en línea" ("Online"). Si lo encuentra, asegúrese de que su luz indicadora esté encendida (sin parpadear). Si parpadea, es probable que necesite cargar papel en la impresora. Cuando hay papel, oprimir el botón debe dejar la luz encendida.

Paso 4: Cómo Arrancar al DOS Desde un Disco Duro (Dulce Venganza)

Su computadora duerme como un tronco. Llámela por su nombre, muévala, quítele las sábanas; seguirá en coma profundo. Para despertarla, tiene que "arrancarla". Esto es, tiene que encenderla con las instrucciones del sistema operativo (DOS) en su lugar. Esto significa ya sea que el DOS debe instalarse en el disco duro de la computadora o que el disco de inicio que contiene al DOS debe estar en la primera unidad de discos flexibles. ¿Cómo saber si el DOS está instalado en su computadora? Sólo siga estos procedimientos:

1. Quite los discos de las unidades de discos flexibles (las ranuras en la parte de enfrente de la computadora). Tal vez tenga que mover una palanca, abrir una puerta u oprimir un botón de expulsión bajo la unidad de disco. Después quite los discos.

2. Encuentre el interruptor de corriente. Está en alguna parte. En la parte trasera en la unidad, a un lado, detrás de un panel oculto o en la parte frontal.

3. Mueva el interruptor u oprima el botón de corriente. Tal vez observe algunos jeroglíficos. Aquí es donde empieza la diversión. Algunos elementos aparecen, las luces parpadean, la unidad de disco rechina; usted escucha bips, burps, gorgoreos y gruñidos.

Asegúrese de que el disco que contiene el programa del DOS que esté empleando esté protegido contra escritura. Esto evita que su computadora haga cambios en los datos del disco. Más información en el capítulo 5, que explica todo sobre los discos, por lo que no tiene caso perder más el tiempo.

Paso 4 Alternativo: Cómo Arrancar su Computadora Desde un Disco Flexible

Las computadoras más recientes tienen discos duros, por lo que tal vez nunca necesite arrancarlas desde un disco flexible. Sin embargo, si su computadora es un modelo antiguo o si no puede arrancar desde la unidad de disco duro (por cualquier razón), he aquí lo que debe hacer:

1. Tome el disco que contiene al DOS (el que se identifica como disco 1) de tal forma que vea la etiqueta (lo que indicará que está hacia arriba) e inserte el lado opuesto en la unidad de discos flexibles (la ranura superior o a la izquierda en la parte frontal de la computadora). Si la unidad de discos flexibles tiene una puerta, ciérrela.

2. Encienda la corriente de su computadora. La computadora se activa y carga al DOS en la memoria.

El término "arrancar" no significa quitarle algo a la computadora. El arranque coloca las instrucciones del DOS en la memoria de su computadora para que pueda trabajar. Es algo así como "prepararse de manera física y mental" para encarar un nuevo día de trabajo.

La Computadora Empieza a Despertar

Cuando encienda la unidad del sistema, escuche y observe la pantalla; verá aparecer alguna información mientras la pantalla realiza su comprobación interna. Se parece a lo que usted hace al despertar: asegurarse de que sus pies todavía se mueven, separar los sueños de la realidad, asimilar cuánta necesidad tiene de ir al baño.

Al Inicio, una Autoprueba de Encendido

Todas las computadoras vienen con un conjunto de instrucciones incorporadas que les dicen cómo iniciar y en dónde buscar al DOS. Una de las primeras cosas que hacen las instrucciones iniciales es ejecutar una autoprueba de encendido (Power-On Self-Test o POST). Si la prueba revela que algún componente no funciona en forma adecuada, la computadora exhibe un mensaje de error en la pantalla que le proporciona un indicio del componente que produce problemas.

¿Sabe Alguien Realmente qué Hora es?

La mayoría de las computadoras tienen un reloj interno, operado por baterías, que registra la fecha y hora actuales. Cuando arranca su computadora, el DOS puede mostrarle la fecha y hora que considera correctas y pedirle que confirme o modifique las que tiene. He aquí lo que debe hacer:

☛ Si la fecha y hora están correctas, oprima **Enter** para confirmar.

☛ Si la fecha está incorrecta, escríbala en el formato solicitado. Por ejemplo, si el DOS le solicita que escriba la fecha en el formato MM-DD-YY (mes-día-año), escriba algo como 04-25-94. Oprima **Enter**.

☛ Si la hora está incorrecta, escríbala en el formato requerido. Por ejemplo, si el DOS le solicita que escriba la hora en el formato HH:MM:SS (hora:minutos:segundos), escriba algo como 08:33:05. Oprima **Enter**.

DOS, ¿Estás Ahí?

Cuando el sistema queda en silencio, debe ver en la pantalla un punto de petición como el siguiente: **C:\>** o **C:>** o **C>** o **A>**. Si no ve el indicador, no se espante. Pueden suceder varias cosas:

☛ Si su pantalla todavía está en blanco, asegúrese de que esté encendido el monitor. Si ése no es problema, el botón que maneja la brillantez puede estar en la posición más baja. Aumente la brillantez.

☛ Si observa un mensaje que le indica que inserte un disco de sistema en la unidad A, tal vez su computadora no tenga un disco duro o no tenga el DOS instalado. O quizá haya dejado algo en la unidad de discos flexibles. Si hay un disco en la unidad, quítelo y oprima **Enter**. Si no, vaya con el dueño de la computadora y pida ayuda.

☛ Si ve una pantalla pequeña con muchas imágenes, es probable que el distribuidor haya instalado Windows de Microsoft o algún otro programa gráfico para que se ejecutara en forma automática (el DOS es horrible; lo sabrá cuando lo vea). Avance al capítulo 7, "Evite al DOS, emplee Windows de Microsoft" para determinar qué hacer.

☛ Si ve una lista de opciones, es probable que el distribuidor haya configurado algo más en su computadora para confundirlo. Busque la opción Exit y elíjala para regresar a aquello de C:\>.

☛ Si observa la lista de Navidad de su hijo, es que sabe más de computadoras de lo que pretende.

Cómo Encender Todo por Medio de una Tablilla de Corriente

Usted ya lo ha visto. Alguna persona se acerca a su computadora, mueve un solo interruptor y todas las luces se encienden: el monitor, la unidad del sistema, la impresora, todo. ¿Cómo lo hizo? La respuesta es una tablilla de corriente. El secreto es que, una vez que todo está encendido, lo apaga en conjunto desde la tablilla de corriente. Esto evita tener que prender y apagar interruptores y botones y hace que todo se cargue y se ejecute con rapidez.

Si intenta encender todo desde una tablilla de corriente y no funciona, no lo vuelva a hacer. No funciona con todos y tal vez no sea la mejor idea para su computadora.

Arranques en Frío, Arranques en Caliente y el Botón de Reinicio

Cuando enciende la computadora, la electricidad fluye por el sistema, igual que la sangre por las venas, calentando las entrañas de su computadora. Después, la computadora lee las instrucciones de inicio y empieza a pensar. Esto se conoce como *arranque en frío*, debido a que su computadora tiene que calentar sus chips antes que pueda empezar a hacer algo más.

TECNO CEREBRO ENSEÑA ...

Lo ideal es que usted efectúe el arranque en frío de su computadora sólo una vez al día: la primera vez. Si calienta y enfría sus chips todo el día, se sienten cansados y mareados (si usted tuviera que despertarse más de una vez al día, se sentiría igual).

Arranque en Caliente: Cómo Volver a Arrancar su Computadora

Durante el día, su computadora puede atorarse, negándose a hacer algún trabajo. Usted presiona la tecla **Esc**, hace clic con el ratón en todas partes, presiona la tecla **F1** (y, finalmente, oprime todas las otras teclas) y recibe en respuesta la misma indiferencia.

Cuando esto sucede, siente la tentación de apagar la computadora y volverla a encender. Resista la tentación. Primero, intente *arrancar en caliente* la computadora. Para lograr un arranque en caliente de la computadora, mantenga oprimidas las teclas **Ctrl, Alt** y **Del**. Esta combinación de teclas (Ctrl + Alt + Del) se denomina el "saludo de las tres teclas". Se prefiere el arranque en caliente al arranque en frío ya que implica menos esfuerzo para su computadora.

Vuelva a arrancar su computadora sólo como último recurso. Si trabaja en un proyecto y tiene que volver a arrancar, perderá todo lo que hizo desde la última vez que guardó su trabajo.

El Botón de Reinicio (RESET)

En ocasiones, la combinación Ctrl + Alt + Del no funciona. La oprime y no sucede nada. ¿Qué pasa? Si su computadora tiene un botón de reinicio, pruebe a oprimirlo para volver a arrancar su computadora. Al igual que Ctrl + Alt + Del, el botón de reinicio vuelve a arrancar su computadora sin tener que prenderla y apagarla.

El Reinicio por Medio de un Arranque en Frío: el Ultimo Recurso

Si hace un arranque en caliente pero no funciona y su computadora no tiene un botón de reinicio, todavía puede arrancarla en frío. Para lograrlo, mueva el interruptor de la unidad del sistema a la posición de apagado.

Espere de 15 a 30 segundos para que el sistema se detenga por completo y permitir que se limpie toda la memoria. Escuche con cuidado y alcanzará a oír que está "apagada" durante unos cuantos segundos. Una vez que termina el sonido de apagado, mueva el interruptor de la unidad del sistema a la posición de encendido.

Cómo Apagar Todo

El Dr. Frankenstein cometió un error crítico: olvidó incorporar un interruptor de encendido y apagado. Sin embargo, usted puede apagar su monstruo; pero antes siga estas recomendaciones:

1. **Salve todo lo que ha estado haciendo en un disco.** Su trabajo se almacena en dispositivos que requieren electricidad. Si apaga su computadora antes de guardar su trabajo en un disco, ésta olvida su trabajo y es probable que usted tampoco lo recuerde.

2. **Abandone cualquier programa que esté usando actualmente.** Cuando cierra un programa, este se asegura de que haya guardado todo su trabajo en el disco y entonces puede terminarse apropiadamente. Si apaga la unidad sin salir de los programas, puede perder su trabajo y desordenar la memoria de su computadora.

3. **Mantenga alejados sus discos flexibles.** Los discos flexibles pueden dañarse si los deja en las unidades de discos. Retírelos y póngalos lejos. Asegúrese de que se apague la luz de la unidad de discos flexibles antes de sacar el disco.

4. **Apague su computadora.** Apague el botón de la tablilla de corriente, o cada uno de los interruptores o botones de las partes individuales de la computadora.

Lo Mínimo que Necesita Saber

En este capítulo, conoció todo lo que necesita saber sobre encender y apagar su computadora. También aprendió muchas cosas que no necesita saber. Por lo tanto, he aquí lo que necesita saber:

- ☛ Antes de encender algo, asegúrese de que todo esté conectado a la unidad del sistema y que su tablilla de corriente esté encendida.

- ☛ Primero encienda el monitor y la impresora, entonces encienda la unidad del sistema.

- ☛ Si el DOS está instalado en su disco duro, la computadora arrancará en forma automática, preparada a ejecutar programas.

☛ Si enciende su computadora y exhibe el mensaje no es disco de sistema o error de disco **(Non-system disk or disk error)** es probable que, por error, haya dejado un disco en la unidad de discos flexibles. Quite el disco y oprima cualquier tecla.

☛ Si tiene una computadora sin una unidad de disco duro, debe arrancar desde un disco flexible.

☛ Si su computadora se atora, intente, primeramente, un arranque en caliente, presionando la secuencia de teclas **Ctrl + Alt + Del**.

☛ Antes de apagar su computadora, guarde cualquier trabajo realizado y salga de los programas que emplea.

**Bono especial: página de texto virtual
(Aquí virtualmente no hay texto).**

MEMORIA RAM

CHIPS

100% NATURAL

BAJO EN GRASAS

Capítulo 4

¿Qué Pasa ahí Dentro?

Al Final de Este Capítulo, Podrá:

- ☛ Imaginar lo que sucede dentro de su computadora cuando la enciende.

- ☛ Pronunciar "ROM" de manera correcta y comprender por qué cada computadora necesita uno.

- ☛ Pronunciar "RAM" de manera correcta y comprender a un vendedor cuando dice "esta bebé tiene 8 megas de RAM integrados en su tarjeta principal".

- ☛ Darse una idea de lo que hace y en donde queda el DOS.

- ☛ Comprender por qué su computadora necesita discos.

- ☛ Visualizar lo que sucede cuando ejecuta un programa.

- ☛ Comprender por qué es importante guardar su trabajo.

En realidad, no necesita conocer la anatomía y fisiología de su auto para manejarlo. Ni necesita conocer el interior de la computadora para escribir una carta. Sin embargo, para quienes sienten curiosidad técnica, este capítulo les dirá un poco de lo que sucede bajo la cubierta de su PC. Si no siente curiosidad (créame que no lo culpo), ponga su pie sobre el acelerador, y ¡adiós! (nos veremos en el capítulo 5).

¿Qué Sucede Cuando Enciende su Computadora?

Cuando enciende su auto, éste sabe muy bien qué hacer. Envía una mezcla de aire/combustible y algunas chispas que se obtienen de las bujías en los pistones inician una serie de explosiones controladas que ponen todo en movimiento. Su PC hace cosas muy parecidas, pero no utiliza gasolina. Lee algunas instrucciones de inicio de un conjunto de chips de memoria y realiza una serie de verificaciones internas. Después busca un sistema operativo, por lo general el DOS (el cual, ya encarrerados, corresponde a las siglas de Disk Operating System).

¿Qué Sucede Primero?

Cuando mueve el interruptor de corriente de su unidad de sistema, fluye electricidad de la fuente de poder al chip de la ROM-BIOS. ROM (que rima con "Ron") quiere decir memoria sólo de lectura (Read-Only Memory); su computadora puede leer información del chip, pero no la modifica. BIOS quiere decir sistema básico de entrada-salida (Basic Input-Output System). (Recuerde: el chip es ROM y BIOS son las instrucciones en él.)

Su BIOS es tan escurridizo como el abominable Hombre de las Nieves. Para saber el tipo de BIOS que posee, observe el monitor cuando encienda su computadora y apenas obtendrá un saludo de él, es el primer texto que aparece en la pantalla. Tal vez diga Phoenix, Award o AMI. Estas son las empresas que han diseñado el BIOS empleado por el 90% de todas las PC.

Debido a que los chips se sienten solos, al chip de ROM le gusta estar cerca de otro chip llamado unidad central de procesamiento (Central Processing Unit o CPU). La CPU es el cerebro de la operación. Lee las instrucciones de inicio del BIOS y ejecuta una serie de pruebas internas para asegurarse de que todo está bien dentro de la computadora.

Una Comprobación Aquí y Una Comprobación Allá

Todos los gruñidos y pitidos que emite su computadora cuando la enciende son un signo de que se está probando a sí misma (asegúrese de no perderse el espectáculo que hace cuando se está despertando). Observe la pantalla y verá que la computadora identifica la cantidad de memoria que posee. ¿Observa que se encienden las luces de la unidad de disco? ¿Escucha el zumbido de las mismas? Es el BIOS, que se asegura de que todavía las unidades de disco duro estén ahí (como si usted los pudiera quitar al final del día). Estas comprobaciones de inicio internas se conocen como autoprueba de encendido (Power-On Self-Test o POST).

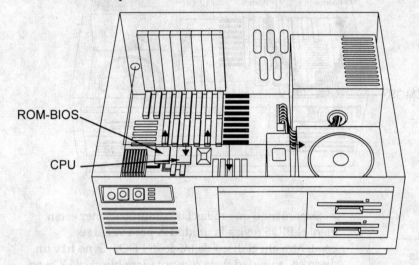

El ROM-BIOS funciona con la CPU para revisar los componentes de la computadora.

Comparando Anotaciones

Una vez que el BIOS termina de revisar las diferentes partes de la computadora, compara sus hallazgos con la información almacenada en el semiconductor complementario metal-óxido (Complementary Metal-Oxide Semiconductor o CMOS). El CMOS es un dispositivo activado por baterías que almacena información importante, incluyendo la fecha y la hora, el número de unidades de disco que tiene la computadora, el tipo de disco duro que se utiliza y el tipo de monitor que emplea y cuánta memoria está instalada.

El CMOS se conserva vivo mediante un flujo constante de electricidad, que proporciona amablemente la batería dentro de la computadora (igual a la que tiene su reloj de cuarzo). A diferencia de la ROM-BIOS, el CMOS le permite cambiar la información. Por ejemplo, si desea agregar una unidad de disco a su computadora, tiene que ejecutar el programa de configuración y contestar algunas preguntas para indicarle al CMOS lo que hizo. Después, su computadora sabe que la unidad de disco está ahí.

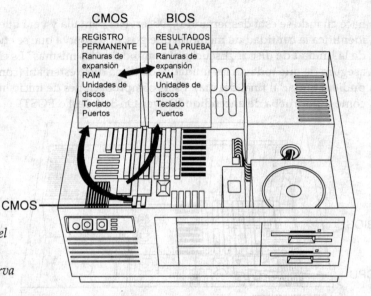

La CPU compara los resultados de la prueba del BIOS con el registro permanente que se conserva en el CMOS.

POR CIERTO

El CMOS vive hasta que la batería quiere, cuando la batería abandona la escena (lo cual toma años), el CMOS se olvida hasta de cómo se llama, entre lo que olvida está la fecha, la hora, la memoria de la que dispone la computadora, cuántas unidades de disco tiene. Consígase a un experto que le ayude (aunque no es difícil cambiar la batería (esto, si está acostumbrado a cambiarle la pila a su reloj).

Suponiendo que todas las comprobaciones están bien, el BIOS revisa la unidad A para ver si se encuentra ahí el disco de inicio del DOS. Si no hay un disco en la unidad A, la computadora busca al DOS en el disco duro.

Cómo Aceptar las Ordenes del Jefe: el DOS

Bien, su computadora ha leído el BIOS y el CMOS y se ha comprobado a sí misma. ¿Qué sigue? Suponiendo que los archivos del DOS están en el disco duro de la computadora o en el disco que está en la unidad de discos flexibles, la computadora lee al DOS y almacena sus instrucciones en la RAM (RAM es la memoria temporal de su computadora).

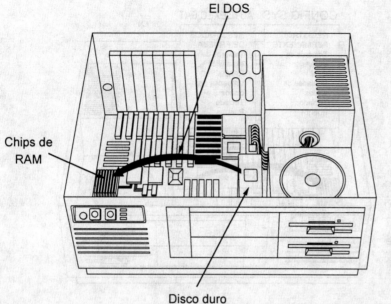

El DOS

Chips de
RAM

Disco duro

*Su computadora lee el DOS
del disco a la memoria.*

Después que se carga el núcleo del DOS, el DOS busca dos archivos que
contienen comandos de inicio: CONFIG.SYS y AUTOEXEC.BAT. El archivo
CONFIG.SYS contiene comandos que le indican al DOS cuántos archivos pueden
abrirse a la vez, cómo administrar la memoria de su computadora y cómo trabajar
con dispositivos opcionales, tales como un ratón o un bastón de mando.
AUTOEXEC.BAT contiene comandos que le indican al DOS dónde buscar archivos,
cómo exhibir el punto de petición del DOS y cuáles programas iniciar. Por ejemplo,
si su computadora inicia Windows o muestra el menú de un programa cuando la
enciende, es seguro que alguien introdujo un comando que ejecuta tal programa, al
final de su archivo AUTOEXEC.BAT. Después de que el DOS ejecuta los comandos
presentes en el archivo AUTOEXEC.BAT, puede empezar a usar su computadora.

¿Para qué Necesita el DOS estar
en la RAM?

Su computadora leyó las instrucciones del DOS desde el disco y las almacenó en
RAM. ¿Por qué? La razón de que se lleve a cabo este rito es que la computadora
obtiene información, que está en RAM, casi instantáneamente. Al conservar al DOS
en la RAM, la computadora lo tiene al alcance de la mano.

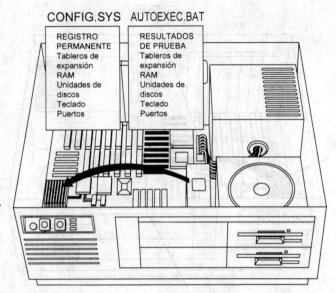

CONFIG.SYS   AUTOEXEC.BAT

REGISTRO
PERMANENTE
Tableros de
expansión
RAM
Unidades de
discos
Teclado
Puertos

RESULTADOS
DE PRUEBA
Tableros de
expansión
RAM
Unidades de
discos
Teclado
Puertos

Después que se carga al DOS, su computadora lee y ejecuta los comandos presentes en los archivos CONFIG.SYS y AUTOEXEC.BAT.

La Conexión Disco-RAM

Para comprender cómo su computadora obtiene y almacena información, considere un disco como un libro y a la RAM como su propia memoria. Cuando necesita información que no tiene en su memoria, debe leer un libro o un artículo para obtenerla. Esta información se almacena en su memoria, donde puede trabajar con ella: interpretarla, reaccionar a ella, compararla con otras cosas que haya leído e incluso olvidarla.

Su computadora funciona de la misma manera. Lee información o instrucciones de discos y almacena la información en la RAM, donde puede obtenerla con mayor rapidez.

Disco

El cerebro de la computadora (CPU) obtiene información de la RAM con mayor rapidez que de un disco.

RAM: Estacionamiento Breve

La RAM está formada de varios componentes llamados *chips,* que almacenan la información en forma electrónica. La información permanece en la RAM sólo mientras fluye electricidad. Si abre un documento en la RAM y después apaga la computadora o experimenta una interrupción de corriente, la RAM "olvida" el documento. Lo que haya guardado en el disco está seguro, pero se pierden cualesquiera cambios realizados al documento desde la última vez que lo guardó.

La mayoría de las computadoras vienen con un mínimo de 2 megabytes de RAM, pero para emplear Microsoft Windows, su computadora debe tener 4 megabytes de RAM o más. Si tiene menos que eso, no tendrá suficiente RAM para ejecutar los programas que desea ni para trabajar en los archivos que haya creado. Cada programa que ejecuta y cada archivo que abre consume una parte de la RAM. Hay un punto en el que entre más RAM tenga su computadora, más rápido ejecutará sus tareas diarias y podrá ejecutar más programas a la vez. El capítulo 8 le dice cómo buscar, en el paquete de software, para saber cuánta RAM necesita para ejecutar un programa específico.

TECNO CEREBRO ENSEÑA...

¿Qué es un *chip*? Un solo chip contiene cerca de un millón de interruptores microscópicos que pueden encenderse y apagarse en diferentes combinaciones para representar información. Para comprender cómo funciona un chip de memoria, recuerde que una computadora emplea números binarios para almacenar información. Un número binario consiste en una serie de unos y ceros (los unos representan que el interruptor está encendido y los ceros indican que está apagado). Por ejemplo, la letra A se representa como 01000001.

Discos: Estacionamiento a Largo Plazo

Los discos (flexibles y duros) almacenan información en forma permanente (o al menos hasta que usted la borra). Considere un disco como una cinta de cassette. Puede almacenar datos en un disco y después "reproducirlos" en su computadora, como se muestra en seguida.

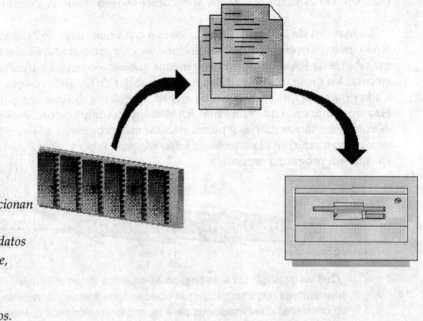

Los discos le proporcionan un medio de almacenamiento de datos permanente para que, cuando apague su computadora, éstos permanezcan intactos.

Asimismo, puede comprar discos que ya contienen información. Por ejemplo, compra discos que tengan programas que lo instruyan en el uso de WordPerfect o para el juego de computadora Where in the World is Carmen Sandiego? Después "reproduce" el disco en su computadora y usa el programa para hacer su trabajo o para evitarlo por completo.

Estacionamiento Permanente: Unidades de CD-ROM

Otra forma de almacenamiento de datos son los discos compactos. Si su computadora tiene una unidad de CD-ROM, puede comprar discos especiales que contienen programas, juegos, mapas, video clips y sonidos para calmar fieras. Un solo CD puede almacenar toda una enciclopedia, que incluya discursos de JFK y Martin Luther King Jr., ¡con sus propias voces!

Sin embargo, los CD-ROM sólo leen información, no se puede escribir datos en el disco. Aunque hay CD de lectura/escritura, su costo ha evitado que se distribuyan en forma masiva. Si pretende comprar un CD, consulte el capítulo 23.

TECNO CEREBRO ENSEÑA...

Un CD-ROM almacena información igual que un CD de música. Está cubierto de canales microscópicos y cada uno contiene una porción de datos. La unidad de CD-ROM emplea tecnología laser para reflejar luz en los canales y "leer" la información.

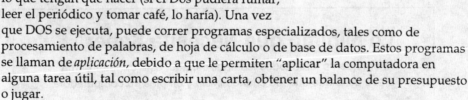

Programas de Aplicación: Cómo Hacer el Trabajo Sucio por el DOS

Recuerde, el DOS es el jefe; por lo que no efectúa ningún trabajo real. Sólo permanece en segundo plano y se asegura de que todos los demás realicen lo que tengan que hacer (si el Dos pudiera fumar, leer el periódico y tomar café, lo haría). Una vez que DOS se ejecuta, puede correr programas especializados, tales como de procesamiento de palabras, de hoja de cálculo o de base de datos. Estos programas se llaman de *aplicación,* debido a que le permiten "aplicar" la computadora en alguna tarea útil, tal como escribir una carta, obtener un balance de su presupuesto o jugar.

Cuando ejecuta una aplicación, su computadora lee del disco las instrucciones que conforman a un programa y las almacena en la RAM, igual que lo hizo con el DOS. Después, emplea el programa para realizar su trabajo o jugar. Cuando abandona el programa, éste se remueve de la RAM. Aprenderá cómo ejecutar programas en los capítulos 6 y 7.

El capítulo 5 explica con más detalle la relación disco/archivo. Normalmente se utilizan diferentes comandos o combinaciones de teclas con el fin de guardar archivos en el disco (esto varía según la aplicación). Las aplicaciones que se desarrollan para Windows ofrecen el comando "Salvar", el cual es parte del menú: "Archivo".

Aquí Entra Usted

Una vez que se están ejecutando el DOS y su aplicación, puede utilizar su aplicación para escribir una carta, introducir números, crear una imagen o ejecutar otras tareas, dependiendo de la aplicación.

Para evitar que su trabajo se vaya al olvido, debe guardarlo en un disco (un dispositivo de almacenamiento magnético y permanente). Cuando guarda su trabajo, éste se coloca en un *archivo* especial, al cual usted lo debe nombrar. Durante la operación de guardado, la computadora escribe los datos electrónicos de la RAM en el disco magnético. La computadora emplea el nombre de archivo con el fin de mantener el control de dónde se almacenan los datos.

Dependiendo de la aplicación que esté utilizando, se puede emplear diferentes nombres para abrir un archivo, tales como "obtener" o "cargar" un archivo.

Cómo Pasar su Trabajo del Disco a la RAM

Una vez que su trabajo está guardado en disco, puede leerlo de ahí para continuar trabajando con él, más tarde. Sin embargo, para utilizar el archivo que guardó (que en el mundo de la computación se conoce como abrir), primero debe ejecutar la aplicación en la que creó el archivo. De esta forma, cuando abre el archivo, su trabajo aparece en la pantalla, preparado para que usted lo modifique.

Lo Mínimo que Necesita Saber

Ahora que ha leído todos los detalles, aquí está un panorama breve de lo que sucede cuando inicia y emplea su computadora:

☛ Su computadora lee el BIOS, el cual se encuentra en un conjunto de chips de ROM. El BIOS ejecuta dos operaciones básicas: efectúa una serie de pruebas internas y busca un sistema operativo.

- ☛ Después de probar los componentes de la computadora, el BIOS compara sus hallazgos contra la información en el CMOS.

- ☛ Suponiendo que los componentes de la computadora funcionen en forma adecuada, el BIOS busca el sistema operativo: en este caso el DOS.

- ☛ La computadora carga al DOS del disco a la RAM.

- ☛ Con lo anterior ya puede cargar otros programas a la RAM y emplearlos para ejecutar tareas específicas.

- ☛ Mientras escribe, dibuja o ejecuta alguna otra tarea, su trabajo se conserva en la RAM.

- ☛ Para evitar que su trabajo se pierda, al momento de apagar su computadora, transfiéralo de la RAM a disco.

- ☛ Para trabajar con un archivo que se ha guardado en disco, primero debe ejecutar el programa en el que creó el archivo y después abrir éste.

Puede escribir en esta página, está incluida en el precio.

Capítulo 5

Alimentando a su Computadora: Discos, Archivos y otros Comestibles

Al Final de Este Capítulo, Podrá:

- ☞ Señalar las unidades de discos flexibles.

- ☞ Identificar la unidad A y si su computadora tiene unidades C y D.

- ☞ Tocar un disco flexible sin que lo dañe o pierda información de él.

- ☞ Insertar un disco en una unidad (y engatusar a uno para que salga).

- ☞ Formatear un disco para almacenar información.

- ☞ Comprender cómo se organizan los archivos en un disco duro.

Una de las tareas más importantes que tiene como usuario de computadora es mantenerla bien alimentada. Las computadoras se alimentan de unas cosas en forma de galletas, de tamaño comestible (para su unidad), llamadas *discos*. Bueno, en realidad no se los comen. Sólo leen o escriben la información en ellos. Su trabajo, si decide aceptarlo, consiste en introducir los discos en la boca de la computadora —la unidad de discos flexibles—, sin que lo muerda.

Bueno, si es tan sencillo, ¿por qué tener un capítulo completo dedicado a eso? Debido a que no es tan simple. Las computadoras vuelven complicado todo.

TECNO CEREBRO ENSEÑA...

Un disco es una pieza de plástico circular cubierta con partículas magnéticas microscópicas. Una unidad de disco dentro de la computadora puede "leer" las cargas de las partículas magnéticas y convertirlas en impulsos eléctricos que se almacenan en la memoria de la computadora. La unidad también puede escribir información de la RAM al disco, transformando los impulsos eléctricos en cargas magnéticas. Los discos vienen en dos tipos básicos, duros y flexibles. Los discos flexibles son los que usted introduce en las ranuras que se encuentran en la parte frontal de la computadora. Los discos duros están herméticamente sellados dentro de la computadora.

Unidades de Disco, Tan Fácil Como el A, B, C

Casi todas las computadoras tienen tres unidades de disco, como se muestra en seguida. El DOS las llama unidades A, B y C. Las computadoras más recientes también tienen una unidad de CD-ROM que, por lo general, se denomina unidad D.

El DOS hace referencia a las unidades de disco mediante las letras del alfabeto.

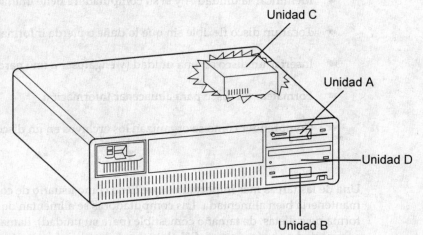

Las Unidades de Discos Flexibles: A y B

Las dos unidades en la parte frontal de la computadora son las *unidades de discos flexibles* (la unidad no es flexible, el disco sí, aunque incluso el mismo disco no es en realidad flexible). Por lo general, la unidad superior es la A.

La unidad inferior es la B. Si su computadora sólo tiene una unidad de disco flexible, siempre se identificará como la unidad A y no hay B.

La Unidad de Disco Duro: C

La unidad que se muestra dentro de la computadora es una *unidad interna de disco duro* que, por lo general, se denomina C. Algunas computadoras tienen esta unidad de manera *externa*, y se conecta a la unidad del sistema mediante un cable (todavía es la unidad C).

Una unidad de disco duro puede **dividirse** (o particionar) en una o más unidades, a las que el DOS denomina unidad C, unidad D, unidad E, y así sucesivamente (no se confunda; todavía es una sola unidad de disco). A la unidad de disco duro se la llama unidad **física**; cada división es llamada unidad **lógica**.

La Unidad de CD-ROM: ¿D?

Si tiene suerte (y dinero), su computadora tiene una unidad de CD-ROM. Si es interna, está junto a las unidades de discos flexibles. Si es externa, está sola, conectada mediante un cable a la unidad del sistema. De cualquier manera, por lo general, la unidad de CD-ROM es la D.

Algunas unidades de CD-ROM vienen con un soporte para el CD removible. Usted coloca un CD en el soporte y después lo inserta en la unidad. Algunas unidades tienen este soporte integrado. Oprime un botón para abrirlo y después coloca el CD en el mismo y lo empuja para cerrar.

Un Viaje por sus Unidades

Si está sentado frente a su computadora, pruebe a cambiar a una unidad. Escriba **a:** (la letra de la unidad seguida de dos puntos), y oprima **Enter**. Si escucha un zumbido y ve que aparece el siguiente mensaje en la pantalla

Not ready reading drive A

Abort, Retry, Fail?

no hay un disco en la unidad A. Inserte un disco, cierre la puerta de la unidad y oprima **R** para volver a intentarlo. Aparece el punto de petición del DOS, el cual se ve de la siguiente manera: **A:>**. ¡Lo logró!, ha tenido éxito en cambiarse a la unidad A.

Para regresar a la unidad C, escriba **c:** y oprima **Enter**. ¿Tiene usted una unidad D? Escriba **d:** y oprima **Enter**. Si ve un mensaje que dice

Invalid drive specification (especificación de unidad no válida)

su computadora no tiene unidad D (gran parte de las computadoras actuales sólo llegan hasta la unidad C). Si posee una unidad D, puede tener una E, F o G. Intente cambiar a estas unidades.

Cómo Servir Información a la Computadora en Discos Flexibles

Considere un disco flexible como una charola para servir. Cuando desea colocar información en la computadora, debe entregarla en un disco flexible. De igual manera, si hay algo en su computadora que desea almacenar para guardarlo en un lugar seguro o compartirlo con otro usuario, copie la información de la computadora a un disco flexible. Después, retire el disco flexible y guárdelo en su caja fuerte o envíeselo a un amigo como tarjeta de felicitación.

Dos características describen los discos flexibles: *tamaño* y *capacidad*. El tamaño puede medirlo con una regla. Le dice en cuál unidad de discos flexibles entrará el disco. Hay discos de 3 1/2 o de 5 1/4 pulgadas, como se muestra aquí.

Los discos flexibles vienen en dos tamaños.

Disco de 3 1/2"

Disco de 5 1/4"

La capacidad se refiere a la cantidad de información que puede contener el disco. Es como los litros los cuartos o medios litros. La capacidad se mide en *kilobytes* (K) y *megabytes* (MB). Cada *byte* consta de 8 *bits* y se emplea para almacenar un carácter único: A, B, C, 1, 2, 3 y así sucesivamente (por ejemplo, 01000001 es un byte que representa a la letra A mayúscula; cada 1 o 0, en la cadena mostrada, es un bit). Un kilobyte equivale a 1,024 bytes o a 1,024 caracteres. Un megabyte es un poco más de un millón de bytes. Un grabayte significa tallar en metal la forma de un byte.

La capacidad de un disco depende de si almacena información en un lado (de una cara) o en ambos lados (de dos caras) del disco y cuánta información le permite embutir en una cierta cantidad de espacio (la *densidad* del disco). En general, una unidad de discos de alta capacidad lee discos de baja capacidad, pero una unidad de baja capacidad no puede leer discos de alta capacidad.

La tabla 5.1 muestra los cuatro tipos básicos de discos flexibles y cuánta información puede contener cada tipo

Tabla 5.1 Los cuatro tipos básicos de discos flexibles

Tamaño	Tipo	Capacidad
5 1/4"	Doble lado Doble densidad (DS/DD)	360K
5 1/4"	Doble lado Alta densidad (DS/HD)	1.2 MB
3 1/2"	Doble lado Doble densidad (DS/DD)	720 K
3 1/2"	Doble lado Alta densidad (DS/HD)	1.44 MB

Ventajas y Desventajas del Manejo de Discos Flexibles

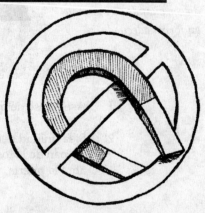

Todos los libros de computación para principiantes contienen una lista de advertencias, que le indican lo que *no* debe hacer con un disco. No lo toque aquí, no lo roce allá, no lo ponga cerca de campos magnéticos, no lo pise con tacones puntiagudos, bla, bla, bla. Aunque éstos son buenos consejos, cuando los lee

Sacar un disco de una unidad cuando su luz está encendida es análogo que retirar un disco de un tocadiscos cuando tiene la aguja encima. La luz encendida indica que la unidad lee o escribe en el disco. Si saca el disco puede desordenar su información, dañarlo y/o dañar el mecanismo de lectura-escritura de la unidad

teme hasta mirarlos. Mi recomendación es que debe descartar sus temores en relación con los discos. Son bastante resistentes, en especial la variedad de 3 1/2 pulgadas. El mejor consejo que le puedo dar es tratar un disco como su CD o cassette favorito.

Inserción, Retiro

Es posible introducir un disco, en una unidad de disco flexible, de varias maneras: de cara hacia abajo, por un lado e incluso con el frente hacia atrás. Pero una unidad de disco es como las máquinas que cambian monedas. Si no inserta el disco de la manera correcta, la unidad no puede leerlo. Para insertar el disco en forma adecuada:

1.   Sosténgalo por su etiqueta, verla significa que está de cara hacia arriba.

2.   Insértelo en la unidad, como se muestra en la figura.

3.   Si la unidad de discos flexibles tiene una palanca o una puerta, cierre la puerta o deslice la palanca para que cubra la ranura.

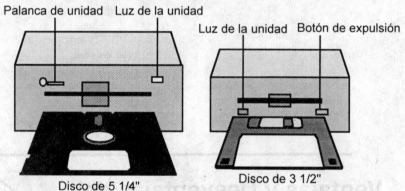

Palanca de unidad   Luz de la unidad

Luz de la unidad   Botón de expulsión

Una unidad sólo lee los discos cuando se insertan en forma adecuada.

Disco de 5 1/4"

Disco de 3 1/2"

Ahora que el disco está en la unidad, ¿cómo lo saca? He aquí lo que tiene que hacer:

1.   Asegúrese de que esté apagada la luz de la unidad.

2.   Si la unidad tiene un botón de expulsión, oprímalo y el disco saltará como un pan de la tostadora. Si tiene una palanca o puerta, deslice la palanca o abra la puerta, y el disco saldrá parcialmente.

3. Jale, con suavidad, el disco de la unidad. Inserte el disco en su sobre de tal forma que se vea la etiqueta.

Cómo Hacer Util un Disco Flexible

Ya tiene una caja de discos nueva. ¿Puede usarlos para almacenar información? Tal vez. Si los discos vienen *preformateados*, puede usarlos directamente de la caja. Si no están *formateados*, tendrá que formatearlos usted mismo, con la ayuda del DOS.

Al formatearse divide al disco en pequeñas áreas de almacenamiento y se crea una *tabla de asignación de archivos* (*file allocation table* o FAT) en el disco. Cuando guarda un archivo en el disco, las partes del mismo se guardan en una o más de estas áreas de almacenamiento. La FAT actúa como un diagrama de distribución de asientos en un salón de clases, indicándole, a la computadora, la posición que tiene la información en todas sus áreas de almacenamiento.

Antes que empiece a formatear discos, hágase las siguientes preguntas:

¿Qué tipo de unidades de discos flexibles tengo?, ¿qué capacidad tiene cada unidad de disco?, ¿es de alta densidad (1.2 MB o 1.44 MB) o de doble densidad (360 K o 720 K)? La documentación que debería venir con su computadora le dice si tiene unidades de alta o doble densidad. (Para saber de las unidades de discos de su computadora, consulte "¿Tiene su computadora lo necesario?", en el capítulo 8.)

> **¡OOPS!**
>
> Normalmente, se formatea un disco una sola vez: cuando es nuevo. Si formatea un disco que contiene datos, éstos se borrarán durante el proceso de formateo. Antes de formatear un disco, asegúrese de que no contenga información o de que tal información nunca la va a volver a necesitar.

¿Qué tipo de discos flexibles quiero formatear? ¿posee usted discos de alta densidad o doble densidad? Revise los discos o la caja en la que vienen.

¿Por qué importa esto? Hay dos razones. Primero, no puede formatear un disco de alta densidad en una unidad de discos de doble densidad. Por ejemplo, no puede formatear un disco de 1.2 MB en una unidad de 360 K. Segundo, puede formatear un disco de doble densidad en una unidad de alta densidad si le dice al DOS específicamente que lo haga. Por ejemplo, puede formatear un disco de 360 K en una unidad de 1.2 MB, pero debe de seguir algunas reglas.

Cómo Formatear un Disco en una Unidad de la Misma Capacidad

Si la capacidad de su disco coincide con la capacidad de la unidad de discos (por ejemplo, un disco de 1.2 MB en una unidad de 1.2 MB), la operación de formateo es muy simple. Inserte el disco en la unidad y cierre la puerta. Si el disco está en la unidad A, escriba **format a:** y oprima **Enter**. Si el disco está en la unidad B, escriba **format b:** y oprima **Enter**. Siga las instrucciones que aparecen en la pantalla.

Cómo Formatear un Disco de Baja Densidad en una Unidad de Alta Densidad

Si desea formatear un disco de baja densidad en una unidad de alta densidad (por ejemplo, un disco de 360 K en una unidad de 1.2 MB), necesita agregar el parámetro /F al comando FORMAT para proporcionar al DOS instrucciones más detalladas. El parámetro /F le permite especificar la capacidad del disco a ser formateado.

Por ejemplo, para formatear un disco de 360 K en una unidad de 1.2 MB, escriba **format a: /f:360** y oprima **Enter**. Para formatear un disco de 720 K en una unidad de 1.44 MB, escriba **format b: /f:720** y oprima **Enter**.

Siempre coloque, después del comando FORMAT, la letra de la unidad que va a utilizar para el formateo. Con algunas versiones del DOS, si introduce FORMAT sin especificar la letra de la unidad, el DOS intenta formatear la unidad C, o lo que es lo mismo el disco duro de su computadora. Si hace esto, perderá todos los datos almacenados en su disco duro.

En las Entrañas de su Computadora: El Disco Duro

Como dije antes, los discos flexibles son meros bocadillos para una computadora. Cualquier computadora que se respete puede engullir un puñado de discos flexibles en cuestión de segundos y todavía desear más. Para evitar que la computadora siempre pida más discos, los ingenieros en computadoras han proporcionado estómagos a las computadoras modernas. Estos se denominan *unidades de disco duro* y pueden almacenar una buena cantidad de información. Si no tiene un disco duro, es como si in-tentara esculpir sus cartas en una roca. La mayoría de los programas más recientes requieren un disco duro para ejecutarse.

La unidad de disco duro es como una unidad que contiene a un disco flexible más grande en capacidad de lo normal (usted no saca el disco, siempre permanece dentro de la unidad). Para obtener información del disco duro, la copia a discos flexibles o guarda los archivos creados directamente en el disco duro. La información permanece en el disco duro hasta que decide eliminarla. Cuando la computadora necesita información, va al disco duro, transfiere la información hacia la memoria y continúa trabajando. No tiene que alimentarla con discos flexibles.

No Arroje de Comer a los Animales: Estaciones de Trabajo sin Disco

Si su computadora es parte de una red, puede no tener unidades de discos flexibles o una unidad de disco duro. Si tal es el caso, olvide toda esta charla de los discos flexibles y los discos duros. Es probable que su red tenga un *servidor* con una unidad de disco tan grande como un elefante, la cual almacena toda la información y programas que necesitan todos los que comparten la red. Una persona, llamada el *administrador de red,* actúa como guardián de zoológico, alimentando al servidor, asegurándose de que se encuentre a la mano toda la información que necesiten los usuarios de la red y manteniendo al servidor feliz.

El Alimento en los Discos: Los Archivos

La información no se riega en un disco como canicas en un piso. Cada paquete de información se almacena como un archivo separado con un nombre propio.

Su computadora emplea dos tipos de archivos: archivos de datos y archivos de programas. Los archivos de datos son los que usted crea y guarda: sus cartas de negocios, informes y las imágenes que dibuja, los puntajes que alcanza en un juego, y que, para presumir, decide guardar. Los archivos de programas son los que obtiene cuando compra un programa. Estos archivos contienen las instrucciones que le indican a la computadora cómo ejecutar una tarea. Un programa puede consistir de cien o más archivos interrelacionados.

Nombre sus Datos: Creando Archivos

Un disco lleno de archivos es como una casa llena de personas. Si todas las personas en la casa se llamaran David, ocurriría una confusión cuando David recibiera una llamada telefónica o una carta. Por eso, cada archivo necesita un nombre único.

¿Puedo usar cualquier nombre? No, eso sería demasiado fácil. Recuerde, estamos trabajando con computadoras y existen todo tipo de reglas ilógicas por seguir. He aquí las reglas para nombrar archivos:

☛ Un nombre de archivo consiste en un *nombre base* (el cual contiene hasta ocho caracteres) y una *extensión* opcional (de hasta tres caracteres), por ejemplo, CHAPTER9.DOC.

☛ El nombre base y la extensión deben estar separados por un punto.

☛ No puede usar cualquiera de los caracteres siguientes:

" . / \ [ ] : * < > | + ; , ? **espacio**

(Puede usar el punto para separar el nombre base y la extensión, pero en ninguna otra parte.)

☛ Aunque no puede usar espacios, emplee el carácter de subrayar (_) con el fin de representar un espacio.

☛ Muchos programas agregan, en forma automática, una extensión por usted. Por ejemplo, cuando proporciona el nombre base de un archivo en Word de Microsoft, el programa agrega la extensión .DOC.

Cómo Clasificar sus Archivos

Un disco duro puede almacenar cientos o miles de archivos acomodados uno junto al otro para ver el desfile. Es magnífico que los discos puedan contener tanta información, pero pueden saturarse, haciendo difícil elegir una cara familiar. Para evitar que se pierdan los archivos, debe organizarlos.

Cómo Organizar Archivos en Discos Flexibles: No hay Problema

Organizar los archivos en un disco flexible no es difícil, debido a que, normalmente, no almacena muchos archivos por disco. Incluso si almacena hasta 30 archivos en un disco único, puede buscar una lista de archivos con bastante rapidez.

Incluso en ese caso, debe seguir tres procedimientos comunes para hacer más accesible la información:

☞ **Otorgue a cada archivo un nombre descriptivo** .Este nombre debe ayudarle a recordar lo que hay en el archivo. Por ejemplo, JUAN.CAR le dice el nombre de la persona con la que se relaciona el documento (Juan) y el tipo de documento (CAR para carta).

☞ **Rotule sus discos**. Rotule cada disco con los nombres de los archivos almacenados en él y la fecha. De esa manera, sabrá lo que hay en el disco y cuál disco contiene las revisiones más recientes.

☞ **No sature los discos**. Copie los archivos que no use con frecuencia en un conjunto de discos y almacénelos en un lugar seguro. Copie los archivos que emplea con más frecuencia en otro conjunto de discos y manténgalos a la mano.

Cómo Organizar Todo con Directorios

Debido a que los discos duros pueden almacenar miles de archivos, necesita crear *directorios* y *subdirectorios* para ayudar a organizar sus archivos. Para comprender los directorios, considere el disco como una ciudad. Todos sus archivos son como pequeñas casas dentro de la ciudad. Los directorios son como las zonas postales, que agrupan los archivos para hacer más fácil su localización. En esta analogía, un nombre de directorio es como un código postal. Cuando busca un archivo, puede emplear el nombre del directorio para determinar la posición general del archivo.

Cómo Sacudir su Arbol de Directorios

Los directorios y subdirectorios forman la estructura que aparece en la figura siguiente, la cual se parece a un árbol genealógico. Esa estructura de árbol es estándar en muchos programa de administración de archivos, incluyendo al DOS, por lo que pronto se cansará de verla.

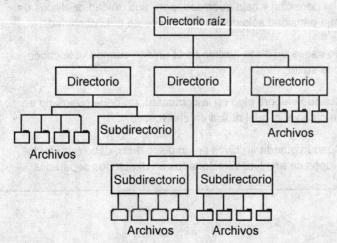

Un árbol de directorios que ilustra cómo se organiza un disco duro.

Cómo Encontrar la Ramificación que Contiene sus Archivos

Para comprender cómo localiza archivos su computadora, considere el árbol de directorios en formas de una *ruta*. Cuando le indica a su computadora dónde se localiza un archivo, esencialmente le indica que siga una ruta específica por el árbol de directorios. Por ejemplo, tal vez necesite decirle a su computadora que llegue al archivo CACHORRO que está en el subdirectorio LEON en el directorio ZOO-LOGIC que se encuentra en la unidad C. La ruta sería c:\zoologic\leon\cachorro.

Una vez que se acostumbre a emplear directorios, resultan bastante directos; usted sólo recorre el árbol de directorios hasta su destino.

Lo Mínimo que Necesita Saber

En este capítulo, recibió muchas cosas para masticar. Asegúrese de que la información siguiente no salga de su cerebro:

- ☛ La mayoría de las computadoras tienen tres unidades de discos: A y B (las unidades de discos flexibles) y C (el disco duro).

- ☛ Hay cuatro tipos de discos flexibles:
  5 1/4" doble densidad (360 K), 5 1/4" alta densidad (1.2 MB), 3 1/2" doble densidad (720 K) y 3 1/2" alta densidad (1.44 MB).

- ☛ Cuide sus discos flexibles.

- ☛ Una unidad de discos flexibles de alta puede leer discos de alta densidad y baja densidad, pero una unidad de discos de baja densidad sólo puede leer discos de baja densidad.

- ☛ No saque un disco flexible de la unidad cuando esté encendida su luz.

- ☛ Cuando elabora algo en la computadora, debe guardarlo en un archivo, el cual radica en el disco.

- ☛ Cuando guarda archivos en un disco duro, debe guardar los grupos de archivos relacionados en directorios separados.

Capítulo 6

Cómo Llevarse Bien con el Jefe, el DOS

Al Final de este Capítulo, Podrá:

- ☛ Pronunciar DOS correctamente, para que la gente no se ría de usted.

- ☛ Identificar la versión que tiene de DOS.

- ☛ Exhibir la ayuda propia del DOS para versiones 5.0 y posteriores.

- ☛ Obtener el contenido de un disco.

- ☛ Copiar, borrar y renombrar archivos sin tener que llenar un formato para cada acción.

El DOS es el jefe, el supervisor de su computadora. Como jefe, el DOS ejecuta las siguientes actividades:

Policía de tránsito. El DOS le indica a su computadora cómo interpretar las entradas (del teclado o del ratón), cómo procesar datos y cómo producir una salida (en el monitor o la impresora).

Lanzador de programas. Usted puede ejecutar sus otros programas desde el punto de petición del DOS. El DOS se retira al fondo (a su lugar) y administra en silencio cualquier comunicación entre los otros programas y su computadora.

Arregla todo. El DOS le proporciona las herramientas para administrar sus discos y archivos: preparando sus discos para almacenar información, copiando archivos a un disco, moviendo, renombrando o eliminando archivos.

El DOS hace gran parte de su trabajo en el fondo, así que por lo general no lo ve. Usted sólo ejecuta el programa que desea utilizar (o ejecuta el programa Windows) y después emplea el programa para hacer su trabajo. Sin embargo, si alguna vez se encuentra cara a cara con el DOS, requerirá de la guía de supervivencia que se proporciona en este capítulo.

Encarando al Indicador del DOS

Cuando arranca su computadora, observa el punto de petición del DOS (que se muestra debajo), el cual exhibe la letra de la unidad activa y le indica que puede introducir un comando. No le dice nada más. Para introducir un comando, debe escribirlo y oprimir la tecla **Enter**. Pero, ¿qué escribe y cómo lo escribe? En las siguientes secciones, conocerá los comandos del DOS de uso más frecuente y la manera correcta de introducirlos.

```
C:\>
```

El infame indicador
del DOS

Si no obtiene el horrible punto de petición del DOS cuando inicie su computadora, tal vez está configurada para ejecutar, de manera automática, Windows o algún otro programa. En tal caso, quizá no necesite enfrentarse con el DOS. Y es probable que pueda saltarse el resto del capítulo. Sin embargo, si desea jugar con el DOS, tiene que abandonar el otro programa o Windows, antes de practicar con las divertidas acciones de este capítulo.

Comandos Simples del DOS, sólo para Practicar

Antes de pasar a los comandos importantes del DOS, donde cuentan los errores, pruebe unos cuantos comandos ligeros que no pueden dañar nada. (Si alguno de los comandos del DOS en esta sección no le funciona, escriba **cd\dos** y presione **Enter**. En seguida, vuelva a introducir el comando.)

¿Qué Día es Hoy?

Es probable que su computadora tenga un reloj interno accionado por baterías, el cual registra la fecha y la hora. Para indicarle al DOS que exhiba la fecha en la pantalla, haga esto:

1. Escriba **date** y oprima **Enter**. El DOS exhibirá algo así:

   Current date is Tue 06-01-93 (la fecha actual es Jue 06-01-93)

   Enter new date (dd-mm-yy): (proporcione la nueva fecha (dd-mm-aa):)

2. Si la fecha es correcta, oprima **Enter**. Si no es, escríbala en la forma mm-dd-aa (por ejemplo, 07-04-94 para Julio 4, 1994) y oprima **Enter**.

¿Qué Versión Tiene del DOS?

Cada vez que Microsoft Corporation u otro fabricante del DOS efectúa una actualización, se actualiza el número de versión, incrementándolo, esto indica que el programa puede hacer cosas nuevas o puede hacer mejor lo que ya hacía (al menos en teoría). Por lo tanto, el DOS 6.2 es mejor que el DOS 4.01. Para saber qué versión posee del DOS, haga esto:

1. Escriba **ver** y oprima **Enter** (VER quiere decir "VERsion"). El DOS exhibe el número de la versión en la pantalla.

2. Anote el número de la versión y manténgalo cerca de su computadora (lo necesitará después).

Un **comando del DOS** es una orden que le indica al DOS lo que debe realizar. Hay dos tipos de comandos del DOS: *internos* y *externos*. Los comandos internos, tales como DIR, se almacenan en la memoria para un rápido acceso. Los comandos externos, tales como FORMAT, son pequeños programas que se almacenan en el disco. Cuando introduce un comando externo, el DOS ejecuta el programa requerido para realizar la tarea deseada.

Cuando escriba un comando propio del DOS, no tiene que preocuparse por el empleo de mayúsculas: date, DATE y dAte son todos iguales para el DOS. Sin embargo, si deja un espacio, agrega demasiados espacios o emplea signos de puntuación inconvenientes, el DOS no reconocerá el comando. Por ejemplo, si escribe **date.** y oprime **Enter**, el DOS exhibe el mensaje **Invalid date**.

Cómo Borrar la Pantalla

Ahora que ya tiene la fecha, y el número de versión del DOS exhibidos en la pantalla, ésta se ve como un basurero municipal alfabético. Para limpiarla, escriba **cls** y oprima **Enter** (CLS son las siglas de CLear Screen, lo cual, para que todos entendamos, significa limpiar la pantalla).

Cómo Maquillar a DOS

El punto de petición del DOS normalmente sólo muestra la letra de la unidad de disco activa (por ejemplo, **A>**, **B>** o **C>**). Puede cambiar el aspecto del punto de petición del DOS empleando el comando PROMPT. Escriba el comando con algunas opciones que cambian el aspecto del punto de petición, según se muestra:

☛ Escriba **prompt nq** y oprima **Enter**. $n le indica al DOS que exhiba la unidad de trabajo y $q exhibe el signo de igual (=). El indicador debe verse así: **C=**.

☛ Escriba **prompt $v nb** y oprima **Enter**. $v le indica al DOS que exhiba su número de versión y $b exhibe una línea vertical (|). El punto de petición debe verse así: **MS-DOS Versión 5.0 C |** (la razón por la que alguien desearía un punto de petición como éste escapa a mi comprensión).

Cuando termine de probar, escriba **prompt pg** y oprima **Enter**. Escribir $p le indica al DOS que exhiba la ruta del directorio en el que se encuentra, y $g le indica al DOS que exhiba un signo de mayor que (>). Los comandos restantes en este capítulo suponen que observa la unidad y el directorio en el punto de petición del DOS.

Ayúdenme

Desde la versión 5.0 el DOS incluye un sistema de ayuda (buena idea, ¿verdad?) al que puede acceder al escribir **help** y oprimir **Enter**. Una vez realizado lo anterior, aparece una lista de todos los comandos disponibles del DOS, como se muestra aquí. Oprima la tecla **Page Down** para ver más de la lista. Oprima la tecla **Tab** para moverse de un comando a otro. Oprima **Enter** para obtener una descripción de ayuda sobre el comando seleccionado en ese momento.

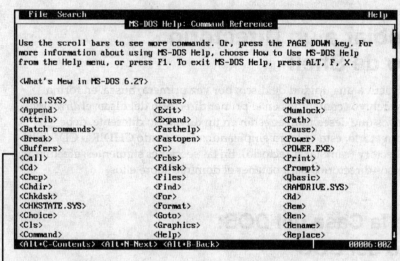

```
 File  Search                                                        Help
┌──────────────────────MS-DOS Help: Command Reference──────────────────────┐
│                                                                         ▲ │
│Use the scroll bars to see more commands. Or, press the PAGE DOWN key. For │
│more information about using MS-DOS Help, choose How to Use MS-DOS Help   │
│from the Help menu, or press F1. To exit MS-DOS Help, press ALT, F, X.    │
│                                                                          │
│<What's New in MS-DOS 6.2?>                                               │
│                                                                          │
│<ANSI.SYS>              <Erase>               <Nlsfunc>                   │
│<Append>               <Exit>                <Numlock>                    │
│<Attrib>               <Expand>              <Path>                       │
│<Batch commands>       <Fasthelp>            <Pause>                      │
│<Break>                <Fastopen>            <Power>                      │
│<Buffers>              <Fc>                  <POWER.EXE>                  │
│<Call>                 <Fcbs>                <Print>                      │
│<Cd>                   <Fdisk>               <Prompt>                     │
│<Chcp>                 <Files>               <Qbasic>                     │
│<Chdir>                <Find>                <RAMDRIVE.SYS>               │
│<Chkdsk>               <For>                 <Rd>                         │
│<CHKSTATE.SYS>         <Format>              <Rem>                        │
│<Choice>               <Goto>                <Ren>                        │
│<Cls>                  <Graphics>            <Rename>                     │
│<Command>              <Help>                <Replace>                  ▼ │
├──────────────────────────────────────────────────────────────────────────┤
│<Alt+C-Contents> <Alt+N-Next> <Alt+B-Back>                    00006:002   │
└──────────────────────────────────────────────────────────────────────────┘
```

A partir de la versión 5.0, el DOS proporciona una ayuda en línea para todos sus comandos.

Desplácese por los comandos, presionando la tecla Tab y oprima Enter para obtener ayuda sobre ese comando

¿Adónde Fueron Todos los Archivos?

Nos ha pasado a todos. Introduce un disco en la unidad y después se mordisquea las uñas, porque no tienen idea de lo que hay en el disco. Necesita una manera de exhibir una lista de los archivos, así como de copiarlos, borrarlos y organizarlos en un disco. En las secciones siguientes, aprenderá todo lo que necesita saber sobre el empleo del DOS para administrar sus discos y archivos.

Cómo Cambiar a una Unidad de Disco: El Viejo Juego del Shell

Para cambiar a una unidad de disco, escriba la letra de la unidad, seguida de dos puntos (:) y después oprima **Enter**. Por ejemplo, si tiene un disco en la

Antes de cambiarse a una unidad de disco, asegúrese de que la unidad contenga un disco formateado (su disco duro y los discos de programas que compra ya lo están). Si cambia a una unidad que no contenga un disco formateado, el siguiente mensaje de error le aparece:

Not ready reading drive A Abort, Retry, Fail?

Inserte un disco formateado en la unidad, cierre la puerta del manejador de disco y oprima **R** (Retry, reintentar).

unidad A, escriba **a:** y oprima **Enter**. El punto de petición del DOS cambia a **A:\>**. Para regresar a la unidad C, escriba **c:** y oprima **Enter**.

Cómo Cambiar a un Directorio: Otro Juego de Shell

Cuando el DOS activa una unidad de disco, por vez primera, busca, en forma automática, los archivos contenidos en el primer directorio del disco: el *directorio raíz*. Si los archivos que desea utilizar están en un directorio diferente, debe cambiar a ese directorio, esto se logra empleando el comando CHDIR o CD, siglas de CHange DIRectory (cambiar directorio). En las secciones siguientes, efectuará cambios a diversos directorios para obtener el dominio sobre ellos.

Una Visita a la Casa del DOS: El Directorio del DOS

Dependiendo de cómo esté configurada su computadora, tal vez tenga que cambiar al directorio de DOS para introducir un comando de él. Para ello, haga lo siguiente:

1. Escriba **c:** y oprima **Enter** para cambiarse a la unidad C. En la pantalla debe aparecer algo como **C:\>**.

2. Escriba **cd \DOS** y oprima **Enter**, CD son las iniciales de Change Directory (cambiar directorio). Si todo va bien, debe estar viendo, en su pantalla, algo como **C:\DOS>**. Ahora está en la casa del DOS.

Cómo Regresar a la Raíz

Para regresar al directorio raíz, escriba **cd ** y oprima **Enter**. El punto de petición del DOS regresa a **C:\>**.

Cómo Cambiar a un Subdirectorio

Digamos que desea trabajar con los archivos de un subdirectorio (un directorio que está dentro de otro directorio). Por ejemplo, suponga que desea trabajar con los archivos que están en C:\DATOS\LIBROS. Puede cambiar al subdirectorio de dos maneras. La primera es introducir dos comandos CD:

POR CIERTO

El directorio raíz contiene muchos archivos importantes, así que le recomiendo que no practique en este directorio. En una ocasión moví todos los archivos en el directorio raíz al directorio del DOS (para hacer limpieza) y no pude arrancar mi computadora. Me tardé tres días en arreglar todo ese asunto.

1. Escriba **c:** y oprima **Enter** para cambiarse a la unidad C.

2. Escriba **cd \datos** para cambiar a C:\DATOS (la diagonal invertida le indica al DOS que inicie en el directorio raíz).

3. Escriba **cd libros** para cambiar a C:\DATOS\LIBROS (observe que aquí se omite la diagonal inversa, debido a que no se desea establecer la ruta a partir del directorio raíz).

La otra manera de cambiar a un subdirectorio es mediante un comando CD único seguido por una lista completa de los directorios que conducen al subdirectorio:

1. Escriba **c:** y oprima **Enter** para cambiarse a la unidad C.

2. Escriba **cd \datos\libros** y oprima **Enter**.

Además de desplazarse hacia abajo por el árbol de directorios, puede moverse hacia arriba de él. Para ello escriba **cd ..** y presione **Enter** con lo que conseguirá moverse un directorio hacia arriba en el árbol.

¿Y Qué Hay en este Directorio?

Una vez que haya cambiado a la unidad y directorio que contiene a los archivos con los que desea trabajar, puede observar una lista de los archivos en esa unidad y directorio. Para ello, escriba **dir** y oprima **Enter**. ¡Zas!, le debe aparecer una lista de los archivos.

¡Guau! Cómo Hacer más Lenta la Lista de Archivos

Si la lista contiene demasiados archivos para observarlos en una sola pantalla, ésta comenzará a "enrollarse", haciendo que se pierda de vista los primeros archivos mostrados, lo cual hace sentir que estos pasan a gran velocidad. Para tratar de contrarrestar la velocidad de enrollado de la lista de archivos, usted tiene dos opciones:

- ☛ Escriba **dir /w** y oprima **Enter**. La opción /W (Wide, a lo ancho) le indica al DOS que exhiba solamente los nombres de los archivos y que lo haga en varias columnas a través de la pantalla.

- ☛ Escriba **dir /p** y oprima **Enter** (/p significa pausa). El DOS exhibe tantos nombres de archivos como pueda desplegar una pantalla. Oprima cualquier tecla para ver la siguiente pantalla de nombres de archivos.

- ☛ Teclee dir /a:d y oprima Enter. (/A:D significa Attribute:Directories). El DOS mostrará los nombres de los subdirectorios en el directorio actual. No exhibe nombres de archivos.

Un *comodín* **es cualquier carácter que ocupa el lugar de otro carácter o grupo de caracteres. Considérelo igual que el comodín en un juego de póquer. Ahí puede emplear el comodín en lugar de cualquier carta de toda la baraja. En el DOS, puede emplear dos caracteres comodines: un signo de interrogación (?) y un asterisco (*). El signo de interrogación representa un solo carácter. El asterisco representa a un grupo de caracteres.**

Puede introducir un comodín con una opción. Por ejemplo, si escribe dir *.com /w**, el DOS exhibirá los archivos con la extensión .COM en varias columnas a través de la pantalla.**

Cómo Limitar la Lista de Archivos

Tal vez no desea observar todos los archivos contenidos en un directorio. Por ejemplo, sólo quiere observar los archivos que tienen la extensión .EXE o la extensión .COM. Para observar un grupo de archivos, emplee los *caracteres comodines*.

He aquí algunas formas para introducir comodines con el comando DIR:

Escriba **dir*.com** y oprima **Enter** para observar una lista de todos los archivos con la extensión .COM en el de nombre de archivo (por ejemplo, HELP.COM, EDIT.COM y TREE.COM).

Escriba **dir ???.*** y oprima **Enter** para observar una lista de todos los archivos que tienen un nombre compuesto de tres letras o menos (por ejemplo, EGA.CPI, SYS.COM y FC.EXE).

Escriba **dir s???.*** y oprima **Enter** para observar una lista de todos los archivos cuyo nombre empieza con S, seguido por cuatro letras o menos (por ejemplo, SORT.EXE y SYS.COM).

Cómo Evitar al DOS: Ejecución de Otro Programa

La manera más fácil de efectuar tratos con el DOS es evitarlo. Ejecute una de sus aplicaciones y haga que el DOS se retire a segundo plano, a donde pertenece. He aquí lo que debe hacer para ejecutar una aplicación desde el DOS:

1. Cámbiese a la unidad y directorio donde se almacenan los archivos que pertenecen al programa. Por ejemplo, suponga que desea ejecutar WordPerfect y los archivos de WordPerfect están en C:\WP60. Debe cambiar a la unidad C y después escribir **cd \wp60** y oprimir **Enter**.

2. Escriba el comando requerido para ejecutar el programa y después oprima **Enter**. Por ejemplo, para ejecutar WordPerfect, usted escribe **wp** y después oprime **Enter**. (La documentación que viene con el programa le dirá lo que debe escribir. La tabla 6.1 lista los comandos para los programas más famosos.)

Normalmente cuando un programa inicia, se exhibe una pantalla o menú donde puede empezar a trabajar.

Tabla 6.1. Pruebe los siguientes comandos para algunos de los programas más populares.

Para ejecutar este programa	Escriba este comando y oprima Enter
America On Line	aol
Carmen Sandiego	carmen
dBASE	dbase
Harvard Graphics	hg
Lotus 1-2-3	123
Microsoft Windows	win
Microsoft Word	word
Microsoft Works	works
Paradox	paradox
PC Tools	pcsheell O pctools
PFS: First Choice	first
PFS: First Publisher	fp
Prodigy	prodigy
Professional Write	pw
Q&A	qa
Quicken	q
TurboTax	ttax
WordPerfect	wp
WordStar	ws

Si extravió su documentación, consulte el capítulo 25 y encontrará algunos consejos de supervivencia sin documentación. El capítulo 25 le muestra cómo encontrar el comando que necesita introducir para ejecutar un programa.

Cómo Organizarse con Directorios

Al inicio de este capítulo, aprendió cómo cambiarse al directorio del DOS. El directorio del DOS se creó mediante el programa de configuración cuando se instaló al DOS. Sin embargo, tal vez desea crear sus propios directorios para almacenar archivos de programas o archivos de datos. Las secciones siguientes le dicen cómo crear y borrar directorios.

Hagamos un Directorio

No puede usar cualquier nombre para un directorio. Un nombre de directorio consiste de hasta ocho caracteres con una extensión de hasta tres caracteres (igual que un nombre de archivo). Puede emplear cualesquiera caracteres excepto los siguientes:

" . / \ [ ] : * < > | + ; , ?

Y no use la extensión; eso sólo complicará las cosas más tarde que temprano.

Para crear un directorio, emplee el comando MKDIR o MD (MaKe DIRectory, hacer directorio) del DOS, seguido del nombre que desea dar al directorio. Inténtelo:

1. Escriba **c:** y oprima **Enter**.

2. Escriba **cd ** y presione **Enter**. Esto lo coloca en el directorio raíz de la unidad C.

3. Escriba **md RISADIR** y oprima **Enter**. Ahora tiene un directorio llamado RISADIR en su disco.

4. Escriba **cd\RISADIR** y presione **Enter** para cambiar al directorio RISADIR. ¡Fácil!

Desaparezcamos un Directorio

Tener demasiados directorios puede ser tan confuso como tener todos sus archivos amontonados en uno. Para quitar un directorio desde el punto de petición del DOS, debe emplear el comando RMDIR o RD (ReMove DIRectory, quitar directorio). Normalmente empleo RD porque es más corto.

Para desaparecer un directorio, primero tiene que estar en el directorio que está justo encima (o que contiene) al directorio que desea eliminar. En el caso de RISADIR, necesita estar en el directorio raíz. Ahora, ¿por qué no desaparecemos RISADIR?

1. Escriba **cd ** y oprima **Enter**.

2. Escriba **rd RISADIR** y oprima **Enter**. RISADIR es historia. Si no me cree, intente cambiar a él.

El DOS no le permitirá eliminar un directorio que contenga archivos o subdirectorios. Para remover al directorio, primero debe borrar todos sus archivos o subdirectorios o moverlos a otro directorio o disco. Aprenderá a hacer eso más adelante.

Cómo Tomar el Control de sus Archivos

Espero que toda la información en este capítulo sobre discos y directorios no le haga olvidarse de lo que cuenta en realidad: los archivos. Sin los archivos, no habría necesidad de discos o directorios para almacenarlos. En las secciones siguientes, aprenderá cómo copiar, borrar y renombrar archivos.

Haciendo Duplicados

Una de las tareas más comunes en la administración de archivos es copiarlos de un disco o directorio a otro. Por ejemplo, puede copiar archivos de su disco duro a un disco flexible para compartir los archivos con un colega.

Para copiar un archivo de un disco o directorio a otro, primero cambie a la unidad y directorio que contienen los archivos que desea copiar. Después escriba *copy arch1.ext d:\directorio*, en donde *arch1.ext* es el nombre del archivo que desea copiar, y *d:\directorio* es la unidad y el directorio al que desea copiarlo (vea los ejemplos listados en la tabla 6.2). Oprima **Enter**. El DOS copia el archivo.

Tabla 6.2. Muestra de comandos para copiar

Comando	Qué hace
copy *.doc a:	Copia todos los archivos que tienen la extensión .DOC del directorio de trabajo al disco en la unidad A.

Tabla 6.2. Muestra de comandos para copiar

Comando	Qué hace
copy cap09.doc b:	Copia exclusivamente el archivo nombrado CAP09.DOC del directorio de trabajo al disco en la unidad B.
copy *.doc c:\ejemplos	Copia todos los archivos que tienen la extensión .DOC del directorio de trabajo a un directorio llamado C:\EJEMPLOS.
copy *.* c:\ejemplos\libros	Copia todos los archivos del directorio de trabajo a C:\EJEMPLOS\LIBROS.
copy cap09.* c:\ejemplos	Copia todos los archivos llamados CAP09 (CAP09.DOC, CAP09.BAK, etc.) del directorio de trabajo a C:\EJEMPLOS.

Antes que pueda copiar archivos a un directorio, debe tener creado el directorio en donde quedarán. Si intenta copiar un archivo a un directorio que no exista, el DOS exhibirá un mensaje de error.

Cómo Eliminar Archivos

Si está seguro de que ya no necesita un archivo, elimínelo para evitar que su disco se sature. Sin embargo, antes de eliminar un archivo, asegúrese de que ya no lo va a necesitar. Un usuario normal no es hábil para recuperar el archivo después. Esto es lo que debe hacer:

☛ **Borrar un solo archivo:** Cámbiese a la unidad y directorio que contiene el archivo que desea borrar. Escriba *del nomarch.ext*, en donde *nomarch.ext* es el nombre del archivo que desea borrar. Oprima **Enter**. El DOS elimina el archivo.

☛ **Borrar un grupo de archivos:** Usted puede borrar un grupo de archivos, empleando caracteres comodines. Por ejemplo, para borrar todos los archivos que tienen la extensión .BAK, cámbiese a la unidad y al directorio donde se almacenan esos archivos, escriba **del *.bak** y oprima **Enter**.

Cómo Renombrar Archivos

Hay ocasiones en las que necesita renombrar un archivo o un grupo de archivos, tal vez para hacer los nombres más descriptivos o para evitar conflictos con los nombres de otros archivos.

Para renombrar un archivo, cámbiese a la unidad y al directorio que contienen el archivo que desea renombrar. Escriba *ren arch1.ext arch2.ext*, en donde *arch1.ext* es el nombre del archivo que desea renombrar y *arch2.ext* es el nuevo nombre para el archivo. Oprima **Enter**. El DOS renombra el archivo.

Se puede renombrar a un grupo de archivos, empleando caracteres comodines. Por ejemplo, digamos que desea cambiar la extensión de un grupo de archivos de .DOC a .TXT. Cámbiese a la unidad y al directorio en donde se almacenan esos archivos, escriba **ren *.doc *.txt** y oprime **Enter**.

TECNO CEREBRO ENSEÑA...

Un comando típico del DOS es tal y como se muestra a continuación:

   copy c:\datos\juan.car b: /v

Este consta de los siguientes elementos:

Comando. Este es el nombre del comando con el que el de DOS lo reconoce (en este caso, **COPY**), el cual le indica al DOS la acción que desea realizar.

Delimitadores. Los delimitadores son espacios y caracteres especiales (tales como /, \ y :) que separan los elementos de la línea de comando que se proporciona al DOS. Considere a los delimitadores como los espacios presentes entre las palabras de un enunciado.

Parámetros. Los parámetros especifican los objetos en los que desea que el DOS ejecute alguna acción. En el ejemplo anterior, **c:\datos\juan.car** es el parámetro.

Opciones. Las opciones le permiten controlar la manera en la que el comando ejecuta su acción. En este caso, la opción **/V** le indica al DOS que verifique la operación de copiado, para asegurarse de que la copia coincida con el original.

Lo Mínimo que Necesita Saber

Aunque no necesita saber todo sobre el DOS para emplear una computadora, entre más conoce, más fácil es salir de problemas. En este capítulo, intenté enseñarle todo lo posible sin exagerar. La lista siguiente le proporciona información importante que le servirá como repaso.

- ☞ El punto de petición del DOS proporciona la unidad de trabajo y le indica que puede introducir un comando.

- ☞ Para cambiar a una unidad de disco, escriba la letra asociada a la unidad, seguida por dos puntos y oprima **Enter**. Por ejemplo, escriba **a:** y oprima **Enter**.

- ☞ Para cambiarse a un directorio, escriba **cd *nomdir*** (en donde *nomdir* es el nombre del directorio) y oprima **Enter**.

- ☞ Para observar la lista de archivos en un directorio, escriba **dir** y oprima **Enter**.

- ☞ Para ejecutar un programa desde el punto de petición del DOS, cámbiese a la unidad y el directorio que contienen los archivos del programa, escriba el comando para ejecutar el programa y oprima **Enter**.

- ☞ Para formatear un disco flexible, inserte un disco en blanco en la unidad A o B, escriba **format a:** o **format b:** y oprima **Enter**.

- ☞ Para hacer un directorio, cambie al directorio bajo el que desea crear el nuevo directorio. Escriba **md nomdir** (en donde *nomdir* es el nombre que desea dar al directorio) y oprima **Enter**.

- ☞ Para copiar un archivo de un disco o directorio a otro, cámbiese al disco y directorio que contiene el archivo que desea copiar. Escriba **copy arch1.ext d:*directorio*** en donde *arch1.ext* es el nombre del archivo que desea copiar y *d:\directorio* es la unidad y directorio en donde desea copiar el archivo.

Capítulo 7

Evite al DOS, Emplee Windows de Microsoft

Al Final de este Capítulo, Podrá:

☛ Proporcionar al menos tres buenas razones por las que se prefiera a Windows de Microsoft.

☛ Hacer que el DOS desaparezca al ejecutar Windows de Microsoft.

☛ Emplear el ratón para husmear por Windows.

☛ Obtener ayuda en Windows de Microsoft (al exhibir incluso un tutorial animado).

☛ Emplear las aplicaciones que vienen con Windows, incluyendo un par de lindos juegos.

Como vio en capítulos anteriores, el DOS espera que sepa lo que hace. El punto de petición del DOS aparece en una pantalla en blanco, retándolo a que haga algo útil. A menos que sepa lo que escribe, no puede continuar. En este capítulo, aprenderá a trabajar con una *interfaz gráfica de usuario (graphical user interface* o GUI), llamada Windows, diseñada para hacer que su computadora sea más fácil de usar.

Algunas personas (por supuesto, yo no) dicen en broma que GUI son las siglas de interfaz gráfica no amigable (graphical unfriendly interface). Igual que la mayoría de las bromas, esto tiene algo de cierto. Antes que Windows haga más fácil el empleo de su computadora, debe saber cómo desplazarse en Windows.

A la capacidad de ejecutar dos aplicaciones a la vez se le conoce como **multitareas**. Algunos programas, tal como DOS SHELL, le permiten cambiar entre dos o más aplicaciones, pero no dejan que una aplicación se ejecute en segundo plano. Esto se llama **cambiar tareas**, y no multitareas.

Tres Buenas Razones para Usar Windows

En este punto, tal vez usted diga: "Hey, Joe, ¿por qué ejecutar *otro* programa encima del DOS antes de ejecutar el programa que utilizo normalmente?" Muy bien, le proporcionaré tres buenas razones:

☛ **Se aprende aplicaciones nuevas con más rapidez.** La mayoría de las aplicaciones de Windows emplean un sistema de menús común. Una vez que aprende a usar los menús en una aplicación, ya sabe cómo emplear los menús en cualquier aplicación de Windows. Por ejemplo, para salir de la mayoría de las aplicaciones de Windows, abra el menú File y seleccione Exit.

☛ **Usted ejecuta dos aplicaciones al mismo tiempo.** Por ejemplo, ejecuta una aplicación de procesamiento de palabras y una agenda cambiando de una a otra con sólo presionar una tecla. También corte y pegue información de una aplicación a otra. Y puede hacer que una aplicación imprima o ejecute cálculos en el segundo plano mientras trabaja con otra.

☛ **Muchas personas emplean Windows.** Ya lo sé, ya lo sé, sólo porque todos los demás hagan algo no es una razón para que usted lo haga, pero la mayoría de las compañías que hacen aplicaciones nuevas las proyectan para que se ejecuten en Windows. De tal forma que, si desea usar las aplicaciones más grandes y recientes, necesita Windows.

¡Adiós, DOS! Cómo Iniciar Windows

Antes que aproveche la facilidad en el empleo de Windows, tiene que hacer algo mundano, como iniciarlo desde el punto de petición del DOS. Aquí está lo que debe hacer:

1. Cámbiese a la unidad que contiene al Windows. Por ejemplo, escriba **C:** en el punto de petición del DOS y oprima **Enter**.

2. Cámbiese al directorio que contiene los archivos de Windows. Por ejemplo, si el nombre del directorio es WINDOWS, escriba **cd \win dows** en el punto de petición y oprima **Enter**.

3. Escriba **win** y oprima **Enter**. Aparece la pantalla de título del Windows por unos momentos y después se ve el Administrador de programas (Program Manager) del Windows, como se muestra en seguida.

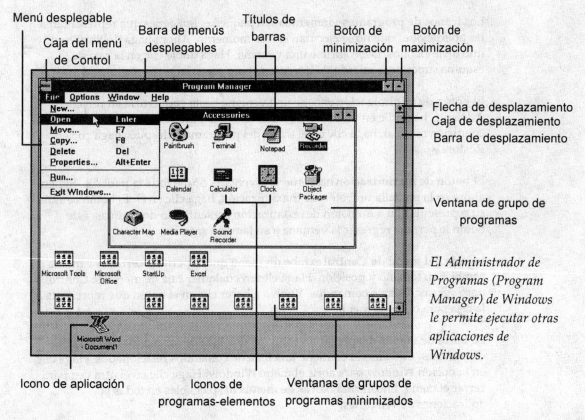

El Administrador de Programas (Program Manager) de Windows le permite ejecutar otras aplicaciones de Windows.

Anatomía de Windows 101

Ahora que ya conoce el nombre de todas las chucherías en la pantalla, es probable que se pregunte lo que hace cada una. He aquí un resumen (no tema curiosear un poco):

El **apuntador del ratón,** el cual parece una flecha, aparece en algún punto de la pantalla (suponiendo que emplee un ratón). Si no lo ve, mueva el ratón por su escritorio hasta poner a la vista el apuntador.

La **barra de título** muestra el nombre de la ventana o aplicación (como si no se notara).

Una **ventana de grupo de programas** contiene un grupo de iconos de programas-elementos relacionados. ¿Qué son los iconos de programas-elementos? Siga leyendo.

Los **iconos de programas-elementos** son pequeñas imágenes que representan a las aplicaciones que no se ejecutan en ese momento. Ahora haga doble clic en uno de los iconos. Debe abrirse una ventana. Haga doble clic en la caja de la esquina superior izquierda de la ventana para cerrarla.

El **botón de minimización** encoge una ventana hasta convertirla en un icono. Adelante, haga clic en un botón de minimización. Para restaurar la ventana a su condición original, haga clic en el icono del programa y después haga clic en **Restore**.

El **botón de maximización** hace que una ventana ocupe toda la pantalla. Si tiene ahora en la pantalla un botón de maximización, haga clic en él. El botón cambia su representación a un botón de **restauración** presentando dos puntas, este botón le permite regresar la ventana a su tamaño anterior.

La **caja del menú de Control** exhibe un menú que le permite cerrar la ventana o cambiar su tamaño y posición. Haga clic en cualquier caja de menú de Control para ver una lista de comandos. Vuelva a hacer clic en el botón que representa a la caja para cerrar el menú.

La **barra de menús desplegables** contiene una lista de los menús desplegables disponibles. Cada menú contiene una lista de comandos relacionados. Haga clic en la opción Window para abrir el menú Window. Haga clic en él otra vez para cerrar el menú. Encontrará barras de menús desplegables en todas las aplicaciones de Windows.

Un **icono de aplicación** es una pequeña imagen que representa una aplicación que se ejecuta en ese momento, pero que se ha minimizado. La aplicación todavía se ejecuta, pero en el segundo plano. Usted puede restaurar la aplicación a su estado de ventana al hacer doble clic en su icono.

Obtenga Lecciones de Ventanas de Windows 3.1

La mayoría de los libros de computadoras mantienen en secreto que Windows 3.1 viene con su propio tutorial animado. ¿Por qué necesita un libro si puede aprender del programa mismo? Es lo que yo digo. Así es como debe ejecutar el tutorial:

1. Haga clic en **Help** en la barra de botones del administrador de programas (Program Manager). Se abre el menú de ayuda (Help) (si la opción Windows Tutorial no está ahí, no tiene usted Windows 3.1 o quien instaló Windows no puso los archivos Help).

2. Haga clic en la opción **W**indows Tutorial. El tutorial empieza.

3. Lea y siga las instrucciones que se muestran en la pantalla. Si no va a ejecutar estos pasos por ahora, observe la pantalla del tutorial, que doy como ejemplo a continuación.

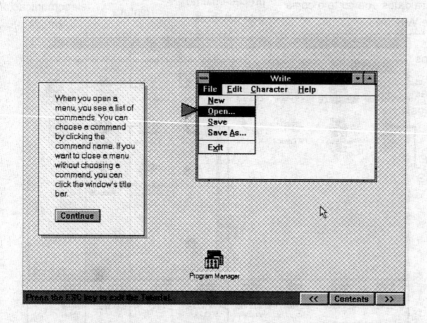

El tutorial de Windows le permite aprender haciendo.

Cómo Trepar por las Ventanas

Lo primero que debe saber sobre un programa, incluyendo Windows, es cómo salir de él. Para salir de Windows, haga lo siguiente:

- ☞ Haga clic en la caja del menú de Control en la esquina superior izquierda de la ventana del administrador de programas y después haga clic en **Close** (Cerrar). Oprima **Enter**.

- ☞ Haga doble clic en la caja del menú de Control. Oprima **Enter**.

- ☞ Oprima **Alt + F4** y después presione **Enter**.

Si intenta salir de Windows sin guardar su trabajo, el programa le exhibe un mensaje preguntándole si desea guardar su trabajo antes de salir. Después de salvar su trabajo, Windows le permite abandonarlo.

El Paquete de Premio de Windows

Además de hacer que sea más fácil de usar su computadora, Windows viene con varias aplicaciones útiles, como se muestra en seguida. Para ejecutar una aplicación, haga doble clic en su icono.

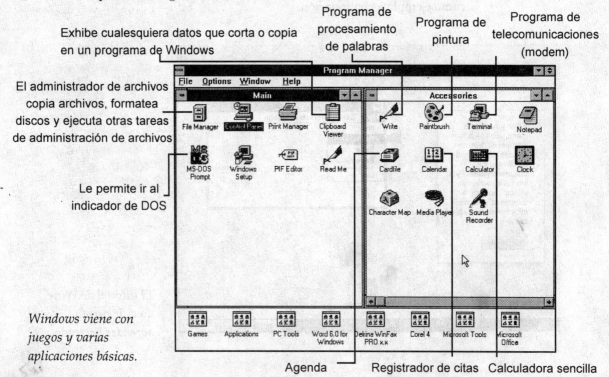

Exhibe cualesquiera datos que corta o copia en un programa de Windows

Programa de procesamiento de palabras

Programa de pintura

Programa de telecomunicaciones (modem)

El administrador de archivos copia archivos, formatea discos y ejecuta otras tareas de administración de archivos

Le permite ir al indicador de DOS

Windows viene con juegos y varias aplicaciones básicas.

Agenda   Registrador de citas   Calculadora sencilla

No está limitado a las aplicaciones que vienen con Windows. Muchas compañías de software (más de las que puede contar con sus dedos y dientes) crean aplicaciones que se ejecutan bajo Windows y tienen el mismo aspecto y funcionamiento que las aplicaciones de Windows.

POR CIERTO

El juego Solitaire (solitario), que viene con Windows, es una buena práctica para aprender a usar el ratón. Puede decirle a su jefe que yo se lo aconsejé (y puede escribirme si lo despide).

Cómo Lanzar Aplicaciones desde Windows

Usted puede ejecutar una aplicación desde Windows de dos maneras, dependiendo de si la aplicación tiene un icono correspondiente o no. En las dos siguientes secciones, aprenderá a ejecutar aplicaciones con o sin iconos.

Icono Hazlo: Cómo Ejecutar una Aplicación con un Icono

Cada aplicación de Windows tiene su correspondiente icono de programa-elemento, usted lo emplea para ejecutar la aplicación. Además, cuando instala Windows, éste busca cualesquiera aplicaciones que no son de Windows y crea iconos para ellas. Si una aplicación tiene un icono, he aquí cómo ejecutarla.

HABLE COMO SI SUPIERA

Una **aplicación de Windows** es un programa escrito especialmente para ejecutarse bajo Windows de Microsoft. Se ve como Windows de Microsoft y aprovecha todos los beneficios de Windows. Una **aplicación que no es de Windows** (un programa del DOS) es un programa que puede ejecutarse desde el punto de petición del DOS o desde Windows. No tiene el aspecto y el funcionamiento de Windows y no aprovecha las características de Windows.

1. Cámbiese a la ventana del grupo de programas que contiene el icono de la aplicación, como se explicó antes.

2. Haga doble clic en el icono de la aplicación. Se abre una ventana de aplicación, que le permite usarla.

Cualquiera Puede Hacerlo: Cómo Ejecutar una Aplicación que no Tiene un Icono

Si instaló una aplicación del DOS después de instalar Windows o si el programa de instalación de Windows no creó un icono para una de sus aplicaciones del DOS, aun así puede ejecutar la aplicación desde Windows. He aquí cómo hacerlo:

1.   Haga clic en la opción File (Archivo) presente en la barra del menú desplegable del Administrador de programas (Program Manager).

2.   Haga clic en Run (ejecutar). Aparece la caja de diálogo de Run.

3.   Escriba la ruta completa del directorio en el que están almacenados los archivos de la aplicación, seguida por el nombre del archivo que ejecuta la aplicación, como se muestra en seguida.

Puede escribir un comando aquí...

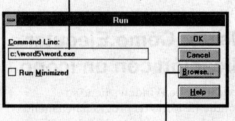

Emplee la caja de diálogo Run cuando no tenga un icono.

... o emplear el botón Browse (Hojear) para elegir una unidad, directorio y archivo

4.   Oprima Enter o haga clic en OK.

En Windows 3.1, cuando selecciona la opción Run del menú File, la caja de diálogo que aparece contiene un botón Browse (Hojear). Al hacer clic en él, se obtiene una lista de los directorios y archivos en su disco duro. En ella puede buscar la aplicación que desea ejecutar.

Lo Fundamental: Cómo Desplazarse por Windows

Si desea usar Windows, consiga un ratón. Intentar utilizar Windows sin un ratón es como intentar escribir con los guantes puestos. El capítulo 1 explicó las técnicas comunes del ratón: apuntar, hacer clic, hacer doble clic y demás. Las secciones siguientes le explican cómo usar el ratón para ejecutar tareas comunes en Windows, incluyendo cómo ejecutar aplicaciones y seleccionar comandos de los menús desplegables.

Haga su Selección: Cómo Usar un Menú Desplegable

Los menús desplegables funcionan como las cajas del menú de Control. Usted hace clic en el nombre del menú para desplegarlo de la barra de menús y después hace clic en el comando que desea introducir. (Funcionan exactamente como los mapas que su maestra de primaria desplegaba en el pizarrón.) La figura lo dice todo.

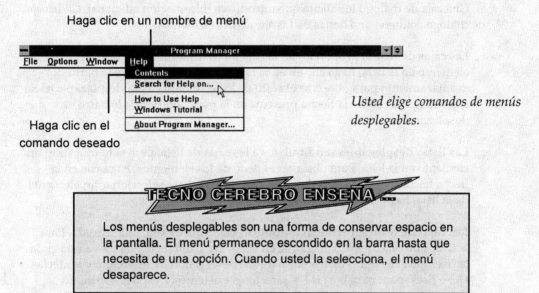

Haga clic en un nombre de menú

Haga clic en el comando deseado

Usted elige comandos de menús desplegables.

TECNO CEREBRO ENSEÑA...

Los menús desplegables son una forma de conservar espacio en la pantalla. El menú permanece escondido en la barra hasta que necesita de una opción. Cuando usted la selecciona, el menú desaparece.

Conversando con Windows Mediante Cajas de Diálogo

Algunos comandos, en los menús desplegables, son seguidos por puntos suspensivos (...). Esto significa que, si selecciona el comando, aparecerá una caja de diálogo. Considérelo como ir al departamento de quejas en una tienda de departamentos. Usted va, solicita algo y la persona que lo atiende le entrega una forma para llenarla. Básicamente, una caja de diálogo es un medio de indicarle a la aplicación, con exactitud, lo que desea.

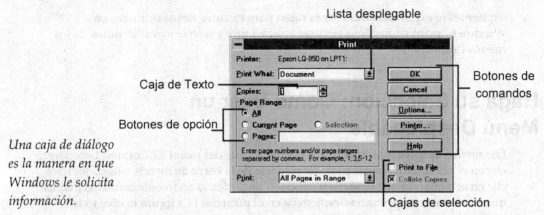

Lista desplegable

Caja de Texto

Botones de opción

Botones de comandos

Cajas de selección

Una caja de diálogo es la manera en que Windows le solicita información.

Una caja de diálogo le solicita que introduzca información adicional. Cada caja de diálogo contiene uno o más de los siguientes elementos:

Las cajas de lista le proporcionan las opciones disponibles. Para seleccionar un elemento en la lista, haga clic en él. Si la lista es grande, emplee la barra de desplazamiento para observar el resto de los elementos. Para desplazarse hacia abajo, haga clic sobre la flecha presente en la parte inferior de la barra de desplazamiento.

Las listas desplegables son similares a las cajas de lista, pero sólo muestran un elemento en la lista. Para observar el resto de los elementos, haga clic en la flecha hacia abajo, a la derecha de la caja de lista. Para seleccionar un elemento de la lista, haga clic en él.

Las cajas de texto le permiten introducir, en forma escrita, una entrada. Para activar una caja de texto, haga clic en ella. Para editar el texto que ya está en la caja, emplee las teclas de flechas para mover el punto de inserción, y las teclas Del o Backspace para borrar los caracteres existentes. Después escriba su corrección.

Las cajas de selección le permiten elegir uno o más elementos en un grupo de opciones. Por ejemplo, si quiere estilizar un texto, seleccione Bold o Italic, para que el texto aparezca en tipo de negrillas o de cursivas. Para seleccionar un elemento, haga clic en él.

Los botones de opción son como las cajas de selección, pero sólo puede seleccionar un botón en un grupo. Hacer clic en un botón seleccionado deselecciona cualquier opción ya marcada.

Los botones de comando le permiten llevar a cabo o cancelar sus selecciones. Una vez que responde a la caja de diálogo al introducir sus opciones, haga clic en un botón de comando para finalizar la entrada. La mayoría de las cajas de diálogo tienen al menos dos botones de comando: uno para dar su aprobación final y otro para cancelar sus selecciones.

Cómo Observar Más con las Barras de Desplazamiento

Considere una ventana como, bueno, una ventana de su casa. Cuando observa por una ventana, usted no ve todo lo que hay del otro lado de la ventana. Sólo observa una parte.

Una ventana de Windows es igual. Si una ventana no puede exhibir todo lo que contiene, aparece una barra de desplazamiento a lo largo del lado derecho y/o en la parte inferior de la ventana. Emplee la barra de desplazamiento para poner a la vista el contenido oculto de la ventana, de la siguiente manera:

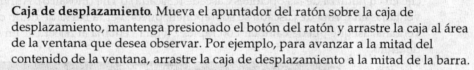

Caja de desplazamiento. Mueva el apuntador del ratón sobre la caja de desplazamiento, mantenga presionado el botón del ratón y arrastre la caja al área de la ventana que desea observar. Por ejemplo, para avanzar a la mitad del contenido de la ventana, arrastre la caja de desplazamiento a la mitad de la barra.

Barra de desplazamiento. Haga clic una vez dentro de la barra de desplazamiento posicionándose a cualquiera de los lados de la caja de desplazamiento para mover la lista una pantalla a la vez. Por ejemplo, si hace clic una vez bajo la caja de desplazamiento, observará la siguiente ventana de información.

Flechas de desplazamiento. Haga clic una vez en una flecha para desplazarse una línea a la vez en la dirección de la flecha. Mantenga presionado el botón del ratón para desplazarse de manera continua en esa dirección.

Acciones con Ventanas

Trabajar con Windows es como repartir naipes. Cuando inicia una aplicación o maximiza un icono, aparece una ventana nueva en la pantalla, sobreponiéndose a las otras. Abra suficientes ventanas y muy pronto su pantalla se verá como si hubiera repartido una mano de 52 naipes. Las secciones siguientes le dicen cómo limpiar ese lío.

Si no ve la ventana deseada, haga clic en **W**indows en la barra de menús desplegables y después seleccione el nombre de la ventana a la que desea ir. La ventana seleccionada se mueve a la parte de enfrente y se activa. Si eso no funciona, oprima **Ctrl + Esc** y después elija la ventana de la Lista de tareas.

Cómo Mover una Ventana a la Parte Superior de la Pila

Si puede ver cualquier parte de una ventana, la manera más fácil de moverla a la parte superior de la pila es hacer clic en esa parte expuesta. En forma automática, la ventana salta hacia el frente y cubre todo lo que está debajo.

Cómo Desplegar sus Cartas

Cuando sostiene un puñado de cartas y desea ver lo que tiene, las abanica. En Windows, puede ver una parte de cada ventana en la pantalla al usar una técnica similar. Puede decirle a Windows que exhiba las ventanas lado con lado (en forma de *mosaico*) o sobrepuestas (en forma de *cascada*). He aquí cómo hacerlo: haga clic en la opción **Windows** que se encuentra en la barra de menús desplegables y haga clic en cualquiera de las opciones **Cascade** (cascada) o **Tile** (mosaico). Aunque las ventanas en forma de cascada se sobreponen, puede ver la barra de título de cada ventana, así que puede cambiar con rapidez a una ventana al hacer clic en su barra de título.

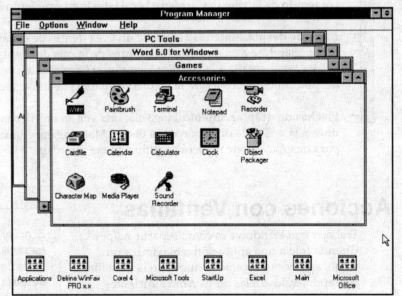

Las ventanas colocadas como cascada muestran la barra de título de cada ventana abierta.

Un Bonito Truco de Cartas: Cómo Redimensionar y mover ventanas

Así como reordena ventanas en la pantalla, puede desear encoger ventanas que son menos importantes o que contienen menos iconos, o ampliar ventanas más importantes. También puede reordenar las ventanas. La imagen siguiente le muestra lo que tiene que hacer.

Arrastre la barra de título
para mover la ventana.

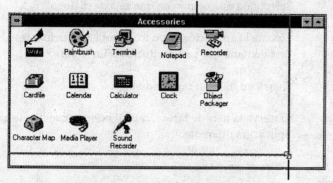

Puede arrastrar la orilla de una ventana o su barra de título.

Arrastre una orilla para cambiar el tamaño y forma de la ventana.

¿Y mi Teclado?

No, su teclado todavía no es obsoleto. Aunque Windows trabaja mejor con un ratón, todavía puede emplear su teclado para manipular ventanas. Las combinaciones de teclas que se utiliza con el fin de obtener tareas útiles con su teclado se explican en la tabla 7.1.

Tabla 7.1. Combinaciones de teclado para Windows

Oprima	Para
Alt + Esc	Recorre una a una las ventanas de aplicaciones y los iconos.
Ctrl + F6 (o Ctrl + Tab)	Recorre uno a uno los iconos de grupos de programas o las ventanas.
Alt + barra espaciadora	Abre el menú de Control para una ventana de aplicación o icono.
Alt + - (guión)	Abrir el menú de Control para una ventana de grupo de programas o icono.
Teclas de flechas	Para moverse de un icono a otro en la ventana activa del grupo de programas.
Alt (o F10)	Activa la barra de menús desplegables.

continúa

Tabla 7.1. Continuación

Oprima	Para
Alt + letra de selección	Abre un menú desplegable de la barra de menús o selecciona una opción en una caja de diálogo.
Enter	Ejecuta la aplicación cuyo icono está resaltado o restablece una ventana que se ha reducido a un icono.
Esc	Cierra un menú o caja de diálogo.
Ctrl + Esc	Observa la lista de tareas, la cual permite cambiarse a una aplicación diferente.
F1	Obtener ayuda.
Ctrl + F4	Minimiza la ventana del grupo de programas seleccionado.
Alt + F4	Abandona la aplicación activa o sale de Windows.

Cómo Administrar Discos, Directorios y Archivos... sin el DOS

En los capítulos 5 y 6, aprendió a emplear el DOS para formatear discos, hacer directorios y copiar, mover y renombrar archivos. Puede hacer esto y más al emplear el administrador de archivos de Windows. Es más fácil que el DOS. Esto es lo que tiene que hacer para ejecutar el administrador de archivos:

1. Haga clic en la ventana del grupo de programas **Main** (si no está en la pantalla, abra el menú **Window** del administrador de programas y seleccione **Main**).

2. Haga doble clic en el icono **File Manager**. El administrador de archivos aparece, como se muestra en seguida.

3. Emplee los iconos y menús que se muestran para cambiar unidades y directorios.

Haga clic en un directorio, haga
doble clic en una carpeta.

Haga doble clic
para ocultar
subdirectorios.

Haga clic en una
unidad de discos
para activarla.

Haga doble clic para
seleccionar un archivo.

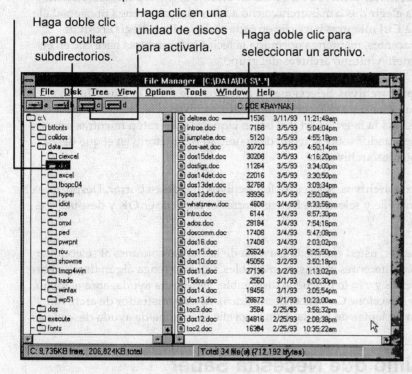

El administrador de archivos pone todo a su alcance.

No se preocupe, no voy a decirle todo lo que puede hacer con el administrador de archivos. En lugar de eso, he aquí un resumen rápido de las cosas comunes que encontrará e instrucciones generales sobre cómo hacerlo:

☛ **Formatear un disco**. Inserte un disco en blanco en la unidad de discos flexibles que desea usar. Abra el menú **Disk** y seleccione la opción Format Disk. De la lista desplegable **Disk In**, haga clic en la letra de la unidad que contiene el disco en blanco. De la lista desplegable **Capacity** haga clic en la capacidad del disco. Haga clic en el botón **OK**.

☛ **Hacer un directorio**. Haga clic en el directorio bajo el que desea que quede el nuevo o haga clic en la letra de la unidad en la parte superior del árbol de directorios. Despliegue el menú **File** y seleccione Create Directory (Crear Directorio). Escriba el nombre del nuevo directorio en la caja de diálogo. Haga clic en **OK** u oprima **Enter**.

☛ **Seleccionar archivos**. Haga clic en un solo archivo para seleccionarlo. Para elegir dos o más archivos no adyacentes, mantenga presionada la tecla **Ctrl** mientras hace clic en cada archivo. Para elegir archivos adyacentes, mantenga oprimida la tecla **Shift** mientras hace clic en el primero y último archivos del grupo.

☛ **Copiar archivos**. Seleccione los archivos que desea copiar. Mueva el apuntador del ratón sobre uno de los archivos seleccionados. Mantenga presionada la tecla **Ctrl** y el botón izquierdo del ratón mientras arrastra el apuntador sobre el icono de la unidad o directorio en el que desea copiar los archivos.

☛ **Borrar archivos**. Seleccione los archivos que desea borrar. Despliegue el menú File y seleccione Delete (Borrar). Haga clic en **OK** y después en Yes.

Como puede ver, usted ejecuta la mayoría de las tareas comunes al seleccionar comandos de los diferentes menús desplegables. Cuando tenga algún tiempo libre, métase a los menús y vea lo que tiene disponible. Si necesita ayuda, abra el menú Help (ayuda) y seleccione Contents (Contenidos). El administrador de archivos exhibe una lista de temas de ayuda. Sólo haga clic en el tema de ayuda deseado.

Lo Mínimo que Necesita Saber

Windows de Microsoft viene con un libro de más de 600 páginas, por lo que hay mucho más que debe saber sobre Windows. Sin embargo, he aquí cierta una información básica que necesita para empezar:

☛ Para iniciar Windows, cambie al directorio de Windows (por lo general C:\WINDOWS), escriba **win** y oprima **Enter**.

☛ Para salir de Windows, haga doble clic en la caja del menú de control del Administrador de programas.

☛ Para ejecutar una aplicación en Windows, cambie a la ventana del grupo de programas que contiene el icono de la aplicación y después haga doble clic en él.

☛ Para abrir un menú desplegable, haga clic en el nombre presente en la barra de menús.

☛ Para seleccionar un comando de un menú, haga clic en el comando.

☞ Los botones en la esquina superior derecha de una ventana le permiten maximizar, minimizar o restablecer la ventana a su tamaño original.

☞ Se trae una ventana a la parte superior de la pila al hacer clic en cualquier parte de la ventana.

☞ Se redimensiona una ventana al arrastrar una de sus orillas.

Esta página está disponible para garabatear.

Parte II

El Arsenal de Software

Ahora que se ha enfrentado a su computadora y le ha mostrado quién es el jefe, está preparado para un viaje por el arsenal de software. En esta sección, exhibo las armas poderosas en el mundo de las computadoras: los programas que la mayoría de las computadoras emplean para ejecutar diferentes tareas. Conocerá los programas que le ayudan a escribir y editar manuscritos; calcular sus impuestos, controlar su chequera, su dinero, sus citas; jugar; dibujar en la pantalla y conectarse con millones de otros usuarios que emplean un modem.

Y eso no es todo. También aprenderá los fundamentos para usar todo tipo de paquetes de software. Por ejemplo, conocerá cómo cortar y pegar texto en un programa de procesamiento de palabras, escribir fórmulas en un programa de hoja de cálculo y dibujar en un programa de gráficos. Incluso obtendrá un atisbo de lo que necesita para conectarse a un servicio en línea, tal como Prodigy o America OnLine, y verá qué fácil es enviar una carta por la supercarretera de información.

Capítulo 8

Aprendizaje del Software: Cómo Seleccionar, Instalar y Ejecutar Programas

Al Final de este Capítulo, Podrá:

- Explicar qué son las aplicaciones y qué hacen.

- Elegir la aplicación correcta para un trabajo específico.

- Revisar la caja de un programa en su tienda de software para enterarse de si su computadora puede ejecutarlo.

- Determinar si su computadora tiene la potencia para ejecutar una aplicación específica.

- Colocar su nueva aplicación en su disco duro.

Antes que pueda hacer algo útil con su computadora, debe ejecutar dos tipos de programas: un *sistema operativo* (tal como el DOS, ¿se acuerda del capítulo 6?) y una *aplicación*. El sistema operativo es muy aburrido y a menos que tenga sangre de tecnócrata, no tendrá que ver mucho con él. Sin embargo, las aplicaciones hacen por usted todo tipo de cosas útiles y divertidas: crear folletos, jugar, recibir anotaciones deportivas actualizadas e incluso ir de compras.

En este capítulo, aprenderá los fundamentos sobre los programas de aplicaciones, incluyendo cómo instalar una nueva aplicación en su disco duro y cómo ejecutarla.

Antes de avanzar en este capítulo, debe comprender los términos software, programa y aplicación. El *software* consiste en cualquier instrucción que le indica a su computadora (el hardware) lo que debe hacer. Un *programa* es un conjunto completo de instrucciones (de manera básica es igual que el software). Un programa puede ser un *sistema operativo* (tal como el DOS) o una *aplicación*. Una aplicación es un programa que le permite hacer algo útil, tal como escribir una carta o cazar monstruos.

La Aplicación Correcta para el Trabajo Adecuado

Al elegir una aplicación, primero pregúntese lo que desea hacer con ella. Como se muestra en la tabla 8.1, cada tipo de aplicación se especializa en ejecutar una tarea específica. Los capítulos posteriores proporcionan mayores detalles sobre cada tipo de aplicación.

Tabla 8.1. Tipos de aplicaciones

Tipo de aplicación	Puede emplearla para
Procesador de palabras	Escribir cartas e informes, componer libros, escribir artículos.
Base de datos	Almacenar y manipular información, analizar datos, generar informes de clientes, imprimir etiquetas de correo.
Hoja de cálculo	Obtener balance de cuentas, llevar un registro de actividades, controlar materiales, estimar costos de empleos, determinar promedios, automatizar el control de calidad, elaborar gráficas.
Edición por computadora	Crear e imprimir boletines, volantes, folletos, tarjetas de negocios y libros.
Telecomunicaciones	Transferir datos entre dos computadoras, accesando información en línea.
Gráficos	Crear diagramas, ilustrar manuales, diseñar maquinaria, elaborar audiovisuales.
Integrada	Ejecutar tareas combinadas de programas de procesamiento de palabras, hoja de cálculo, base de datos, comunicaciones y gráficos.

Tipo de aplicación	Puede emplearla para
Utilerías	Mejorar la capacidad de su computadora, dándole mantenimiento a su computadora y archivos, haciendo que su sistema sea más fácil de usar.
Finanzas/contabilidad	Imprimir cheques, obtener el saldo de una chequera, administrar nóminas, actualizar registros de inventario.
Calendarios	Llevar registros de reuniones y citas.
Educacionales	Practicar juegos (educacionales y de otro tipo), componer música, efectuar investigaciones en otros temas.

¿Puede su Computadora Ejecutar este Programa?

Si tiene una videocasetera VHS, no puede utilizar cintas Beta en ella. Lo mismo sucede con una computadora. No puede ejecutar todos los programas en todas las computadoras. Antes que compre una aplicación, asegúrese de que su computadora puede correrla. Los requisitos mínimos de hardware y software están impresos en la parte externa de cada paquete de software, como se muestra en seguida:

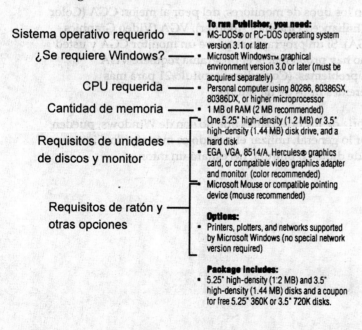

Sistema operativo requerido

¿Se requiere Windows?

CPU requerida

Cantidad de memoria

Requisitos de unidades de discos y monitor

Requisitos de ratón y otras opciones

El paquete de software lista lo que necesita para ejecutar la aplicación.

Busque la siguiente información:

Tipo de computadora. Normalmente, no puede ejecutar un programa de Macintosh en una computadora compatible con IBM. Asegúrese de que el programa sea para una IBM o computadora compatible. (Excepciones: si tiene una PowerBook de Macintosh o consigue una Power PC en el futuro, puede ejecutar software diseñado para diferentes tipos de computadora. Consulte más información sobre la Power PC en el capítulo 21.)

Sistema operativo requerido. Si su computadora emplea el DOS, asegúrese de que el programa se ejecute bajo este ambiente (y no el OS/2 o Unix). También asegúrese de tener la versión apropiada del DOS. Si el programa requiere de la versión 5.0 o posterior y usted tiene la versión 4, puede tener problemas para ejecutar el programa o usar todas sus características.

Se requiere Windows. No se puede ejecutar un programa de Windows sin éste. Asegúrese de tener la versión requerida de Windows. Si se requiere Windows 3.1 y usted tiene la versión 3.0, tendrá problemas.

CPU necesaria. CPU significa unidad central de procesamiento. Esta es el cerebro de la computadora. Entre más alto sea el número, mejor el cerebro, por lo que una CPU 386 es mejor que una 286. Si el programa requiere una 386 o mejor y su computadora es 286, no podrá ejecutarlo con efectividad. El número debe aparecer en la parte frontal de su unidad del sistema.

Tipo de monitor. Estos son los tipos de monitores, del peor al mejor: CGA (Color Graphics Adapter), EGA (Enhanced Graphics Adapter), VGA (Video Graphics Array) y SVGA (Super VGA). Si un programa requiere un monitor CGA y usted tiene un monitor SVGA, no hay problema. Si el programa requiere VGA y usted tiene EGA, tendrá problemas. (Consulte el capítulo 21 para más información sobre los diferentes tipos de monitores.)

Ratón requerido. La mayoría de los programas que no son de Windows, pueden funcionar sin un ratón. Por lo general, utilizar el teclado es más rápido. Si tiene Windows o un programa de dibujo o pintura, necesitará un ratón.

Cantidad de memoria requerida. La mayoría de los programas especifican la cantidad de memoria requerida y recomendada. La cantidad requerida le indica cuánta memoria necesita su computadora para cargar y ejecutar el programa. La cantidad recomendada le indica cuánta necesita para ejecutar el programa de manera efectiva. (En el capítulo 4 se analizó cómo funciona la memoria. El capítulo 23 explica cómo instalar memoria adicional en su computadora.)

Requisitos de disco duro. Si un programa no requiere un disco duro, puede ejecutarlo desde discos flexibles. Sin embargo, si el programa requiere un disco duro, tiene que copiar el programa desde los discos flexibles, que vienen dentro de la caja, al disco duro antes de ejecutarlo. Asegúrese de que su computadora tenga suficiente espacio en disco para contener el programa.

Algo que es común olvidar cuando se compra un programa es el tamaño de los discos en los que viene. Si su computadora tiene una unidad de discos de 5 1/4 pulgadas y el programa viene en discos de 3 1/2 pulgadas, no podrá emplearlo. Algunos programas vienen con dos juegos de discos o con un cupón que le permite solicitar el tipo de disco que necesita.

¿Tiene Su Computadora lo Necesario?

¿Cómo saber si su computadora está preparada para funcionar? Si tiene el DOS 6.0 o posterior, obtenga toda la información que necesita utilizando el programa Diagnostics de Microsoft. He aquí lo que debe hacer:

1. Si es necesario, exhiba el punto de petición del DOS.

2. Escriba **msd** y oprima **Enter**. Aparece en la pantalla el programa Diagnostics.

3. Para saber más sobre un elemento específico del sistema, haga clic en el botón deseado o escriba la letra resaltada en su nombre. La pantalla siguiente le muestra lo que obtiene al hacer clic en el botón Disk Drives.

Tipos de unidades de discos flexibles

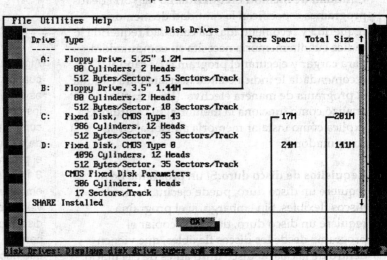

```
 File  Utilities  Help
                    ┌─────────── Disk Drives ───────────┐
   Drive  Type                          Free Space  Total Size ↑
   -----  ----                          ----------  ----------
    A:    Floppy Drive, 5.25" 1.2M
            80 Cylinders, 2 Heads
            512 Bytes/Sector, 15 Sectors/Track
    B:    Floppy Drive, 3.5" 1.44M
            80 Cylinders, 2 Heads
            512 Bytes/Sector, 18 Sectors/Track
    C:    Fixed Disk, CMOS Type 43           17M        201M
            986 Cylinders, 12 Heads
            512 Bytes/Sector, 35 Sectors/Track
    D:    Fixed Disk, CMOS Type 0            24M        141M
            4096 Cylinders, 12 Heads
            512 Bytes/Sector, 35 Sectors/Track
          CMOS Fixed Disk Parameters
            306 Cylinders, 4 Heads
            17 Sectors/Track
  SHARE Installed                                           ↓

                        ┌────────┐
                        │   OK   │
                        └────────┘
 Disk Drives: Displays disk drive types and sizes.
```

Diagnostics de Microsoft le indica con lo que cuenta su computadora.

Espacio libre   Espacio total

¿Qué tan Lleno Está su Disco Duro?

Si tiene una versión del DOS anterior al DOS 6.0, puede saber cuánto espacio en disco tiene su computadora al elegir una de las siguientes opciones:

☛ **En el indicador del DOS**, cambie a la unidad de disco que desea revisar. Escriba **chkdsk** y oprima **Enter**. El DOS exhibe información sobre su disco duro, incluyendo el espacio total en disco y el espacio libre en disco.

☛ **En Windows**: Ejecute el File Manager (Administrador de archivos) (consulte el capítulo 7). Haga clic en la unidad cuyo espacio desea revisar. En la esquina inferior izquierda de la ventana, File Manager exhibe la cantidad de espacio libre en disco.

POR CIERTO

Un disco duro es como una casa: la ve grande hasta que se muda. Cuando consulte la cantidad de espacio en disco, asegúrese de que sea el espacio que tiene libre, no el espacio total. Más de la mitad de su disco debe estar ocupada.

El espacio en disco se proporciona en bytes. Para convertir bytes a megabytes, agregue comas al número. Por ejemplo, si el DOS dice que hay 40456798 bytes, agregue comas para que el número se vea así: 40,456,798. El disco tiene más de 40 millones de bytes o alrededor de 40 megabytes.

¿Cuánta Memoria Tiene su Computadora?

Además de devorar discos, muchos programas son devoradores de memoria y requieren de 2 a 4 megabytes de memoria antes de que puedan decir siquiera "hola". ¿Tiene su computadora memoria suficiente para ejecutar el programa? Para saberlo, escriba **mem** en el punto de petición del DOS y oprima **Enter**. El DOS exhibe la cantidad de memoria instalada en su computadora, como se muestra en seguida:

Total de memoria   No se preocupe por las memorias empleada y libre

```
C:\>mem

Memory Type      Total   =   Used   +   Free
-------------    -------     -------    -------
Conventional      640K        123K       517K
Upper             155K         90K        65K
Reserved          384K        384K         0K
Extended (XMS)  2,917K      1,241K     1,676K
-------------    -------     -------    -------
Total memory    4,096K      1,838K     2,258K

Total under 1 MB  795K        213K       582K

Largest executable program size    517K (529,360 bytes)
Largest free upper memory block     64K  (65,984 bytes)
MS-DOS is resident in the high memory area.

C:\>
```

El DOS puede indicarle cuánta memoria posee su computadora.

TECNO CEREBRO ENSEÑA...

Hay tres tipos básicos de memoria: *convencional*, *extendida* y *expandida*. La memoria convencional es la que emplean la mayoría de los programas; se encuentra en los primeros 640 kilobytes de memoria. Puede agregar memoria a su computadora en forma de memoria extendida o expandida. (Se agrega memoria extendida al instalar chips de RAM adicionales. Se agrega memoria expandida al instalar un tablero de memoria expandida.) Esta memoria requiere un software especial, llamado *administrador de memoria*, para que la usen los programas. Windows viene con un administrador de memoria que permite que los programas de Windows empleen la memoria extendida.

Lo que Debe Encontrar en la Caja de Software

Cuando lleve a casa un paquete de software, abra la caja y coloque todo en una mesa. Asegúrese de que contenga todo por lo que pagó:

- ☞ Los discos que contienen el archivo del programa.

- ☞ Un manual de instrucciones que explique cómo usar el programa.

- ☞ Una tarjeta de registro. (Asegúrese de llenar esta tarjeta y enviarla por correo. Con esto, el fabricante sabe quién posee una copia legal del programa. Por lo general, ofrece a los propietarios legales nuevas versiones del programa a un precio muy reducido.)

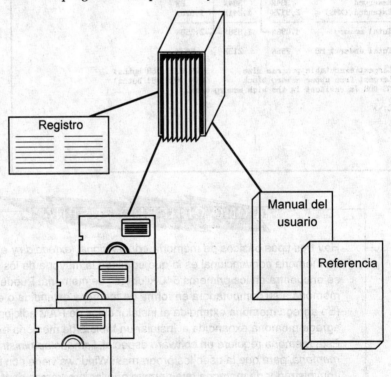

Cada paquete de software contiene algunos elementos esenciales.

Proteja su Inversión: Active la Protección Contra Escritura de los Discos

Antes que empiece a usar los discos flexibles incluidos en el paquete de software, evite que los discos se dañen, protéjalos contra escritura. La *protección contra escritura* permite que su computadora lea los archivos de los discos, pero no cambia cualquier información en ellos. Para proteger contra escritura un disco de 5 1/4 pulgadas, cubra con la etiqueta que proporciona el fabricante la ranura de protección contra escritura. Los discos de 3 1/2 pulgadas tienen una guía móvil de plástico para proteger contra escritura. Para proteger estos discos, deslice la parte móvil de manera que pueda ver por la ventana.

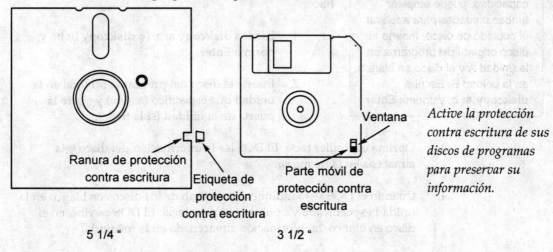

Ranura de protección contra escritura

Etiqueta de protección contra escritura

5 1/4 "

Ventana

Parte móvil de protección contra escritura

3 1/2 "

Active la protección contra escritura de sus discos de programas para preservar su información.

Algo Mejor que la Realidad: Cómo Usar Copias de Trabajo

A menos que le guste tentar al destino y pagar dos veces por todo lo que compró, nunca debe emplear los discos de programas originales para ejecutar sus tareas diarias. Siempre haga copias de los discos originales y después úselas para instalar o emplear el programa. Almacene los discos originales en un lugar seguro, de manera que cuente con ellos en caso de que se dañen las copias. Siga leyendo para saber cómo obtener copias de trabajo.

Consiga Algunos Discos en Blanco

Para copiar discos, primero obtenga un juego de discos en blanco que sean del mismo *tamaño* y *densidad* que los discos del programa que desea copiar. No puede copiar discos de baja densidad a discos de alta densidad o viceversa. No se preocupe por formatear los discos. El DOS formatea los discos durante la operación de copiado.

Si tiene dos unidades de discos flexibles del mismo tamaño y capacidad, puede emplear ambas unidades para acelerar el copiado de disco. Inserte el disco original del programa en la unidad A y el disco en blanco en la unidad B. Escriba **diskcopy a: b:** y oprima **Enter**.

Cómo Copiar Discos con el DOS

Una vez que tenga los discos en blanco, hacer copias es fácil (pero no muy interesante). He aquí lo que debe hacer:

1. Escriba **diskcopy a: a: (o diskcopy b: b:)** y oprima **Enter**.

2. Inserte el disco del programa original en la unidad que especificó (a: o b:) y cierre la puerta de la unidad (si la tiene).

3. Oprima cualquier tecla. El DOS lee la información del disco y la almacena en la memoria.

4. Cuando el DOS se lo indique, inserte uno de los discos en blanco en la unidad especificada y oprima cualquier tecla. El DOS escribe, en el disco en blanco, la información almacenada en la memoria.

5. Siga los mensajes en pantalla hasta que elabore una copia de cada disco de programa.

Cómo Copiar Discos con el Administrador de Archivos de Windows

Si tiene Windows, aquí está una manera más fácil de copiar discos:

1. Abra la ventana del grupo de programas **Main** y haga doble clic en el icono **File Manager**.

2. Inserte el disco original en la unidad A o B y cierre la puerta (si la tiene).

3. Abra el menú Disk y seleccione Copy Disk. Aparece la caja de diálogo Copy Disk, que se muestra en seguida.

Especifique la unidad que contiene el disco original del programa

Especifique la(s) unidad(es) de disco que desea usar para copiar.

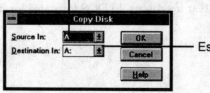

Especifique la unidad que contiene el disco en blanco

4. De la caja de lista Source In, seleccione la letra de la unidad que contiene al disco original.

5. Elija la misma unidad, de la caja de lista Destination In. (No se preocupe, el administrador de archivos le indicará que cambie los discos en el momento apropiado.)

6. Seleccione **OK**. Aparece la caja de diálogo Confirm Copy Disk.

7. Elija Yes para continuar.

8. Cuando se le pida que inserte el disco Source (fuente), seleccione **OK**, dado que porque ya hizo eso en el paso 2. Aparece la caja Copying Disk, y empieza el proceso de copiado.

9. Cuando se le indique que inserte el disco destino, quite el disco original de la unidad e inserte el disco en blanco. Después elija **OK** para continuar. La caja Copying Disk desaparece cuando termina el proceso.

Cómo Cargar y Ejecutar el Programa

Antes que pueda usar un programa, por lo general tiene que ejecutar dos pasos preliminares: *instalar* el programa (si tiene un disco duro) y *ejecutarlo*.

Cómo Llenar su Disco Duro con Facilidad: Instalación de un Programa

Si un programa necesita un disco duro, debe instalarlo antes de ejecutarlo. Aunque "instalar un programa" suena tan complicado como instalar una unidad central de aire acondicionado, se parece más a instalar un tostador (conectarlo). La mayoría de los programas vienen con un programa de instalación (llamado setup o install) que hace todo. Usted sólo se tranquiliza, come donas y cambia los discos de la unidad.

Aunque el proceso de instalación varía de un programa a otro, le daré algunos pasos que funcionan en 7 de 10 casos. He aquí lo que debe hacer si tiene un programa del DOS:

1. Inserte el disco del programa 1 en la unidad A o B.

2. Asegúrese de que se exhiba el punto de petición del DOS.

3. Escriba **a:** o **b:** y presione **Enter** para cambiar a la unidad que contiene el disco.

4. Escriba **dir/w** y oprima **Enter**. El DOS exhibe una lista de archivos.

5. Busque un archivo que empiece con SETUP o INSTALL y que termine con .BAT, .COM o .EXE.

6. Escriba el nombre de archivo que considere conveniente (no tiene que escribir el punto y la extensión de 3 letras).

7. Oprima **Enter**.

8. Si no sucede nada, vuelva a intentar los pasos 4-7, pero escriba un nombre de archivo diferente en el paso 6.

9. Siga las instrucciones mostradas en la pantalla.

¿Y un programa de Windows? He aquí lo que debe hacer:

1. Ejecute Windows y exhiba al administrador de programas (consulte el capítulo 7 si ya olvidó cómo hacerlo).

2. Inserte el primer disco del programa en la unidad A o B.

3. Haga clic en File en la barra de menús y después haga clic en **Run**.

4. Haga clic en el botón **Browse**. Aparece la caja de diálogo Browse, que se muestra en seguida.

2. Seleccione el archivo de instalación o configuración.   3. Haga clic en OK.

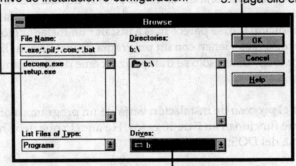

La caja de diálogo Browse le permite echar un vistazo a los archivos.

1. Seleccione la unidad que contiene el disco del programa.

5. Haga clic en la flecha a la derecha de la opción Drives y seleccione la letra de la unidad que contiene el disco 1 del programa. En la lista File Name, aparece una lista de los archivos que puede ejecutar.

6. Haga clic en el archivo de instalación o configuración y después haga clic en el botón **OK**.

7. Haga clic en el botón **OK** para iniciar la instalación.

8. Ahora relájese, cómase unas donas y cambie los discos de la unidad cuando el programa se lo indique.

Cómo Ejecutar un Programa: Tócala de Nuevo, Sam

Los capítulos 6 y 7 explican cómo ejecutar programas desde el punto de petición del DOS o en Windows. Pero como es probable que se haya saltado la primera sección para enterarse de los detalles jugosos aquí en la sección 2, éste es un breve repaso:

☛ **Para ejecutar un programa desde el DOS,** cámbiese a la unidad y directorio que contienen los archivos del programa, escriba el comando para ejecutar el programa y oprima **Enter**.

☛ **Para ejecutar un programa de Windows,** exhiba la ventana del grupo de programas que contiene el icono del programa y después haga doble clic en el icono.

Cómo Presentarse ante su Programa por Primera vez

Si no recuerda el comando para ejecutar el programa, pase al capítulo 25 para saber cómo hacerlo.

Después de que ejecute (inicie) el programa, pasan unos momentos para que la computadora lea el programa del disco y lo cargue a la RAM. La rapidez con que se cargue depende de la velocidad de su computadora y de la complejidad del programa. Cuando el programa está cargado, ve un menú principal, una barra de menús desplegables o un área de trabajo en blanco. En cualquier caso, ésta es la pantalla en la que empezará a trabajar.

Ritos de Aplicaciones

La mayoría de los programas actúan como si usted ya supiera todo de ellos antes de empezar. Eso es un disparate. Si comprende cinco cosas en cualquier programa, es un buen comienzo. ¿Cuáles cinco cosas? Estas son:

Crear un archivo. En algunos programas, debe crear un archivo antes de empezar a trabajar. Esto consiste en indicarle al programa dónde desea almacenar el archivo y cómo desea llamarlo. En otros programas empieza a trabajar antes de crear un archivo.

Guardar un archivo. Mientras trabaja, todo lo que hace se almacena de manera temporal en la memoria de su computadora. Para evitar una pérdida de trabajo cuando apague la computadora, debe guardar su trabajo en un archivo en el disco y proporcionarle un nombre.

Abrir un archivo. Para modificar un archivo ya creado, debe abrirlo en el programa que usó para crearlo.

Imprimir un archivo. En la mayoría de los programas, creará algo que desea imprimir; por ejemplo, un resumen de su devolución de impuestos.

Abandonar el programa. Todos lo programas contienen un comando para abandonarlos. Las instrucciones del programa se quitan después de la memoria de la computadora y puede ejecutar otro programa.

Ayuda, Cómo Salir del Olvido en el Software

Cuando tenga dudas, pruebe la tecla **F1**. Muchos programas emplean esta tecla para exhibir una ayuda sensible al contexto. Con un buen sistema de ayuda sensible al contexto, por lo general puede avanzar sin la documentación. Pero no le diga a nadie que yo se lo dije.

Cuando emplea un programa y se mete en aprietos, con frecuencia obtiene la ayuda que necesita con sólo revisar la pantalla. Muchos programas contienen barras de mensajes que le proporcionan información sobre la tarea que intenta ejecutar. Si no hay mensajes o si el mensaje no ayuda, puede obtener más información al accesar el sistema de ayuda del programa.

La mayoría de los programas ofrecen dos formas de ayuda: ayuda sensible al contexto y un índice de ayuda. La *ayuda sensible al contexto* le proporciona información acerca de la pantalla u opción en la que trabaja en ese momento. El programa reconoce la tarea que intenta ejecutar; cuando pide ayuda, el programa ofrece la información que considera que usted necesita. Por otra parte, un *índice de ayuda* le permite seleccionar un tema de una lista para obtener ayuda.

Lo Mínimo que Necesita Saber

Ya fue suficiente de capacitación básica en aplicaciones. Intente recordar estas habilidades de supervivencia en sus futuras exploraciones en la jungla de las aplicaciones.

- ☞ Lea la caja antes de comprar la aplicación.

- ☞ Conozca su computadora. Si tiene el DOS 6.0 o posterior, escriba **msd** en el punto de petición del DOS y presione **Enter** para aprender sobre su computadora.

- ☞ Copie sus discos del programa antes de instalarlo o usarlo.

- ☞ La mayoría de los programas vienen con un programa de instalación que los carga por usted. Este programa crea el directorio requerido en el disco duro y copia los archivos del programa al directorio. El programa de instalación también descomprime los archivos si están en un formato comprimido.

- ☞ Para ejecutar un programa desde el DOS, escriba el comando requerido para iniciar el programa y después oprima **Enter**.

- ☞ Para ejecutar un programa desde Windows, haga doble clic en el icono del programa.

- ☞ Muchas aplicaciones vienen con un sistema de ayuda sensible al contexto que le proporciona información para la tarea que intenta ejecutar en ese momento (cuando tenga duda, oprima **F1** para obtener ayuda).

**Página de meditación
(inserte un mantra aquí).**

Capítulo 9

Procesamiento de Palabras para una Escritura Incomparable

Al Final de este Capítulo, Podrá:

- ☞ Escribir una carta sencilla sin volverse loco.

- ☞ Reordenar el texto con tijeras y adhesivo electrónicos.

- ☞ Hacer que el procesador de palabras realice una prueba de lectura en su trabajo en busca de errores de ortografía.

- ☞ Nombrar los tres programas más populares para el procesamiento de palabras.

- ☞ Emplear un programa de procesamiento de palabras como un programa de edición por computadora.

En esencia, un programa de procesamiento de palabras transforma su computadora en una sofisticada máquina de escribir, que no sólo hace más fácil mecanografiar un texto, sino que le ayuda a componer y perfeccionar su trabajo. Tiene una interminable provisión de papel electrónico que se desplaza por la pantalla mientras usted escribe y, debido a que es electrónico, no tiene que preocuparse por los errores. Sólo regrese y escriba sobre ellos; sin molestos líquidos correctores, sin borrar y lo mejor de todo, sin volver a escribir.

Vista General del Procesamiento de Palabras

Gran parte de los programas de procesamiento de palabras que valen la pena vienen con muchas características fantásticas que le permiten efectuar saltos mortales con el texto y las imágenes. Muchos usuarios dedican buena parte de sus vidas adultas a aprender a usar estas características para mejorar su trabajo y ahorrar tiempo. Sin embargo, si solamente quiere escribir e imprimir un documento simple como una carta, sólo necesita saber cómo ejecutar unas cuantas tareas simples:

Escribir. Necesita escribir el primer borrador de cualquier cosa en la que trabaje.

Editar. Una vez que tiene algo para trabajar, puede experimentar con la información de la pantalla hasta que tenga la forma que desea.

Formatear. En cualquier momento, puede empezar a trabajar en el aspecto del documento. Esto incluye especificar márgenes y espaciamiento de líneas, especificar tabuladores, cambiar la manera en que se alinea el texto y modificar los estilos y tamaños de letras.

Imprimir. Puede imprimir el documento cuando esté completo o en cualquier momento durante su creación.

Cómo Escribir en Papel Electrónico

La mayoría de los programas de procesamiento de palabras empiezan con una "hoja de papel" en blanco en la pantalla. La pantalla tiene alrededor de un tercio del tamaño de la hoja de papel real y puede ser negra en lugar de blanca, así que debe usar su imaginación. El programa también exhibe un *cursor* o *punto de inserción*; todo lo que escriba se insertará en este punto.

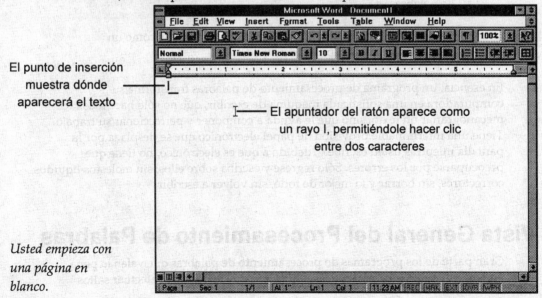

El punto de inserción muestra dónde aparecerá el texto

El apuntador del ratón aparece como un rayo I, permitiéndole hacer clic entre dos caracteres

Usted empieza con una página en blanco.

Cómo Facilitar la Transición

Pasarse de una máquina de escribir a un programa procesador de palabras puede ser una experiencia traumática. Conozco mucha gente que ha desarrollado tics nerviosos durante esta transición. Para evitar que se convierta en un neurótico anónimo durante esta fase de transición, le proporcionaré algunos consejos gratis (todo sea con tal de que no pague un psiquiatra).

Oprima la tecla de Enter sólo al final de un párrafo. El programa efectúa en forma automática un *desplazamiento* de texto, de una línea a la siguiente, mientras usted escriba. Oprima Enter o Return para finalizar un párrafo o para separar una línea.

No pretenda ir hacia abajo hasta que haya algo más adelante. Si oprime la tecla de flecha hacia abajo en una pantalla en blanco, el cursor no avanza. Si desea moverlo hacia abajo debe oprimir Enter para iniciar párrafos nuevos.

El texto que sale de la pantalla NO desaparece. Si usted escribe más de una pantalla de texto, el texto que no se ha *desplazado* cabe en la misma, se enrolla hacia la parte superior de la pantalla. Recupere el texto presionando la tecla **PgUp** o utilizando la tecla de flecha hacia arriba para mover el cursor hacia la parte superior del documento.

Emplee las teclas de flecha o el ratón para mover el cursor. Muchas personas intentan mover el cursor hacia la parte inferior al oprimir la tecla Enter, al hacer esto inician un nuevo párrafo. Aún peor, algunas personas intentan mover el cursor hacia la izquierda presionando la tecla Backspace. Esto mueve el cursor en esa dirección, pero borra cualquier carácter que encuentre a su paso. Para mover el cursor de forma segura, emplee las teclas de flechas.

Delete a la derecha, Backspace a la izquierda. Para borrar el carácter que está sobre (o bajo) el cursor o a la derecha del punto de inserción, oprima la tecla **Del** (Delete). Para borrar caracteres a la izquierda del cursor o, posiblemente en el punto de inserción, oprima la tecla **Backspace**.

Sólo hágalo. Una vez que ha asimilado el comportamiento de los programas para el procesamiento de palabras, escribir es fácil: sólo hágalo.

Edición: Las Herramientas del Negocio

En un programa procesador de palabras, el texto es como arcilla. Lo agrega en cualquier parte, lo borra e incluso arranca uno o dos párrafos y los coloca en otra parte de un documento. Las siguientes secciones explican algunas de las herramientas y técnicas para el procesamiento de palabras que puede utilizar para desplazarse en un documento y modificarlo.

Recuerde que, hasta que guarda su trabajo, todo lo que escribe sólo se almacena en la memoria electrónica de su computadora. Si la apaga o se va la corriente, incluso por un segundo, su computadora "olvida" su trabajo. Tiene que volver a empezar. Para evitar una dolorosa pérdida, emplee el comando **File Save** del programa.

Cómo Ubicarse Dentro de un Documento

Cuando está en un documento, es como encontrarse en una ciudad populosa. Tiene a todos estos pequeños personajes en la pantalla acomodados uno junto al otro en busca de un poco de espacio para ver el desfile. Usted es el cursor (la pequeña luz en la pantalla) y se mueve entre la multitud. Para mover el cursor (o punto de inserción), tiene varias opciones:

Apuntador del ratón. Para mover el cursor con el apuntador del ratón, sólo colóquelo donde desea el cursor o punto de inserción y después haga clic con el botón izquierdo del ratón.

Teclas de flecha. Las teclas de flecha le permiten mover el cursor hacia arriba, hacia abajo, a la izquierda o a la derecha, un carácter a la vez.

Ctrl + teclas de flecha. Para moverse más rápido (una palabra a la vez), la mayoría de los programas le permiten usar la tecla Ctrl (Control) junto con las teclas de flecha. Mantenga presionada la tecla Ctrl mientras oprime la tecla de flecha para saltar de una palabra del texto a la siguiente.

Teclas Home y End. Para moverse a la velocidad de la luz, se emplean las teclas *Home* y *End*. Por lo general, la tecla Home mueve el cursor al inicio de una línea. End lo mueve al final de una línea.

Teclas PgUp y PgDn. Emplee la tecla PgUp para moverse hacia arriba una pantalla a la vez, o PgDn para moverse hacia abajo una pantalla a la vez. Recuerde, una pantalla es más corta que una página real. La mayoría de los programas también ofrecen una barra de desplazamiento, como la que se muestra aquí, que le permite desplazarse páginas hacia arriba o hacia abajo.

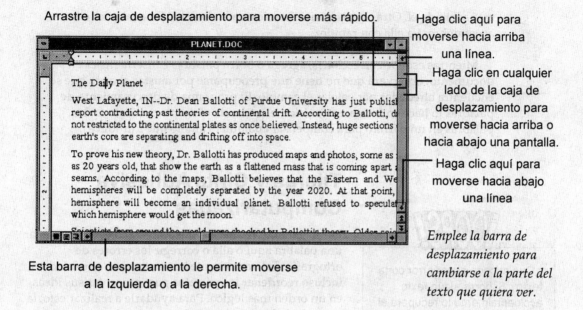

Arrastre la caja de desplazamiento para moverse más rápido.

Haga clic aquí para moverse hacia arriba una línea.

Haga clic en cualquier lado de la caja de desplazamiento para moverse hacia arriba o hacia abajo una pantalla.

Haga clic aquí para moverse hacia abajo una línea

Esta barra de desplazamiento le permite moverse a la izquierda o a la derecha.

Emplee la barra de desplazamiento para cambiarse a la parte del texto que quiera ver.

¿Insertar o Sobreescribir?

En la mayoría de los programas, si mueve el cursor entre dos palabras o dos caracteres y empieza a escribir, lo que escriba se inserta en el cursor. Cualquier texto que se encuentre alrededor se desplaza a la derecha para hacer espacio para los nuevos vecinos. Esto se conoce como *modo de inserción* y es el modo en el que funcionan la mayoría de los programas (a menos que usted lo especifique de otra manera).

Puede cambiar a *modo Overstrike* (sobreescritura) para escribir sobre lo que ya está en la pantalla. Si desea sustituir una palabra con otra, simplemente escribe sobre la palabra que desea borrar. En la mayoría de los programas, puede cambiar entre los modos de inserción y de sobreescritura al oprimir la tecla **Ins**.

Cuando un programa inicia en cierto modo, ese modo se denomina **modo por omisión**. Debido a que no se especificó otro modo, el programa toma por omisión una especificación particular, por lo general, la más segura o más común.

Cómo Eliminar Caracteres Indeseables

La manera más simple de borrar caracteres en la pantalla es mover el cursor al carácter que desea borrar y oprimir **Del** (eliminar). Esta tecla funciona en forma diferente de programa a programa; en ocasiones el cursor borra el carácter que está sobre de él. Otras veces borra el carácter a la derecha. En cualquier caso, se acostumbrará a ella con rapidez.

Mientras escribe correcciones, agrega o borra palabras e inserta frases en su documento, observará que no tiene que preocuparse por ajustar el texto que se encuentra alrededor para alojar el cambio. El programa de procesamiento de palabras lo hace en forma automática, efectuando el desplazamiento en las palabras en un párrafo para compensar cualquier cambio que introduce.

¿Qué sucede si por error corta texto? Si borra algún texto accidentalmente lo recupera al introducir el comando "Undo". (Si su programa tiene menús desplegables, busque este comando en el menú **Edit**.) Sin embargo, recuerde que la memoria intermedia (adonde va el texto borrado), por lo general, sólo recuerda un cambio (el último), así que no espere demasiado. Algunos programas, tales como Word para Windows, le permiten deshacer más de una acción. De igual manera, si no ha cortado o pegado nada desde el corte accidental, puede pegar el texto del Clipboard de regreso a su documento.

Tijeras y Cinta Adhesiva Computarizadas

Por lo general, revisar un documento no es sólo cambiar una palabra aquí o allá o corregir los errores de ortografía. Tal vez necesite borrar todo un enunciado o incluso reordenar los párrafos para presentar sus ideas en un orden más lógico. Para ayudarle a realizar esto, la mayoría de los programas de procesamiento de palabras le ofrecen comandos para cortar, copiar y pegar. Emplearlos es un proceso sencillo de cuatro pasos:

1. Seleccione el texto. Lo hace al arrastrar el apuntador del ratón sobre él.

2. Abra el menú Edit y seleccione Cut o Copy. El texto seleccionado se coloca en un área de almacenamiento temporal conocida como *Clipboard* (portapapeles). El comando Cut quita el bloque marcado del documento. Copy coloca un duplicado del bloque marcado en el Clipboard, pero deja el original.

3. Mueva el cursor a donde desea colocar el texto cortado o copiado.

4. Abra el menú Edit y seleccione Paste. El texto en el Clipboard se pega en la posición del cursor. He aquí una imagen que muestra lo que sucede:

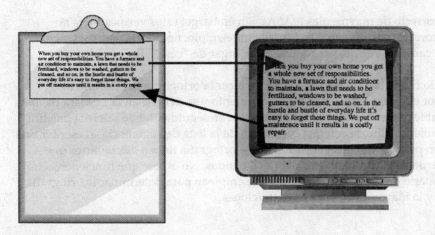

Puede mover o copiar texto de un lugar a otro.

Cómo Encontrar y Sustituir Texto

Digamos que escribe para una empresa un manual de capacitación de 500 páginas, que explica cómo armar un artículo. El departamento de mercadotecnia decide que el producto se venderá mejor si le llaman dispositivo. Ahora tiene que encontrar y sustituir todas las apariciones de la palabra "artículo" con "dispositivo". No tema. La mayoría de los programas de procesamiento de palabras pueden hacerlo. Sólo abra el menú Edit y seleccione Search (Busca) and Replace (Reemplaza). Obtendrá una caja de diálogo como la que se muestra aquí, que le permite especificar la palabra que desea sustituir y la palabra que desea emplear como reemplazo.

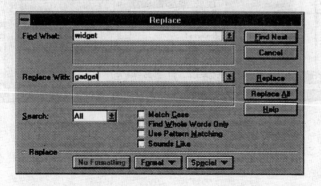

Puede hacer que el programa busque una palabra o frase y que la sustituya con otra diferente.

Un Lector de Pruebas en la Pantalla

Si la ortografía no es su fuerte, el verificador ortográfico puede ser la característica favorita de su programa para el procesamiento de palabras. Muchos programas de procesamiento de palabras incluyen un verificador ortográfico que se encarga de buscar en su documento cualquier error ortográfico, palabras repetidas (como "la la") y uso incorrecto de mayúsculas (cASA). Sin embargo, estos verificadores no pueden corregir palabras mal tecleadas; por ejemplo, no podría notar si usted escribió "caro" en vez de carro o "caza" en lugar de "casa".

Cuando introduce el comando para verificar la ortografía del documento, el verificador empieza a husmear en el documento y se detiene en la primera palabra cuestionable que encuentra, como se muestra en seguida. Puede saltar la palabra cuestionable, sustituirla con una corrección de la lista de sugerencias o escribir una corrección propia. Muchos verificadores de ortografía tienen diccionarios que hacen alarde de la cantidad de palabras incluidas. No espere que funcionen como un diccionario de primera calidad. Sólo se emplean para determinar la ortografía correcta, y la mayoría no contiene definiciones.

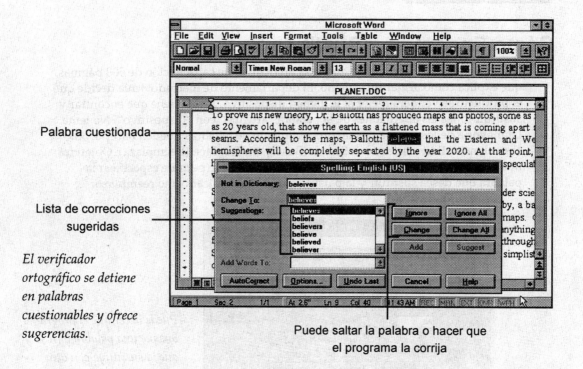

Palabra cuestionada

Lista de correcciones sugeridas

El verificador ortográfico se detiene en palabras cuestionables y ofrece sugerencias.

Puede saltar la palabra o hacer que el programa la corrija

Ejercite su Memoria con un Diccionario de Sinónimos (Thesaurus)

Si no recuerda la palabra correcta, oprima un botón para abrir el diccionario de sinónimos (thesaurus). Introduzca la palabra que se parece a la que quiere usar, y su programa de procesamiento de palabras exhibirá una lista de sinónimos (palabras que tienen un significado igual o similar). Simplemente seleccione una palabra de la lista.

Cómo Hacer que su Documento se vea Bien

Una vez que tiene bajo control el contenido de su documento y ha arreglado todos los errores, puede empezar a trabajar en el aspecto del documento: cómo desea que se vea en el papel. A esto se le llama *formatear* al documento. Básicamente, formateará dos aspectos del documento: la distribución general de la página y las líneas y el aspecto de los caracteres.

Formateo de Página y Líneas

He aquí algunas de las opciones generales de formateo que ofrece la mayoría de los programas de procesamiento de palabras. (El sistema de ayuda o documentación de su programa le ofrece más información sobre estas opciones.)

- ☞ Colocar márgenes izquierdo/derecho.

- ☞ Números de página.

- ☞ Alinear el texto.

- ☞ Centrar una palabra, línea o bloque de texto.

- ☞ Ajustar el espaciamiento de líneas.

- ☞ Establecer la longitud de página.

- ☞ Colocar márgenes superiores e inferiores.

- ☞ Crear encabezados y pies de página.

- ☞ Crear columnas, como en los periódicos.

- ☞ Evitar líneas viudas y huérfanas.

HABLE COMO SI SUPIERA

Una **viuda** es la última línea de un párrafo que aparece sola en la parte superior de la página siguiente. Si la primera línea del párrafo queda abandonada en la parte inferior de una página, se llama una **huérfana**. Sólo recuerde que una viuda debe continuar sola y que alguien que ha quedado en la orfandad es por que no tiene a ningún familiar cercano.

En este punto, tal vez diga "¿y eso qué?". Bueno, le mostraré una página antes y después del formateo, para que aprecie lo que se hace por su documento.

Una página antes y después del formateo.

Más Carácter para los Caracteres

Para enfatizar palabras y frases importantes, muchos programas de procesamiento de palabras le permiten seleccionar varias fuentes y estilos de escritura. En otras palabras, puede hacer que las letras se vean grandes y atractivas, como en una revista.

¿Qué es una fuente? Una *fuente* es cualquier conjunto de caracteres del mismo *tipo de letra* (diseño) y *tamaño de tipo* (medido en puntos). Por ejemplo, Helvética de 12 puntos es una fuente; Helvética es el tipo de letra y 12 puntos es el tamaño (como referencia, hay 72 puntos en una pulgada). Un *estilo* es cualquier variación que resalta la fuente existente. Por ejemplo, negrillas, cursivas y subrayado son estilos; el diseño y tamaño de los caracteres no cambian, pero se modifica un aspecto del tipo.

> Si compra software que incluye estilos y fuentes especiales, asegúrese de que su impresora pueda igualarlo. Aunque la mayoría de las impresoras pueden manejar uno o dos estilos (negrillas y subrayado), muchas impresoras no pueden manejar diversas fuentes.

Asegúrese: Guarde su Trabajo

Escuche, nadie entra a su computadora, así que no tenga miedo de guardar su trabajo en discos. Sólo guardándolo en el disco, su trabajo estará seguro. Por lo general, es tan sencillo como desplegar el menú **File** y seleccionar **Save**.

La Revelación: Véalo Impreso

Ha terminado todo el trabajo duro: la escritura, edición, formateo y reformateo. Sólo necesita imprimir su creación final para transformar todos esos caracteres electrónicos en un documento real.

En esencia, imprimir su documento consiste en indicarle a la computadora que envíe el archivo a su impresora. La impresora emplea la información del archivo para determinar cuáles caracteres imprimir y después los traslada a papel.

> Si su programa de procesamiento de palabras tiene una barra de menús desplegables, por lo general, el comando **Print** está en el menú **File**.

¡Más Capacidad! Herramientas Avanzadas de Procesamiento de Palabras

Además de permitirle escribir, editar y formatear documentos, la mayoría de los programas de procesamiento de palabras vienen con varias características avanzadas para hacer un poco más fácil su trabajo. La lista siguiente describe varias de esas características:

Gráficos. Un programa que soporta gráficos le permite colocar imágenes, líneas o diagramas en una página. La mayoría de los programas de procesamiento de palabras no le permiten crear la imagen; primero debe elaborarla con un programa de gráficos y después llevarla a su documento.

Ventanas múltiples. Con ventanas múltiples, divide su pantalla en dos o más ventanas y abre un documento diferente en cada una. Después, puede cambiar entre las ventanas y cortar o pegar texto de una a la otra.

Machotes para correo. ¿Alguna vez ha recibido una carta personalizada? Bueno, la personalización se hace al emplear unos machotes para correo. Se combina una forma fija de carta con una lista de nombres y direcciones para crear una serie de cartas que digan lo mismo, para diferentes personas.

WYSIWYG o vista previa de páginas. Lo que ve es lo que obtiene (What-You-See-Is-What-You-Get o WYSIWYG). Esta característica le muestra el texto en la pantalla de manera aproximada a como se verá impreso.

Estilos. Para ahorrar tiempo al formatear, guarde varias especificaciones de formato como estilos y aplique éstos a diferentes bloques de texto (usualmente, presionando una sola tecla). Si modifica una especificación de formato en un estilo, afecta todo el texto formateado con ese estilo.

Tablas. La característica Tables le ayuda a distribuir el texto en columnas y renglones para alinearlo perfectamente en la página. La mayoría de las tablas pueden incluso efectuar operaciones matemáticas simples, incluyendo suma, resta, multiplicación y división.

Lo Mínimo que Necesita Saber

Mientras adquiere experiencia con un programa de procesamiento de palabras, empezará a emplear con naturalidad las características más avanzadas. Sin embargo, si apenas empieza, apéguese a estos consejos:

- ☛ Cuando inicia un programa de procesamiento de palabras, obtiene una página en blanco con un cursor o punto de inserción. Todo lo que escribe se inserta en el cursor.

- ☛ La mayoría de los programas para el procesamiento de palabras pueden mover el texto, utilizando las opciones cortar y pegar.

- ☛ La mayoría de los programas de procesamiento de palabras le permite deshacer un borrado *(antes de hacer otra cosa, después ¡OLVIDELO!)*.

- ☛ El formateo de página le permite posicionar su documento en la página, numerar las páginas, imprimir en diferentes tamaños de página, agregar encabezados y pies de página y evitar líneas viudas y huérfanas.

- ☛ Puede formatear caracteres para resaltar palabras, frases, encabezados o incluso secciones completas de texto.

- ☛ Los comandos **S**ave y **P**rint le permiten almacenar versiones electrónicas y crear versiones en papel de su documento. Si su programa tiene menús desplegables, busque estos comandos en el menú File.

Capítulo 10

Cómo Hacer que una Hoja de Cálculo Realice su Tarea de Matemáticas

Al Final de este Capítulo, Podrá:

☛ Apreciar las similitudes entre su Estado de cuenta y una hoja de cálculo.

☛ Escribir texto, números y fechas en una celda de hoja de cálculo.

☛ Agregar fórmulas a una hoja de cálculo que efectúen operaciones con los valores que introduzca.

☛ Graficar los valores en una hoja de cálculo, aunque no sepa graficar.

☛ Emplear una hoja de cálculo para manipular números hasta obtener el resultado deseado (muy popular entre los empleados del gobierno).

No hay nada extraño en las hojas de cálculo. Un estado de cuenta es una hoja de cálculo. Un calendario también lo es. Al igual que un formato de impuestos. Cualquier hoja con recuadros por llenar es una hoja de cálculo.

¿Qué tienen de especial las hojas de cálculo computarizadas? En principio, hacen cálculos matemáticos por usted. Por ejemplo, una hoja de cálculo computarizada de libreta de calificaciones suma las evaluaciones de cada estudiante, determina su promedio e incluso asigna la calificación correcta para cada promedio. Y eso no es todo. La hoja de cálculo también exhibe los promedios como una gráfica, que muestra el desempeño de cada estudiante. En este capítulo, aprenderá lo necesario para crear sus propias hojas de cálculo y algunas de las cosas que puede hacer con ellas.

Cómo Ocupar las Separaciones en una Hoja de Cálculo

Una hoja de cálculo es una hoja con separaciones. ¿Qué es una separación? Es una rejilla: una serie de columnas y renglones que se intersectan para formar miles de pequeñas cajas llamadas celdas.

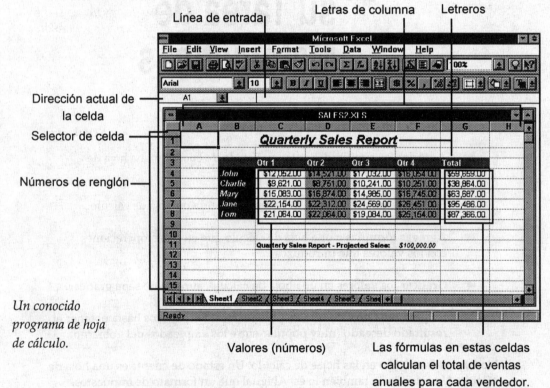

Un conocido programa de hoja de cálculo.

¿Por qué se Cruza la Columna con el Renglón?

Observe la parte superior de cualquier hoja de cálculo de computadora y verá el alfabeto (A, B, C, etc.). Cada letra representa el encabezado de una *columna*. A lo largo del lado izquierdo de la hoja de cálculo, verá números que representan *renglones.* El lugar donde se intersectan una columna y un renglón forma una caja, llamada *celda.* Esta es la unidad básica en cualquier hoja de cálculo. Usted escribe texto, valores y fórmulas en las celdas para formar sus hojas de cálculo.

Cómo Saber Dónde Vive una Celda

Si una hoja de cálculo pierde una celda, verdaderamente está en problemas. Para registrar las celdas, la hoja de cálculo emplea *direcciones de celda.* Cada celda contiene una dirección que consiste en una letra de columna y un número de renglón. Por ejemplo, la celda formada por la intersección de la columna A y el renglón 1 tiene la dirección A1 (observe la imagen anterior).

Algunos programas de hoja de cálculo le permiten darle un nombre a una celda o grupo de celdas (conocido como rango). De tal forma que puede utilizarse el nombre en lugar del rango, para referirse a las celdas.

Salto por las Celdas

Observe la esquina superior izquierda de una hoja de cálculo y verá una celda que tiene un rectángulo grueso alrededor. El rectángulo grueso es el *selector de celda;* éste le indica la celda en la que se encuentra. Para pasar de una celda a la siguiente, puede emplear un ratón para hacer clic en la celda deseada, o usar las teclas de flecha o la tecla Tab (oprima Tab para moverse a la celda de la siguiente pantalla a la derecha o Shift + Tab para moverse una pantalla a la izquierda). Cuando el selector está sobre una celda, el contenido de la celda se exhibe en la *barra de fórmulas* o *línea de entrada,* en la parte superior de la pantalla. (Técnicamente, toda la barra se denomina la "barra de fórmulas". La parte en la que usted escribe se llama la "línea de entrada".)

Cómo Desarrollar una Hoja de Cálculo desde el Principio

Apuesto a que se muere por saber cómo elaborar una hoja de cálculo. La manera más fácil es que un amigo la prepare por usted (que se encargue de insertar todas las fórmulas y otros materiales complicados). Después, sólo tiene que escribir sus datos y observar que la hoja de cálculo haga el trabajo. Aunque, si le gusta hacerlo, realice los siguientes pasos (no se preocupe, más tarde le daré los detalles):

Paso 1: Diseñe la hoja de cálculo.

Paso 2: Nombre las columnas y renglones.

Paso 3: Introduzca sus datos: valores y fechas.

Paso 4:   Introduzca las fórmulas y funciones que empleará la hoja de cálculo para trabajar.

Paso 5: Ejecute una prueba para asegurarse de que funciona la hoja de cálculo.

Paso 6: Formatee las celdas (por ejemplo, que exhiban signos de pesos).

Paso 7: Imprima la hoja de cálculo.

No hay una ley que diga que tiene que ejecutar los pasos en este orden. Algunos usuarios prefieren introducir sus fórmulas antes que los datos, para que calculen los resultados mientras trabajan. Sin considerar cómo proceda, es probable que tenga que regresar a los pasos anteriores para afinar su hoja de cálculo.

Paso 1: Diseño de la Hoja de Cálculo

Si tiene una forma a la que desea que se parezca la hoja de cálculo, colóquela junto a su teclado y empléela como modelo. Por ejemplo, si va a usar la hoja de cálculo para obtener saldos de su chequera, emplee su estado de cuenta bancario más reciente o el registro de su chequera para configurar las columnas y renglones.

Si no tiene una forma, dibuje su hoja de cálculo en un pedazo de papel o una servilleta para determinar las columnas y renglones que necesita. (No tiene que ser perfecta, sólo algo para empezar.)

Paso 2: Nombrado de Columnas y Renglones

Cuando tiene cierta idea de la estructura básica de su hoja de cálculo y de las tareas que desea ejecutar, está preparado para introducir *títulos*. Los títulos son nombres comunes para las columnas y renglones.

Para introducir un título, muévase a la celda en la que desea que aparezca, escríbalo y oprima **Enter**. Si su nombre empieza con un número (por ejemplo 1994 ventas), tal vez tenga que escribir algo al principio, para indicar a la hoja de cálculo que lo trate como texto y no como un valor. En la mayoría de los programas, tiene que escribir un apóstrofo (') o unas comillas ("). Por lo general, todo lo que escribe sólo aparece en la línea de entrada hasta que oprime **Enter**. Después, el nombre se inserta en la celda de trabajo.

Este botón cancela la entrada

Haga clic en la marca de selección u oprima Enter para aceptar la entrada

Caja de entradas

La entrada se inserta en la celda

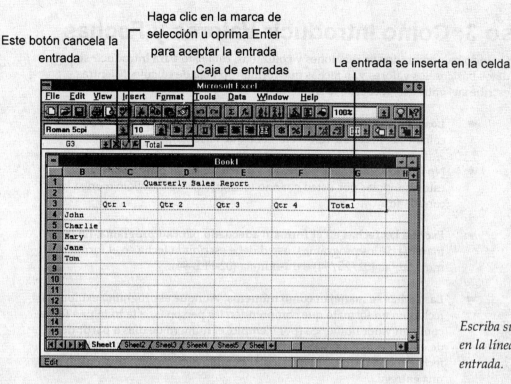

Escriba sus entradas en la línea de entrada.

Paso 2 1/2: Cómo Editar sus Entradas

Cuando comete errores o cambia de opinión acerca de lo que introdujo, la mejor manera de corregirlo es sustituir la entrada. Desplácese hasta la celda que contiene la entrada, escriba la nueva entrada y presione la tecla Enter. Eso es todo.

Para editar una entrada en lugar de sustituirla, tiene que hacer clic en la línea de entrada u oprimir una tecla especial, tal como F2. Esto lo coloca en modo de edición. Después, puede emplear las teclas de flecha para mover el cursor o punto de inserción y escribir su cambio. Oprima Enter cuando termine.

Algunos programas de hoja de cálculo le permiten darle un nombre a una celda o grupo de celdas (conocido como rango). De tal forma que puede utilizarse el nombre en lugar del rango, para referirse a las celdas.

Paso 3: Cómo Introducir Valores y Fechas

Cuando ha nombrado sus renglones y columnas, está listo para introducir sus datos básicos: los valores y/o fechas que forman su hoja de cálculo. Mientras escribe sus entradas, recuerde lo siguiente:

- ☛ **Los valores son números.** Cuando escriba un número, la hoja de cálculo "conoce" su valor. No tiene que hacer algo especial.

- ☛ **No introduzca signos de pesos o porcentajes.** El programa agrega estos símbolos por usted cuando formatea las celdas. Sólo escriba las cantidades.

- ☛ **Escriba las fechas en el formato adecuado para su programa.** En la mayoría de los programas, usted debe escribir la fecha en el formato mm/dd/aa (02/25/94) o dd-mm-aa (02-FEB-94).

- ☛ **Las fechas se manejan como números.** Aunque el programa exhiba las fechas en un formato que comprenden las personas, este trata una fecha como un valor numérico (por ejemplo, el número de días a partir del 1 de enero de 1900). Después, puede hacer que el programa emplee la fecha en una fórmula para calcular cuándo debe realizarse un pago o una entrega.

- ☛ ************* (Entradas largas).** Si un valor que escribió es demasiado grande para una celda, el programa exhibe una serie de asteriscos en lugar del valor. No se preocupe, su entrada todavía está ahí. Puede hacer clic en la celda para ver el valor en la línea de entrada o, ampliar la columna para que el programa exhiba el valor.

Paso 4: Cómo Calcular Utilizando Fórmulas y Funciones

En este punto, debe tener renglones y columnas de valores. Necesita alguna manera de totalizar los valores, determinar un promedio o ejecutar otras operaciones matemáticas. Aquí es donde entran las fórmulas y funciones. Ellas ejecutan todo el trabajo difícil por usted, una vez que las define.

¿Qué son las Fórmulas?

Las hojas de cálculo usan fórmulas para ejecutar cálculos en los datos que usted introduce. Con las fórmulas, ejecuta sumas, restas, multiplicaciones o divisiones usando los valores contenidos en diferentes celdas.

Normalmente, las fórmulas consisten en una o más direcciones de celda y/o valores y un operador matemático, tal como + (suma), - (resta), * (multiplicación) o / (división). Por ejemplo, si desea determinar el promedio de los valores contenidos en las celdas A1, B1 y C1, emplee la siguiente fórmula:

$$(A1 + B1 + C1) / 3$$

> Para introducir valores o nombres con rapidez, muchos programas le permiten copiar entradas en una o más celdas o *llenar* celdas seleccionadas con una serie de entradas. Por ejemplo, en Excel, usted escribe enero en una celda y después introduce el comando Fill para que Excel inserte los 11 meses restantes en las 11 celdas a la derecha

Cómo Introducir Fórmulas en su Hoja de Cálculo

Para introducir una fórmula, muévase a la celda en la que desea que aparezca la fórmula, escríbala y oprima **Enter**. La mayoría de los programas suponen que desea escribir una fórmula si inicia su entrada con una letra de columna (ver figura al inicio del capítulo). Otros programas requieren que inicie la fórmula con un operador matemático, tal como un signo de igual (=) o un signo de más (+).

= E4 + E5 + E6 proporciona el ingreso total del cuarto . . . . . .

	A	B	C	D	E	F	G	H	I
	PROFIT.XLS								
1	Hokey Manufacturing								
2									
3	Income	1st Qtr	2nd Qtr	3rd Qtr	4th Qtr				
4	Wholesale	55000	46000	52000	90900				
5	Retail	45700	56500	42800	57900				
6	Special	23000	54800	67000	45800				
7	Total	123700	157300	161800	194600				
8									
9	Expenses								
10	Materials	19000	17500	18200	20500				
11	Labor	15000	15050	15500	15400				
12	Rent	1600	1600	1600	1600				
13	Misc.	2500	2550	3000	1500				
14	Total	38100	36700	38300	39000				
15						Total Profit			
16	Profit		85600	120600	123500	155600	485300		

Sheet1 / Sheet2 / Sheet3 / Sheet4 / Sheet5 / Shee

= B16 + C16 + D16 + E16 proporciona el total de los beneficios de los cuatro trimestres para determinar los ingresos totales.

= E10 + E11 + E12 + E13 proporciona los gastos totales para el cuarto trimestre.

El funcionamiento de algunas fórmulas.

= E7 - E14 resta los gastos de los ingresos para determinar los beneficios del cuarto trimestre.

La mayoría de los programas le permiten introducir una fórmula de dos maneras: al escribir la fórmula directamente en la celda en la que desea que aparezca el resultado, o puede emplear el ratón para apuntar y hacer clic en las celdas cuyos valores desea insertar en la fórmula. Todavía tiene que escribir los símbolos matemáticos (+ - * /), pero ahorra tiempo al seleccionar las direcciones de celdas, en lugar de escribirlas.

Cómo Usar las Funciones Preparadas para Cálculos Fantásticos

Crear fórmulas simples (tales como sumar dos números) es muy fácil, pero crear una fórmula para la depreciación semestral de un activo empleando el método de línea recta es toda una faena. Para ayudarle en tales casos, muchos programas ofrecen fórmulas predefinidas llamadas *funciones*.

Las funciones son complejas fórmulas preparadas que ejecutan una serie de operaciones sobre un *rango* de valores específico. Por ejemplo, para determinar la suma de una serie de números en las celdas A1 a H1, introduce la función @SUM (A1..H1), en lugar de introducir + A1 + B1 + C1 +, etc. Cada función consta de los tres elementos siguientes:

- ☛ El signo @ o el signo de = indican que lo siguiente es una función.

- ☛ El *nombre de la función* (por ejemplo, SUM) indica la operación que se va a ejecutar.

- ☛ El *argumento* (por ejemplo, A1..H1) indica las direcciones de celda de los valores sobre los que actuará la función. Con frecuencia, el argumento es un rango de celdas, pero puede ser mucho más complejo.

Algunos tipos de funciones comunes se explican en la tabla 10.1. Si trabaja con control de procesos estadísticos, las funciones estadísticas son indispensables. Los programas de contabilidad especiales, tales como DacEasy o Peachtree Complete, proporcionan un repertorio completo de funciones financieras.

Tabla 10.1. Funciones de hoja de cálculo

Funciones	Lo que calculan
Matemáticas	Cálculos aritméticos, valores absolutos, logaritmos, raíces cuadradas y ecuaciones trigonométricas.
Estadísticas	Promedios, valores máximos y mínimos, desviaciones estándar y variación de muestra.
Financieras	Periodos compuestos, velocidad de recuperación interna, rebaja por depreciación de línea recta y cantidad de periodos de pago en una inversión.

Paso 5: Realización de una Prueba

Cuando su hoja de cálculo está completa y usted está seguro de que funciona, realice una prueba de ejecución para verificar lo que hace. La mayoría de las hojas de cálculo calculan, de manera automática, las fórmulas mientras usted las introduce, pero algunos programas requieren que introduzca un comando Calculate. Después que inserte el comando (si su programa lo emplea), revise los siguientes problemas:

Resultados disparatados. Si su fórmula o funciones producen resultados que está seguro de que no pueden ser correctos, revise la introducción adecuada de las fórmulas y que las direcciones de celdas se refieran a las celdas correctas.

Columnas estrechas. Si una columna es demasiado estrecha, puede terminar con un nombre recortado o un valor que aparece como una serie de asteriscos. Cambie la anchura de columnas para visualizar el valor o el nombre.

Orden de operaciones incorrecto. Asegúrese de que cada fórmula ejecute sus cálculos en el orden correcto. Puede modificar el orden de los cálculos al usar paréntesis. Por ejemplo, si introdujo = C3 + C4 + C5/3 para determinar el promedio de C3 + C4 + C5, el programa divide el valor en C5 entre 3 y después lo agrega a C3 + C4. La fórmula: =(C3 + C4 + C5)/3 produce el resultado correcto.

Referencias posteriores. Si emplea fórmulas que se basan en otras fórmulas para sus cálculos, compruebe que ninguna de ellas emplee la fórmula de una celda que se llena más adelante en el proceso. En otras palabras, una fórmula no puede emplear un valor que todavía no ha sido calculado.

Referencias circulares. Una referencia circular ocurre cuando una fórmula emplea sus propios resultados como parte de un cálculo. La hoja de cálculo da vueltas intentando encontrar la respuesta, pero no lo consigue.

Si algo no funciona, regrese y corríjalo; después realice otra prueba de ejecución hasta que funcione la hoja de cálculo.

Paso 6: Cómo Hacer que las Celdas se Vean Bien

HABLE COMO SI SUPIERA

Formatear celdas significa mejorar el aspecto de las celdas o sus entradas sin modificar su contenido. Por lo general, la operación de formateo incluye: cambiar el estilo y tamaño de las letras, agregar orillas y sombreado a las celdas, indicar al programa cómo exhibir los valores (por ejemplo, como divisas o en notación científica).

Una vez que tiene bajo control el diseño básico de su hoja de cálculo, *formatee* las celdas, para dar a la hoja de cálculo el "aspecto" deseado. Lo primero que usted puede desear hacer es cambiar la anchura de columna y la altura de renglones para darles a sus entradas el espacio necesario. También puede querer formatear los valores: dígale al programa que exhiba los valores como cantidades en pesos o emplee comas para marcar los millares.

Además, puede cambiar el estilo de letra y el tamaño para los encabezados de columna o renglón, modifique el color del texto y alinéelo en la celda. Por ejemplo, tal vez desee centrar los encabezados o alinear los valores en una columna tomando como referencia el punto decimal. Para mejorar el aspecto de las celdas mismas, puede agregar líneas alrededor de ellas y adherir sombreado o color en las celdas.

Muchos programas recientes tienen una característica de formateo automático, que le permite seleccionar el aspecto que desea para la hoja de cálculo. Después, el programa aplica las líneas, sombreado y fuentes para darle un arreglo a su hoja de cálculo, como se muestra en seguida.

Haga clic en OK para aplicar el aspecto a su hoja de cálculo

El programa exhibe una muestra

Usted selecciona el aspecto que desea

Algunos programas formatean la hoja de cálculo por usted.

Paso 7: Impresión

Cuando por fin ha introducido todos sus números y la hoja de cálculo ha ejecutado los cálculos, tal vez desee imprimir la hoja de cálculo para enviarla a alguien o para archivarla con sus registros.

Los problemas que es más posible que encuentre cuando imprima una hoja de cálculo surgen cuando es muy ancha para el papel en el que desea imprimirla. Si imprime una hoja de cálculo demasiado ancha, termina con varias páginas que tiene que pegar. La mayoría de los programas de hoja de cálculo ofrecen diferentes maneras para resolver este problema:

- ☛ **Reducción automática de fuentes.** En algunos programas indica que la hoja de cálculo llene la página, sin importar cuánto se tenga que reducir la letra.

- ☛ **Impresión apaisada.** Puede imprimir sus hojas de cálculo de lado en una página para que tengan más columnas a través de la página. Sin embargo, debe tener una impresora que acepte el modo apaisado.

- ☛ **Impresión parcial.** Elige la sección de la hoja de cálculo que desea imprimir y después hace que se imprima sólo esa sección.

- ☛ **Ocultar columnas.** Usted puede introducir un comando para ocultar algunas de las columnas en la hoja de cálculo. Cuando manda a impresión la hoja de cálculo, se omiten las columnas ocultas.

Gráficas Instantáneas

A las personas, en especial a las de tipo directivo, les gusta observar gráficas. No desean comparar cantidades. Les gusta todo simplificado. Desean ver de inmediato cómo se relacionan los números. La mayoría de los programas de hojas de cálculo ofrecen una característica de graficación para transformar los valores que introduce en algún tipo de gráfica (o diagrama) que desee: de barras, de líneas, de pastel, de áreas o de alzas y bajas (para analizar tendencias de acciones). Los pasos para crear una gráfica son sencillos:

1. Arrástrese con el ratón, sobre los nombres y valores que desea incluir en la gráfica (los nombres se emplean para los ejes).

2. Introduzca el comando Graph o Chart (este comando cambia de un programa a otro).

3.   Elija el tipo de gráfica que desea crear.

4.   Seleccione la opción **OK**. El programa transforma sus datos en una gráfica y los inserta en la hoja de cálculo, como se muestra aquí.

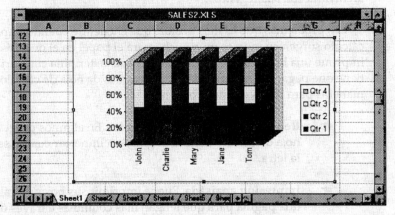

La mayoría de los programas de hoja de cálculo elaboran con rapidez cualquier tipo de gráfica que usted necesite.

Algunos Nombres de Hojas de Cálculo

Hay un programa de hoja de cálculo conveniente para usted, sin considerar si prefiere emplear programas que se ejecuten desde el DOS o desde Windows. Lotus 1-2-3 y Quattro Pro están disponibles en versiones para el DOS y Windows. Para los conocedores de Windows está Excel de Microsoft. Y varios programas integrados (programas que ofrecen aplicaciones diversas), tales como Works de Microsoft, PFS: First Choice y PFS: WindowWorks, los cuales ofrecen módulos de hojas de cálculo.

Lo Mínimo que Necesita Saber

Este capítulo le proporcionó un atisbo de la capacidad de las hojas de cálculo. Cuando tenga la oportunidad de trabajar con algunas de las hojas de cálculo en el mercado, se sorprenderá de cuánto trabajo pueden ahorrarle y con cuánta rapidez ejecutan sus tareas. Hasta que tenga esa oportunidad, asegúrese de comprender los fundamentos:

☞   Una hoja de cálculo es una rejilla que consiste en renglones y columnas que se intersectan para formar celdas.

☛ Cada celda tiene una dirección única, formada por una letra (que representa la columna) y un número (que representa el renglón).

☛ Una celda puede contener cualesquiera de las siguientes entradas: un encabezado de renglón o columna, una fórmula, una función con un argumento, o un valor.

☛ Las fórmulas ejecutan cálculos sobre los valores en las celdas. Cada fórmula consiste en una o más direcciones de celdas y un operador matemático.

☛ Una función es una fórmula compleja preparada, que ejecuta cálculos sobre un rango de valores.

☛ Puede formatear las celdas en una hoja de cálculo para controlar el tamaño del texto y el estilo y para agregar líneas o sombreado a las celdas.

☛ Antes que empiece a usar su hoja de cálculo, haga una prueba de ejecución y elimine los defectos.

Está bien, gente, muévanse; no estén de ociosos, no hay nada que ver aquí.

Capítulo 11

Conviértase en una Superpotencia de Información con su Base de Datos

Al Final de este Capítulo, Podrá:

☛ Indicar la diferencia entre una base de datos y una base de gatos.

☛ Crear una forma con espacios en blanco para introducir información en su base de datos.

☛ Ordenar las entradas de su base de datos y hacer que su computadora las localice.

☛ Transferir su agenda a la computadora.

☛ Combinar información de bases de datos para crear un informe.

Imagine esto. Es el año 2020. Frank Gifford se ha pasado a la cadena Fox y es el comentarista del Super Tazón LIV. Son los Cowboys contra los Bills (sí, otra vez) y usted está en la cabina con Frank. Adquirió los derechos exclusivos para la única base de datos de preguntas deportivas en el planeta y se ha convertido en el más poderoso (y mejor pagado) agente de datos en la historia. Gifford voltea con usted y le dice "¿cuál fue el último equipo que perdió seguidos cuatro Super Tazones consecutivos?". Usted no toma en cuenta la redundancia, escribe perdidos = 4 y oprime la tecla Enter. En la pantalla aparece una lista de todos los equipos que han perdido cuatro Super Tazones, mostrando las fechas de las derrotas. Y, por supuesto, usted dice "Los Buffalo Bills, los Super Tazones XXV al XXVIII".

Apuesto que se muere por saber la diferencia entre una base de datos y una base de gatos. Una base de gatos es un centro de actividades para felinos, completo con caja de arena, barra de comidas y bolas de estambre.

¡Ah, el poder!

Una base de datos le proporciona el poder de colocar la información al alcance de su mano. Con un solo comando, una base de datos busca en miles de registros en cuestión de segundos (sin considerar la utilidad e importancia de la información) para elegir justo los datos que necesita. En este capítulo, conocerá cómo funciona una base de datos y cómo puede crear una para administrar su propia información.

La Elaboración de una Base de Datos: Detrás del Escenario

Antes de sumergirse en los detalles sangrientos de lo que se requiere para crear una base datos, observe el proceso general. Consta de dos pasos:

1. **Cree una forma de espacios por llenar.** Las formas simulan, en la pantalla de la computadora, las formas de papel que usted llena con un bolígrafo, por ejemplo, una solicitud de seguro, una devolución de impuestos o una tarjeta Rolodex. Para crear una forma, debe introducir *nombres de campos* para indicar dónde debe escribirse cada parte de información. Estos nombres son equivalentes a los que ve en las formas de papel: apellido, nombre, número de afiliación al Seguro Social y demás.

2. **Llene los espacios en blanco.** Una vez que tiene una forma, llena los espacios en blanco con información (o pone un anuncio en el periódico para un capturista de datos). En este caso, los blancos se denominan *campos*. Al introducir información en los campos, crea un registro, como se muestra en la figura. Un archivo de base de datos es un conjunto de registros.

Está bien, lo admito, el procedimiento es un poco más complicado que eso, pero enfrentaremos las complicaciones más adelante.

Registro

Apellido:
Nombre:
— Campos

Los archivos de bases de datos son conjuntos de registros

Los registros de bases de datos contienen información relacionada en campos

Una base de datos puede compararse con un archivo de Rolodex.

Paso 1: Cómo Diseñar la Forma Perfecta

La mejor manera de diseñar una forma es seguir el sistema y papel que emplea actualmente: su Rolodex, agenda, calendario, lista de empleados, recibos de cuentas, lista de inventarios o lo que sea. Considere los nombres de campos para cada parte de información que necesita (o simplemente tome los nombres de la forma en papel existente). Elimine cualquier información innecesaria, su base de datos no debe contener basura. Cuando diseñe la forma, recuerde las siguientes líneas guías:

HABLE COMO SI SUPIERA

Un registro es un conjunto de información sobre un tema único; puede contener las especificaciones para un engrane, o el nombre, dirección e información de contabilidad de un cliente. Un conjunto de estos registros forma una base de datos.

Emplee números de formas. Si emplea la base de datos para almacenar información de facturas u órdenes de compra, incluya un campo que proporcione a cada registro un número único. Esto le permite encontrarlos con facilidad.

Sea lógico. Su forma debe presentar la información en flujo natural, de izquierda a derecha y de arriba hacia abajo, en el orden que usted la emplea.

Deje espacio a la derecha. Deje espacio en blanco para introducir datos a la derecha del nombre del campo, no debajo de él. Proporcione espacio suficiente. Muchos programas de bases de datos le permiten ampliar un campo, por lo que se estiran de manera automática para alojar entradas largas.

Emplee nombres de campos breves .Proporcione a los nombres de campos sólo el tamaño suficiente para incluir la información esencial. Los nombres de campos largos le quitan espacio a sus entradas.

Emplee ejemplos. Si una entrada puede escribirse de diferentes maneras, incluya un ejemplo de cómo la prefiere; por ejemplo, fecha (mm/dd/aa). Es probable que alguien aparte de usted introduzca información en la base de datos. Al proporcionar un ejemplo de cómo formatear entradas, se asegura de que sean consistentes.

Separe ciertas entradas en partes .Si coloca cada parte de datos en un campo separado, sera más fácil extraer partes de datos individuales más adelante. Por ejemplo, si necesita registrar un nombre, elabore campos separados para el título de la persona (Sr./Sra./Srita.), nombre, primer apellido, segundo apellido.

Cuando termina de crear los campos para su forma, guarda la forma o selecciona un comando para introducir datos. En cualquier caso, el programa de base de datos exhibirá la forma que creó. Aparecen los nombres de campos, mostrándole la información que debe introducir.

Oprima Tab para avanzar
de un campo al siguiente   Campos   Algunos programas le permiten
agregar imágenes a un registro

Nombres de campos ——

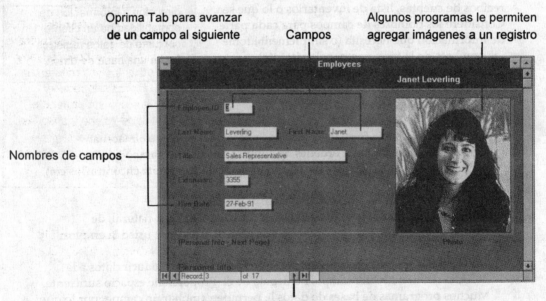

Cuando pasa al registro siguiente obtiene una forma en blanco

Cuando termina, obtiene una forma para llenar como la que se muestra.

Paso 2: Llenar los Espacios en Blanco

Cuando empiece a llenar formas, se sentirá como si pasara toda una tarde en el consultorio de un doctor. Aquí es donde introduce toda la información que desea incluir en la base de datos; nombres, direcciones, contactos en compañías, números de partes, precios y listas de inventarios. Consiga que algún adulador realice esto por usted. Si tiene que hacerlo usted mismo, ejecute lo siguiente:

1. Escriba una entrada en el primer campo.

2. Avance al campo siguiente, al oprimir Tab o al hacer clic dentro del campo con el apuntador del ratón.

3. Escriba su entrada. Algunos programas le permiten importar imágenes en los campos. Si tiene un campo con una imagen, no escriba en él. En lugar de eso, introduzca el comando de importación de imágenes y elija el archivo de la imagen deseada.

4. Repita los pasos 2 y 3 hasta que haya escrito una entrada en cada campo. Aunque puede dejar un campo en blanco, al hacerlo dificulta la búsqueda y ordenamiento de registros más adelante.

5. Introduzca el comando para ir al siguiente registro, con el fin de exhibir uno nuevo. El programa guarda el registro que introdujo y exhibe una forma en blanco para su siguiente registro.

6. Repita los pasos 1-5 hasta que haya introducido todos sus registros.

7. Guarde su archivo de base de datos cuando termine.

Asegúrese que la forma esté correcta antes de empezar a introducir información en sus campos. Algunos programas ofrecen una manera para que edite nombres de campos más adelante y vuelva a orientar sus bases de datos, pero incluso en estos casos, necesita ser cuidadoso o podría perder datos.

Asegúrese de revisar las entradas en la pantalla contra sus fuentes. Después, es muy fácil editar las entradas en un campo, pero si introduce Johnston cuando pretendía introducir Johnson y después intenta encontrar el registro Johnson, su base de datos no sabrá lo que busca.

Cómo Consultar Información en la Base de Datos

¿Ahora que tiene este enorme archivero en su computadora, cómo consulta los registros? Tiene al menos tres opciones. Consulte los registros uno a la vez. Liste la información en cada registro de acuerdo con el nombre de campo. O busque un registro o rango de registros específicos.

Sólo estoy Viendo, Gracias

Hojear consiste en pasar las páginas electrónicas de su base de datos. Hojear es bastante lento y sólo es útil para encontrar un registro cuando no sabe cuál registro desea encontrar. Si posee incluso una noción vaga de cuál registro necesita, es mejor que emplee uno de los otros dos métodos.

Déme la Lista

En lugar de exhibir cada registro en una pantalla única, la lista de opciones exhibe cada registro en una sola línea (de izquierda a derecha, a través de la pantalla). Aunque parte de la información de cada registro desaparecerá por el lado derecho de la pantalla, podrá observar una pequeña porción de cada registro.

Cada columna es un campo

Los registros se exhiben en renglones

Con una lista, los registros se exhiben en renglones.

Employee ID	Last Name	First Name	Title	Extension	Hire Date	Photo	
1	Davolio	Nancy	Sales Representative	5467	29-Mar-91	Paintbrush Picture	507
2	Fuller	Andrew	Vice President, Sales	3457	12-Jul-91	Paintbrush Picture	908
3	Leverling	Janet	Sales Representative	3355	27-Feb-91	Paintbrush Picture	722
4	Peacock	Margaret	Sales Representative	5176	30-Mar-92	Paintbrush Picture	411
5	Buchanan	Steven	Sales Manager	3453	13-Sep-92	Paintbrush Picture	
6	Suyama	Michael	Sales Representative	428	13-Sep-92	Paintbrush Picture	Cov
7	King	Robert	Sales Representative	465	29-Nov-92	Paintbrush Picture	Edo
8	Callahan	Laura	Inside Sales Coordinator	2344	30-Jan-93	Paintbrush Picture	472
9	Dodsworth	Anne	Sales Representative	452	12-Oct-93	Paintbrush Picture	7 H
10	Hellstern	Albert	Business Manager	7559	01-Mar-93	Paintbrush Picture	139
11	Smith	Tim	Mail Clerk	5261	15-Jun-93	Paintbrush Picture	303
12	Patterson	Caroline	Receptionist	1411	15-May-93	Paintbrush Picture	16
13	Brid	Justin	Marketing Director	377	01-Jan-94	Paintbrush Picture	2 in
14	Martin	Xavier	Marketing Associate	360	15-Jan-94	Paintbrush Picture	9 p
15	Pereira	Laurent	Advertising Specialist	376	01-Feb-94	Paintbrush Picture	7 n
16	Kraunak	Joseph	Staff Writer	3662	27-Sep-89		

Record: 3   of 17

En Busca de un Registro Unico

Buscar un registro único es la manera más rápida y fácil de encontrar un registro específico. Empieza por introducir un comando diciéndole a la base de datos lo que debe buscar, esta responde preguntándole qué desea encontrar.

En la mayoría de las bases de datos, debe especificar el campo en el que desea buscar y la información que desea encontrar en ese campo. La entrada que usted describe se denomina *criterio de búsqueda*. Por ejemplo, si desea encontrar las ventas de su representante Alan en el mes de marzo, tiene que dar instrucciones a la base de datos que muestre su registro de Marzo al introducir el siguiente criterio de búsqueda:

☞ Buscar el campo mes en Marzo.

☞ Buscar Nelson en el campo primer apellido.

☞ Buscar Alan en el campo nombre.

Sólo un registro coincide con el criterio de búsqueda, por lo que el registro de ventas de Marzo de Alan Nelson aparece en la pantalla. Proceda a revisarlo para determinar sus ventas totales en el mes.

Cómo Buscar en un Rango de Registros

Además de buscar un registro individual, puede decirle a la base de datos que busque un grupo de registros. Por ejemplo, para buscar los números de pedido de compras 10013 al 10078, o las compañías con facturas entre $300 y $1500, introduce el rango específico que desea buscar. La tabla siguiente le muestra algunas entradas de búsqueda.

Tabla 11.1 Búsquedas dentro de un rango específico

Criterio de búsqueda	Resultados
K>W	Palabras que empiezan con K hasta W, sin incluir las que empiezan con A hasta la J.
<=50	Números menores de 50.
>=3/16/1991<=3/31/1991	Cualquier registro del 16 al 31 de Marzo de 1991.

¿No Sabe lo que Busca?

Después de introducir cien o mil registros, nadie puede esperar en serio que recuerde la ortografía exacta de cada entrada en cada campo. Olvidará algunos y necesita algunas maneras de encontrar esos registros. Por eso, la mayoría de los programas de bases de datos le permiten usar *caracteres comodines* para buscar registros (los comodines representan caracteres particulares que no puede recordar).

Hay dos tipos de comodines. Uno representa un carácter único en la misma posición. El otro representa cualquier grupo de caracteres en la misma posición. Por ejemplo, para buscar una entrada que termina en "aje", debe escribir ...aje. Los caracteres comodines son los asteriscos (*), signo de interrogación (?) y elipsis (...). Varían dependiendo del programa.

Organícese

Mientras introduce registros en su base de datos, esta los almacena en el orden en que usted los introduce. Si introduce una pila de registros sin un orden particular, su base de datos se vuelve un lío. Si solicita una lista de registros, aparece sin un orden lógico. Por fortuna, la base de datos puede ordenar sus registros en el orden que especifique y presentarle una pila ordenada y limpia.

Cómo Indicar a la Base de Datos la Manera de Ordenar

Igual que la característica de búsqueda, la característica de ordenamiento requiere que usted introduzca criterios que le indiquen al programa cómo ordenar sus registros. Debe especificar dos cosas: el campo y la dirección del ordenamiento.

Cuando especifica el campo de ordenamiento, le indica a la base de datos de acuerdo con cuál campo desea ordenar la lista. Por ejemplo, si desea que su lista se ordene por código postal, debe indicar al programa que ordene los registros de acuerdo con las entradas en el campo código postal. También especifica un segundo campo de ordenamiento que emplee la base de datos si el primer campo es igual en dos registros (una agenda se ordena por apellidos y después por nombre). La dirección de ordenamiento le indica al programa si debe emplear un ordenamiento ascendente (A B C... o 1 2 3...) o descendente (Z Y X... o 10 9 8...).

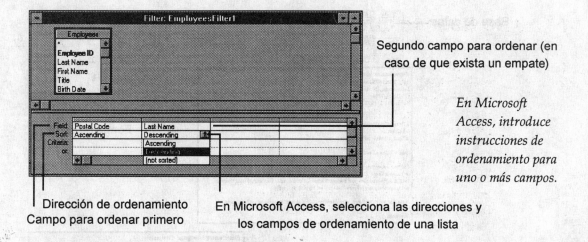

Segundo campo para ordenar (en caso de que exista un empate)

En Microsoft Access, introduce instrucciones de ordenamiento para uno o más campos.

Dirección de ordenamiento
Campo para ordenar primero

En Microsoft Access, selecciona las direcciones y los campos de ordenamiento de una lista

Cómo Crear Formas de Cartas, Informes y Etiquetas de Correo

Ya conoció gran parte de la capacidad que le proporcionan los nombres de campos en el ordenamiento y búsqueda de sus registros, pero eso no es todo, emplea los nombres de campo para tomar información de los registros y consolidarla en una sola posición. Esto le permite crear:

Formas de carta. Elabore una carta genérica y escriba nombres de campos donde desea insertar información. Después fusione su carta con su base de datos. El proceso de fusión busca la información en su base de datos y la inserta en la forma de carta, creando una carta para cada registro seleccionado en la base de datos.

Informes y facturas. Configure una hoja con varios encabezados de columnas que correspondan a los nombres de campos en su base de datos. Fusione su hoja con su base de datos para crear un informe o factura amplio que contenga toda la información que necesita.

Etiquetas de correo. Elabore una sola etiqueta de correo, pero introduzca nombres de campos en lugar de los nombres y direcciones reales. Fusione la etiqueta con su base de datos para imprimir toda una serie de etiquetas de correo en cuestión de segundos.

Análisis. Busque y ordene para saber cuál producto elaborado por su compañía obtiene mayores beneficios en regiones de ventas específicas. Además, busque y ordene para saber cuál vendedor distribuye la mayor cantidad de un producto específico.

Base de datos —

Title	FirstName	LastName	Address1	City	State	Postal Code	Current_Rate	Years_Remaining	Total_Years
Mr.	Bill	Willins	1325 W. 56th Place	Indianapolis	IN	46224	11%	25	30
Ms.	Carrie	Blotto	349 North	Carmel	IN	46032	10.5%	22	30
					IN	46347	12%	8	15

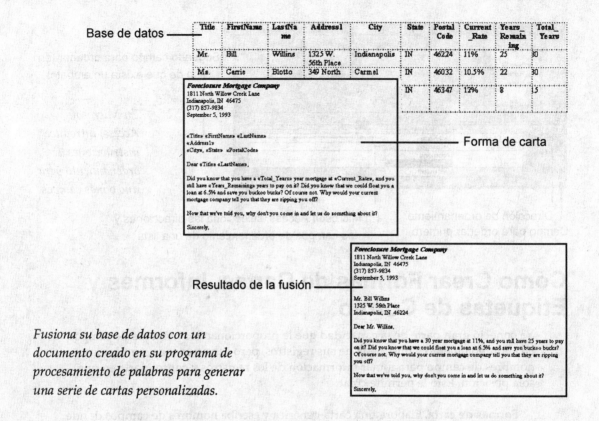

Forma de carta

Resultado de la fusión —

Fusiona su base de datos con un documento creado en su programa de procesamiento de palabras para generar una serie de cartas personalizadas.

Cómo Elegir la Base de Datos Correcta

Los programas de base de datos son diferentes en la manera en que estructuran los datos y las características especiales que ofrecen. Eso no quiere decir que uno sea mejor que otro, sólo necesita encontrar el que sea conveniente para sus necesidades y presupuesto. Puede elegir entre tres tipos de bases de datos: de forma libre, de archivo plano y relacionales.

☞ Una *base de datos de forma libre* imita las pilas de notas al azar que encuentra regadas en un escritorio. Cuando busca datos, el programa busca por toda la base de datos, no en un campo específico. Las bases de datos de forma libre más populares incluyen MemoryMate e Info Select.

☛ Una *base de datos de archivo plano* funciona como un Rolodex. Cada registro en el archivo contiene el mismo tipo de información introducido en campos estándar, tales como nombres, direcciones y números de teléfono. Las bases de datos de archivo plano más populares incluyen Q&A, FileMaker Pro, PC-File y Reflex.

☛ Una *base datos relacional* es el tipo de base de datos más poderosa porque puede vincular bases de datos y combinar dos o más archivos de bases de datos en un archivo nuevo separado. Por ejemplo, puede crear una base de datos para inventarios y otra para factura. Cuando crea una factura que le cobra a un cliente un elemento de inventario, la base datos de inventario se actualiza para mostrar el elemento que se quitó. Las bases de datos relacionales más populares incluyen dBASE IV, FoxPro, Oracle, Paradox y Fourth Dimension. Microsoft Access, que se presenta en este capítulo, es tal vez la más fácil de usar.

Puede ser que usted tenga una base de datos sin saberlo. Muchos programas que no son de base de datos contienen un programa primitivo de base de datos o una forma de crear una base de datos. Por ejemplo, muchos programas de procesamiento de palabras le permiten teclear nombres y direcciones en un archivo de documento y luego utilizarlo para una base de datos. Algunos programas de hoja de cálculo, entre los que se cuentan Excel y Quattro Pro para Windows, le permiten crear bases de datos empleando la estructura básica de la hoja de cálculo. Windows de Microsoft le proporciona un fichero, tarjetero o pequeña base de datos de direcciones, que puede usar para este fin y/o directorio telefónico. Así que no vaya corriendo a comprar una base de datos si no la necesita.

Lo Mínimo que Necesita Saber

Aunque una base de datos puede ser una herramienta difícil de dominar, no necesita saber mucho para empezar. Para ordenar todo, recuerde la información siguiente:

- ☞ Una base de datos consiste en varios registros que contienen entradas de campos.

- ☞ Para crear una base de datos, elabora una forma y después la llena para producir registros.

- ☞ Cuando guarda un registro, almacena información en su base de datos.

- ☞ Puede buscar en su base de datos al hojear página por página, al exhibir una lista de registros o al introducir criterios de búsqueda para un registro o rango de registros específicos.

- ☞ Para ordenar sus registros, debe introducir criterios de ordenamiento, indicando a su base de datos cuáles campos debe usar para ordenar y si debe establecer un ordenamiento ascendente o descendente.

- ☞ Los nombres de campos le proporcionan el poder para tomar información de su base de datos e introducirla en un documento. Esto le permite generar informes completos, cartas personalizadas y etiquetas de correo.

- ☞ Las bases de datos de forma libre son mejores para almacenar ideas y datos al azar. Debido a que carecen de estructura, puede ser difícil ordenar y encontrar datos.

- ☞ Las bases de datos de archivo plano almacenan información estructurada y pueden ser fáciles de usar, pero no combinan datos de dos o más archivos.

- ☞ Las bases de datos relacionales son las más poderosas y le permiten compartir datos entre bases de datos.

- ☞ El conocimiento es poder. El poder es corrupto. Por lo tanto, el conocimiento es corrupto. -Sócrates.

Capítulo 12

Póngase Gráfico, Aunque no Sea Artista

Al Final de Este Capítulo, Podrá:

☞ Agregar imágenes prefabricadas a sus cartas, currículum y hojas de cálculo.

☞ Crear un audiovisual en pantalla empleando un programa de gráficos de presentación de negocios.

☞ Crear gráficas y diagramas organizacionales sin una regla.

☞ Dibujar un círculo, rectángulo o línea en cualquier programa de gráficos.

☞ Emplear un digitalizador para tomar imágenes dibujadas por otras personas o introducir una fotografía de Jaimito en sus tarjetas de Navidad.

En esta época de sobrecarga de información, casi todos nosotros preferimos ver una imagen que naufragar en un mar de palabras. No deseamos leer una columna de periódico para saber cuántos billones de dólares debemos como país. Deseamos una gráfica que muestre cuánto debíamos en 1990 y cuánto adeudaremos en 1995 y 2000; o tal vez un mapa que muestre cuantas familias en el país podían haber construido casas de 100,000 dólares si contaran con los recursos de la deuda. Tal vez incluso una imagen de un dólar de impuestos que muestre la parte que se dedica a pagar los intereses de la deuda.

Pero, ¿qué pasa con sus presentaciones y los documentos que elabora?, ¿está usted en el mismo nivel que su audiencia?, ¿emplea imágenes para presentar información de manera más clara y sucinta?, ¿se comunica con imágenes y palabras? Después de leer este capítulo, conocerá diversos tipos de programas que le ayudaran a contestar Sí a todas estas preguntas.

Biblioteca de Imágenes (para Quienes no Tienen Talento)

Antes de hablar de los detalles de los programas de gráficos, deseo advertirle que tal vez no necesite uno. Si desea agregar gráficos a sus boletines de trabajo y otros documentos, puede comprar una biblioteca de imágenes computarizadas: bocetos que alguna persona con talento artístico elaboró con un programa de gráficos.

Digamos que usted crea un boletín y desea mejorarlo con algunas imágenes. Nada fantástico, tal vez una imagen de un pastel de cumpleaños para una columna en el boletín de su compañía que anuncie los cumpleaños de este mes. O quizá una imagen de un jugador de béisbol para marcar los siguientes juegos de la liga de softbol. Primero, prepara el boletín, después introduce un comando que indica al programa que inserte una imagen. Selecciona la pieza que desea, hace clic en el botón OK y *voilà*, ¡ilustración instantánea!

Consígalas Donde Pueda: Fuentes de Biblioteca de Imágenes

Algunos programas (de edición por computadora, de procesamiento de palabras, de presentación de negocios y de dibujo) vienen con un conjunto de biblioteca de imágenes en disco. Algunas de estas imágenes "gratuitas" son muy buenas, pero otras no sirven ni para el jardín de niños local. La figura siguiente muestra parte de las imágenes que vienen con PowerPoint (un programa de gráficos de presentación para Windows). Como puede verse, son bastante buenas.

Cada categoría agrupa un conjunto
de imágenes de biblioteca.

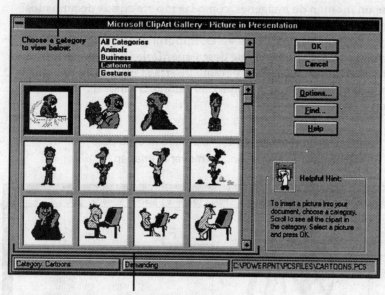

*Muchos programas
vienen con una
colección de imágenes
de biblioteca.*

Estas son partes individuales de las
imágenes en la categoría Caricaturas.

También puede comprar bibliotecas de imágenes por separado en discos, igual
que compra un programa. Estas bibliotecas incluyen cientos o miles de imágenes
distribuidas en diferentes categorías: orillas y fondos, computadoras,
comunicaciones, personas y lugares, animales, productividad y rendimiento, viajes
y pasatiempos, palabras y símbolos.

Sentido Común en la Compra
de Bibliotecas de Imágenes

Antes de desembolsar 50 dólares por una biblioteca de imágenes, asegúrese de
tener un programa que pueda emplearla. Algunas bibliotecas de imágenes estan
incluso en un tipo de archivos que su programa de procesamiento de palabras o de
edición por computadora no pueden emplear. Por ejemplo, si tiene un programa de
procesamiento de palabras que no puede emplear archivos PCX (imágenes creadas
usando un programa llamado PC Paintbrush), no compre una biblioteca que
contenga imágenes PCX.

Cómo Pegar una Imagen en una Página

¿Ahora que tiene un montón de imágenes, cómo las inserta en sus documentos? Bueno, eso depende. En ocasiones, tiene que abrir la biblioteca, cortar la imagen que desea y pegarla en una página. Otras veces, importa o inserta la imagen al especificar el nombre del archivo en el que desea guardarla (se parece a abrir un archivo). No importa cómo lo haga. El programa inserta la imagen en una caja como la que se muestra aquí, después, emplee su ratón para mover, estirar o apretar la imagen.

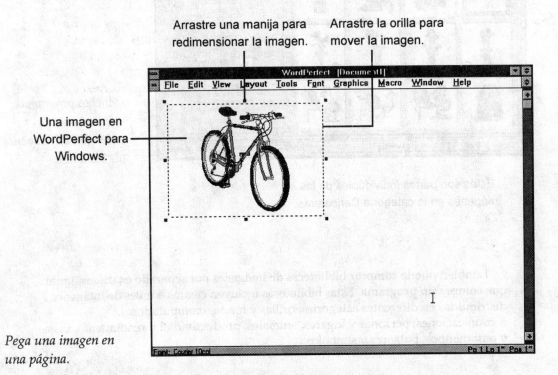

Arrastre una manija para redimensionar la imagen.

Arrastre la orilla para mover la imagen.

Una imagen en WordPerfect para Windows.

Pega una imagen en una página.

Cómo Hacer Audiovisuales, Transparencias, Acetatos y Folletos

Incluso si usted no trabaja en ventas o mercadotecnia, es probable que haya visto una presentación de negocios en alguna ocasión. Tal vez en la televisión o en una película. Un representante de ventas o de mercadotecnia le muestra a una junta directiva o a algún otro grupo, una serie de transparencias que lanzan un nuevo producto o muestran lo lucrativa que es la compañía. ¿Cómo crearon esta presentación? Es probable que emplearan un programa de gráficos de presentación. La mayoría de los programas de presentación le permiten crear:

- **Audiovisuales en la pantalla.** Elabora un audiovisual que puede exhibirse en una pantalla de computadora. Si tiene el equipo correcto, proyecta el audiovisual en un proyector de pantalla o en una pared (aunque en la pantalla es más impactante).

- **Audiovisuales en 35 mm.** Transforma su archivo de presentación en transparencias de 35 mm para observarlas con un proyector (esto es muy bueno para que los comensales que no fueron invitados se vayan temprano).

- **Acetatos para retroproyector.** La mayoría de las impresoras imprimen sus imágenes en hojas transparentes especiales en lugar de papel (o puede mandar a que se las impriman). Después las exhibe con un retroproyector. Cuando imprima transparencias, asegúrese de adquirir las hojas específicas para impresoras, de otra manera, sólo obtendrá plástico derretido con su impresora laser.

- **Folletos para el público.** En muchos programas se emplean programas de gráficos de presentación para crear folletos para el público, que se usan solos o junto con audiovisuales.

¿Dónde Empiezo?

Los programas de presentación no son iguales. Con algunos, primero selecciona el tipo de gráfica que desea emplear: de pastel, organizacional, de barras, etc. La gráfica se vuelve el elemento central de la transparencia. Después, agrega otros elementos, tales como títulos, nombres, imágenes y comentarios sarcásticos.

Con otros programas de presentación de gráficos, empieza con un aspecto general. Por ejemplo, selecciona los colores y diseño que desea usar en todas las transparencias del audiovisual. Después agrega una gráfica, lista con balas, título, imagen y otros elementos a cada transparencia que elabora. El siguiente enfoque paso por paso se aplica a la mayoría de los programas de gráficos de presentación y le muestra el funcionamiento general. Dependiendo del programa, puede variar la secuencia de pasos.

Algunos programas de presentación se refieren a cada página como una **gráfica**. Otros programas llaman a cada página una **transparencia** y se refieren a la presentación como un **audiovisual**.

Paso 1: Elija un Aspecto, Cualquier Aspecto

Por lo general inicia una presentación al seleccionar los colores y diseño que desea usar en todas las transparencias. La mayoría de los programas vienen con un conjunto de *plantillas* diseñadas de manera profesional. Al elegir una plantilla, se asegura que todas las transparencias en su presentación tengan un aspecto consistente y que combinen los colores (al menos en teoría). La imagen siguiente muestra una lista de plantillas que viene con PowerPoint de Microsoft y una vista previa de una de ellas.

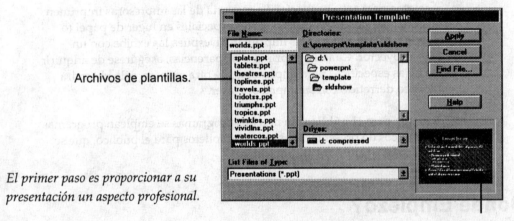

Archivos de plantillas.

El primer paso es proporcionar a su presentación un aspecto profesional.

Una muestra de la plantilla seleccionada en ese momento aparece aquí.

La mayoría de las presentaciones tienen una *transparencia maestra* en la que agrega elementos, tales como el logotipo de la compañía, el nombre, la fecha de la presentación y el número de la transparencia. Los elementos que coloca en la transparencia maestra aparecen en todas las de la presentación.

Paso 2: Cómo Colocar Imágenes, Gráficas y Texto en una Transparencia

Una vez que establece el aspecto de su audiovisual, empieza a concentrarse en las transparencias individuales. En la mayoría de los programas, agrega uno o más de los siguientes elementos a una transparencia: gráficas, títulos, listas con balas, diagramas organizacionales, diagramas de flujo e imagen (o el logotipo de su compañía). Las gráficas y las listas con balas son fundamentales en cualquier programa de presentación. Si usted las incluye es un candidato al ejecutivo del año.

En la mayoría de los programas de gráficos de presentación, elabora una transparencia a la vez. Cuando termina con una, introduce un comando para insertar una nueva. La siguiente transparencia tiene el mismo diseño y color que la anterior. Después, empieza a insertar objetos en la transparencia nueva.

Paso 3: Cómo Mezclar sus Transparencias

La mayoría de programas de gráficos de presentación le presentan una herramienta que le permite reordenar con rapidez las transparencias en su presentación. Normalmente, el programa exhibe una pantalla que muestra versiones en miniatura de todas las transparencias. Usted sólo arrastra las transparencias donde desea ponerlas.

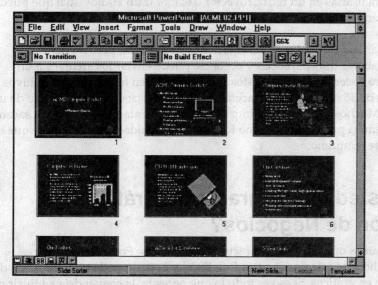

Puede exhibir versiones en miniatura de sus transparencias para ordenarlas con mayor facilidad.

Paso 4: Cómo Agregar Algunos Elementos Fantásticos

Si elabora un audiovisual en la pantalla, puede agregar algunos efectos especiales, tales como sonidos, transiciones o construcciones (dependiendo del programa de gráficos de presentación y de su computadora).

Por ejemplo, si su computadora tiene un tablero de sonido (tal como SoundBlaster), conecta un micrófono y graba su voz, música y otro sonidos para ejecutarse mientras pasa de una transparencia a la siguiente. Algunos programas producen un efecto de animación, llamado transición, que controla el movimiento de una transparencia a la siguiente. Por ejemplo, la transparencia actual puede abrirse como ventanas verticales, revelando la siguiente. Algunos programas agregan efectos animados, tales como construcciones de listas con balas. Por ejemplo, cada elemento de la lista vuela de un lado a otro de la pantalla. De esta manera, la lista se *construye* un elemento a la vez hasta que todos aparecen en la pantalla.

Paso 5: Cómo Transformar una Presentación en Algo Util

Después de crear una gráfica o una serie de gráficas, necesita transformar su creación en algo útil. Por ejemplo, tal vez desee imprimir las gráficas, convertirlas en acetatos para usarlas en un retroproyector o elaborar un audiovisual que pueda exhibir en la pantalla.

Si desea crear audiovisuales o presentaciones de acetatos, pero no tiene el equipo para elaborar transparencias y acetatos, puede enviar los archivos a un laboratorio para hacer este trabajo. Estos servicios pueden transferir sus archivos a transparencias de 35 mm, película o acetatos. Estos negocios ofrecen servicio de un día para otro. Muchos usuarios sólo imprimen sus presentaciones en papel, sacan copias y emplean la presentación como folleto. Tenga cuidado, esto permite que el público se retire temprano.

¿Es para Usted un Programa de Gráficos de Presentación de Negocios?

Muchos programas ofrecen cuatro características básicas. Por ejemplo, varios programas de hoja de cálculo (Quattro Pro, Excel y Lotus) puede traducir datos de hoja de cálculo en gráficos. Si eso es todo lo que necesita, le convendría adquirir un programa de hoja de cálculo y usar su capacidad para graficar.

Si necesita las características avanzadas de un programa de gráficos de presentación de negocios, hay varios buenos a la venta. Para DOS, Harvard Graphics todavía está a la cabeza. Proporciona una amplia variedad de gráficas, muchas imágenes preparadas para ayudarle a personalizar cada transparencia y un conjunto completo de herramientas de dibujo. Si planea trabajar en Windows, pruebe PowerPoint para Windows.

Programas de Pintura y Dibujo: para Quienes Tienen Talento Artístico

Así que se cree Leonardo Da Vinci o Georgia O'Keefe. Si tiene incluso una pizca de talento artístico, elabore sus propias imágenes de computadora. Para crear imágenes de la nada, puede usar dos tipos de programas de gráficos: un programa de pintura o un programa de dibujo.

Graffiti Computarizado: Cómo Dibujar en una Pantalla

¿Se acuerda del juguete Lite Brite? Consistía en una caja con un foco dentro, un tablero ranurado y muchas clavijas transparentes de colores. Usted pegaba las clavijas en el tablero formando diferentes patrones, para elaborar imágenes. Se emplea el mismo principio en programas de pintura. Usted activa muchos puntos en la pantalla para crear una imagen.

TECNO CEREBRO ENSEÑA ...

La pantalla de su computadora es, esencialmente, un lienzo formado por 150,000 a 700,000 luces pequeñas llamadas pixeles. Cuando escribe un carácter en un procesador de palabras o dibuja una línea con un programa de pintura o dibujo, activa una serie de estos pixeles para que formen una figura identificable en la pantalla.

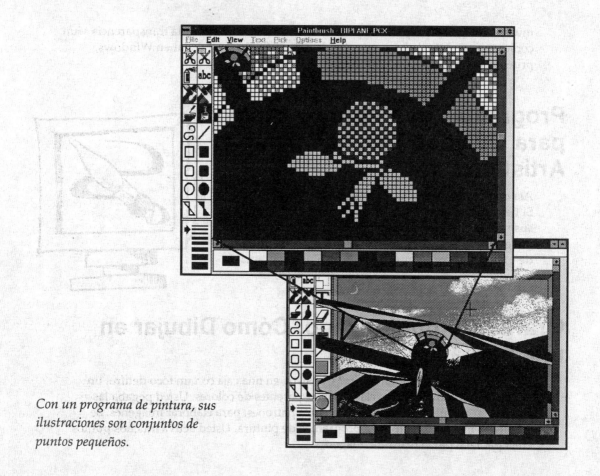

Con un programa de pintura, sus ilustraciones son conjuntos de puntos pequeños.

La única diferencia entre un Lite Brite y un programa de pintura es que este último viene con un conjunto de herramientas para ayudarle a manipular los miles de pixeles en la pantalla. Por ejemplo, el programa tiene una herramienta de pincel que le permite "trazar" color en la pantalla y un borrador que le permite eliminar secciones del dibujo. La mayoría de los programas también tienen una paleta de colores que le permite elegir un color, y una paleta de grosores que le permite controlar la anchura de un pincel.

Para dibujar una figura o arrastrar una franja de color a través de la pantalla, primero selecciona la herramienta, un color y un grosor de línea. Después, desliza el ratón (u otro dispositivo de dibujo) en su escritorio hasta que el apuntador del ratón se encuentra donde desea que empieza la forma o línea y oprime el botón del ratón (este punto inicial se llama punto ancla). Mientras mantiene abajo el botón del ratón y arrastra el apuntador lejos del punto ancla, el objeto se estira entre el punto ancla y el apuntador del ratón.

Punto ancla

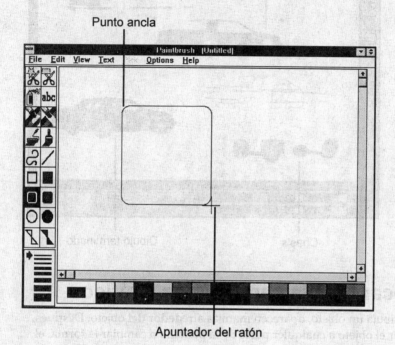

Para dibujar una línea o forma, arrástrelas lejos de su punto ancla.

Apuntador del ratón

Cómo Jugar con las Formas Empleando un Programa de Dibujo

Un programa de dibujo le permite crear dibujos al reunir diferentes figuras. Por ejemplo, usted dibuja un paisaje de ciudad al reunir varios rectángulos de diferentes tamaños.

HABLE COMO SI SUPIERA

Con frecuencia, los programas de dibujo se denominan **programas de gráficos orientados a objetos**, debido a que tratan los objetos como unidades individuales y no como un conjunto de pixeles.

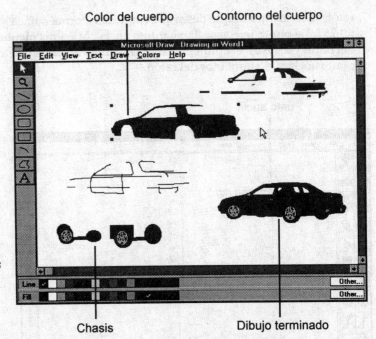

Color del cuerpo   Contorno del cuerpo

Chasis   Dibujo terminado

En un programa de dibujo, sobrepone diferentes objetos para crear un dibujo complejo.

Cómo Colocar Manijas en Objetos Gráficos

Una vez que dibuja un objeto, aparecen manijas alrededor del objeto. Después, puede arrastrar el objeto a cualquier parte de la pantalla o cambiar la forma, el tamaño u orientación del objeto sin afectar los objetos que lo rodean. Para mover un objeto, haga clic en él con el ratón (aparecen manijas alrededor del objeto). Mueva el apuntador de ratón sobre el centro del objeto (no sobre algunas de las manijas). Mantenga abajo el botón del ratón y arrastre el objeto a la posición deseada.

Para cambiar el tamaño de un objeto, haga clic en el objeto con su ratón. Mueva el apuntador del ratón sobre una de las manijas y mantenga abajo el botón del ratón (esto se denomina tomar una manija). Arrastre la manija hacia el centro del objeto para hacerlo más pequeño o menos ancho o lejos del centro para hacerlo más largo o ancho.

Formas, Juntas y Separadas

En un programa de pintura, si coloca un círculo sobre un cuadrado, el círculo y el cuadrado se vuelven uno sólo. Cuando se cruzan sus líneas, se confunden como gemelos siameses. Con un programa de dibujo, los objetos conservan su autonomía. Si coloca un círculo sobre un cuadrado, después puede retirar el círculo como si estuviera dibujado en una hoja separada.

También tiene la opción de tratar los objetos como una unidad. Para agrupar varios objetos, usted dibuja una caja de selección alrededor de los objetos. Después, mueve, copia o borra el grupo de objetos como si fuera uno solo.

TECNO CEREBRO ENSEÑA ...

A diferencia de los programas de pintura, que registran los objetos pixel por pixel, los programas de dibujo almacenan cada objeto gráfico como una fórmula matemática. Esta fórmula contiene códigos que le dicen al programa cómo exhibir e imprimir el objeto. Por ejemplo, la fórmula para un círculo puede contener la posición del centro dèl círculo y su diámetro.

¿Qué es Mejor: Pintar o Dibujar?

Debido a que los programas de pintura le proporcionan control sobre los pixeles individuales, son muy útiles para dibujar líneas irregulares y emplear grados de sombreado fino. Esto hace a los programas de pintura útiles para dibujar borradores a mano libre y crear imágenes de aspecto realista. Los programas populares de pintura de IBM incluyen PC Paintbrush y Publisher's Paintbrush.

Los programas de dibujo son útiles para crear dibujos simples o complejos que consisten en formas geométricas básicas y líneas rectas. Esto hace a los programas de dibujo muy útiles para ilustraciones técnicas, anuncios y logotipos. Los programas de dibujo más populares incluyen ¡CorelDRAW! y ¡Windows Draw!

Cómo Agregar Fotografías y Figuras a su Obra Maestra

Si tiene una fotografía o un dibujo en el papel y tiene el equipo correcto, puede convertir sus fotografías a versiones en pixeles. Para hacer esto, necesita un digitalizador o digitalizador que convierta la imagen en una serie de puntos y los almacene en un disco. También debe tener un programa de gráficos que acepte un digitalizador (por lo general, el digitalizador viene con un programa). Una vez que la imagen está en su sistema, puede editarla en su programa de pintura favorito.

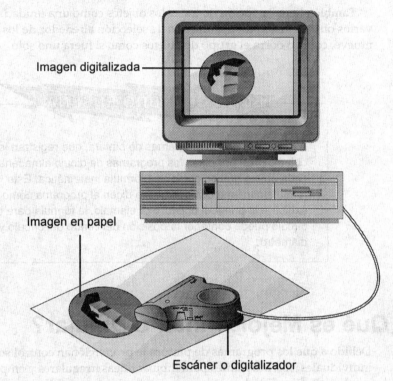

Imagen digitalizada

Imagen en papel

Escáner o digitalizador

Con un digitalizador, introduce imágenes de un papel a su computadora.

Lo Mínimo que Necesita Saber

Los gráficos pueden volverse tan complejos como desee. Con un programa avanzado de gráficos, crea dibujos realistas tridimensionales que se ven como las elegantes fotografías en el anuncio de una revista. Pero por ahora, sólo asegúrese de aprender los fundamentos:

☞   Un programa de gráficos de presentación de negocios le permite crear un audiovisual en la pantalla, un audiovisual de 35 mm, acetatos de retroproyector o folletos.

- ☛ Para crear un audiovisual, elija una plantilla que proporcione a la presentación un aspecto consistente, después agregue gráficas, imágenes y texto a cada transparencia.

- ☛ Las biblioteca de imágenes contienen imágenes preparadas que puede incluir en presentaciones y publicaciones.

- ☛ Un programa de pintura le permite crear bocetos a mano libre y otros dibujos complicados.

- ☛ En un programa de dibujo, usted ensambla formas para crear una ilustración.

- ☛ Los programas de dibujo se emplean para crear plantas de pisos, ilustraciones técnicas y otros dibujos que consisten en formas geométricas regulares.

- ☛ Si no tiene talento artístico, haga lo que yo: confíe en las bibliotecas de imágenes y adquiera un buen digitalizador.

**No, Este no es un error de impresión.
La página verdaderamente es blanca.**

Capítulo 13

Edítelo con un Programa de Edición por Computadora

Al Final de este Capítulo, Podrá:

☛ Colocar imágenes y palabras en la misma página.

☛ Hacer columnas de texto y colocarlas en una página.

☛ Hacer que el texto siga el contorno de las imágenes y crear sombreados que resalten el texto importante.

☛ Hacer sus propios folletos ilustrados y cartas de Navidad.

☛ Apretar y estirar imágenes para que entren en determinado espacio.

☛ Resaltar sus documentos con líneas y otras formas básicas.

Todos los días recibe un puñado de ellos por correo: folletos y volantes atractivos y llenos de color para todo, desde cubiertas de vinil hasta lecciones de judo. Estas maravillosas creaciones despiertan en su mente visiones de artistas trabajando durante horas con botes de pegamento, pegando cada letra e imagen exactamente en el lugar correcto antes de entregar la pieza a un impresor. Amigo mío, los programas de edición por computadora han echado al olvido esos días.

Con un programa de *edición por computadora* (Desktop Publishing o DTP) toma porciones de texto y gráficos y los distribuye en una página. Arrastra el texto y los gráficos en la pantalla, los deja caer donde desea y reordena todo a su voluntad. Nada de latoso pegamento, ni tijeras y, lo mejor de todo, sin cuentas exorbitantes del impresor.

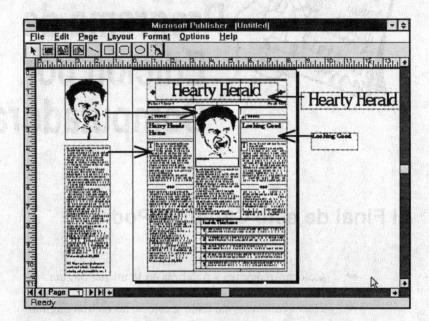

La edición por computadora integra el texto y las imágenes.

Miradas Vacías sobre Páginas Vacías

Cuando inicie un programa de edición por computadora, no espere que el programa se levante y le ofrezca ayuda (aunque algunos lo hacen). Obtiene una página en blanco, como con cualquier otro programa. Su trabajo es empezar a pegar pequeñas porciones de texto e imágenes en la página, igual que cuando elabora un collage. Aunque la página puede estar en blanco, verá varios elementos en la pantalla:

Tablero de pegado. Emplea el espacio en blanco alrededor de la página para almacenar en forma temporal extractos de texto e imágenes. Por ejemplo, si desea mover una imagen de una página a la siguiente, arrástrela fuera de la página y colóquela en el tablero de pegado. Cambie a la página en la que desea que aparezca la imagen y después arrástrela del tablero a la página.

Reglas. Las reglas horizontal y vertical aparecen en el perímetro del tablero de pegado. Las emplea para alinear el texto y las imágenes con más precisión. Algunos programas le permiten arrastrar las reglas a donde alinea los objetos.

Caja o barra de herramientas. Nueve de diez programas le proporcionan una barra de herramientas que contiene botones para introducir comandos de uso común. Por ejemplo, la barra de herramientas puede contener un botón para colocar una imagen en una página o dibujar una línea.

Menús desplegables. Emplee los menús desplegables para introducir comandos que no aparecen como botones o herramientas.

Botones de páginas. Los botones de páginas le permiten cambiar de una página a otra en su publicación.

Especificaciones de vista. En ocasiones necesita un panorama general de la página. Otras veces desea un acercamiento de cierta área. Los botones o comandos View le permiten obtener acercamientos o panorámicas de una página.

Cómo Incorporar el Texto

Aunque puede escribir el texto (por lo general dentro de una caja de texto) usando el programa de edición por computadora, puede ahorrar tiempo al escribir el texto primero en su procesador de palabras. Esto le permite usar las características avanzadas de su programa de procesamiento de palabras (tales como el verificador ortográfico y la búsqueda y sustitución) que no encontrará en algunos programas de edición por computadora. Después, importe el texto a su programa de edición por computadora.

Para importar texto, haga clic en un botón de caja de texto, arrástrelo al tamaño deseado y después introduzca un comando para importar un archivo de texto. Después que especifica la unidad, directorio y nombre de archivo, el programa inserta el texto en la caja.

Si el texto no entra en la caja de texto, una parte del texto puede no mostrarse o el programa le ofrece la opción de derramar el texto que no entre en otra caja de texto. En cualquier, caso no se preocupe si no puede ver el texto, todavía está ahí.

Cualquier programa de edición por computadora que se respete, emplea archivos creados por los programas de procesamiento de palabras más populares: WordPerfect, Word de Microsoft y WordStar. Si emplea un programa menos popular, guarde el documento en un archivo ASCII (un archivo de texto simple) en su programa de procesamiento de palabras.

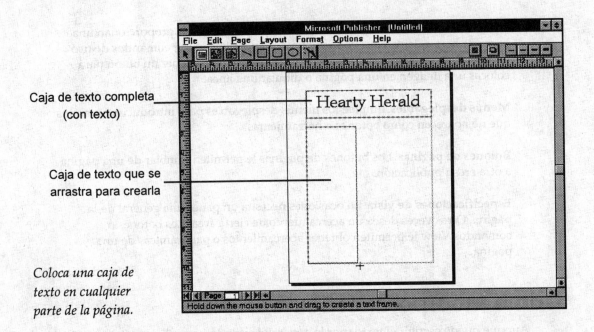

Caja de texto completa
(con texto)

Caja de texto que se
arrastra para crearla

Coloca una caja de texto en cualquier parte de la página.

Una vez que la caja de texto está en la página, la arrastra (para moverla), la estira para hacer más estrecha o más ancha una columna de texto. Cuando hace clic en la caja de texto, aparecen manijas rodeándola. Después, arrastra la caja de texto para moverla o arrastra una manija para redimensionarla. En programas que no emplean cajas de texto, controla la anchura de la columna de texto al cambiar los márgenes, igual que en un programa de procesamiento de palabras.

Además de estirar y mover una caja de texto, puede sombrear dentro de la caja, agregar una línea (*orilla*) a la caja o una sombra abajo, que haga que la caja se vea como si estuviera encima de la página. Es extraño, pero le encanta a los clientes.

Cómo Hacer que su Texto se Vea de lo Mejor

Cuando lleva texto a un documento, se ve bastante desaliñado, no se parece nada a las impresiones fantásticas de las revistas. Para darle vida al texto, debe *formatearlo*. Aquí esta una breve lista del formateo que puede aplicar a su texto:

☛ **Fuentes**. Una fuente es cualquier conjunto de caracteres del mismo *tipo de letra* (diseño) y tamaño de tipo (medido en puntos). Por ejemplo, Times Roman de 12 puntos es una fuente; Times Roman es el tipo de letra y 12 puntos es el tamaño (hay 72 puntos en una pulgada). Emplea fuentes diferentes para resaltar el texto o separar los encabezados del cuerpo del texto. Aquí están algunos ejemplos de fuentes:

Century Schoolbook - 18 puntos

O C R / B 10 puntos

Helvética 12 puntos

Times 9 puntos

☛ **Estilo**. A diferencia de las fuentes, que controlan la calidad esencial del texto, los estilos funcionan como el maquillaje del texto. Cuando aplica un estilo, la letra y el tamaño son los mismos, pero cambia el aspecto del texto. Algunos estilos comunes son:

Negrillas	*cursivas*	sombreado
Condensado	~~Tachado~~	Rayado
Superíndice^P	Subíndice$_B$	<u>Subrayado</u>
VERSALES		

☛ **Color**. Si tiene una impresora a color, coloree su texto para crear anuncios o folletos.

☛ **Alineación**. Puede centrar su texto, alinearlo a la izquierda o a la derecha o justificarlo por completo (para que se vea como una columna de periódico).

☛ **Interlineado**. Establezca el interlineado a espacio único, a doble espacio o en incrementos menores. Por ejemplo, si su currículum es breve, agregue dos puntos de interlineado entre todas las líneas. Confíe en mí, nadie lo notará.

☛ **Kerning** (interletraje). El kerning le permite disminuir el espacio entre dos caracteres. Por ejemplo, si escribe la palabra "Washington" parece que las letras de la sílaba "Wa" están más separadas que los otros pares de caracteres. Modifique el interletraje para quitar el espacio extra.

En la mayoría de los programas, aplica el formateo de fuentes al seleccionar el texto y después introducir el comando Font. Obtiene una caja de diálogo, como la que se muestra aquí, que le permite aplicar todo el formateo de caracteres a la vez. Para modificar el alineamiento del texto, interlineado o el kerning, por lo general tiene que introducir comandos adicionales.

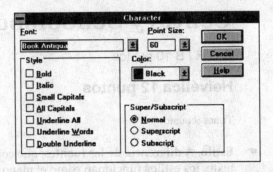

El autoservicio que contiene las fuentes.

Formateo Rápido con Estilos

Los programas de edición por computadora, al igual que los programas de procesamiento de palabras, emplean los estilos para simplificar la tarea de formatear el texto de su documento. Un estilo es un nombre asignado a un conjunto de especificaciones de formateo.

El primer paso al usar estilos es crear o copiar un texto ya formateado. Por ejemplo, haga un estilo llamado Título de Capítulo que tenga el texto en New Century Schoolbook de 24 puntos, itálico *cursivas*, con sangría de 5 espacios a partir del margen derecho.

Cuando esté preparado para escribir su siguiente título de capítulo, seleccione ese estilo de una lista. Cuando escribe su título del capítulo, éste aparece en New Century Schoolbook de 24 puntos, de cursivas, con una sangría de cinco espacios a partir del margen derecho.

Si después desea emplear un tipo de 36 puntos para todos los títulos de capítulo, en lugar de tipo original de 24 puntos, sólo edite el estilo. Todos los títulos de capítulo que formateó con el estilo aparecen de manera automática en tipo de 36 puntos.

¿Y los Gráficos?

Aunque dedicará gran parte de su tiempo a trabajar con texto, la verdadera fuerza de un programa de edición por computadora es que también le permite colocar elementos gráficos en la página. ¿Qué clase de elementos gráficos? Hay varios elementos gráficos que puede colocar en una página.

Si tiene un programa de dibujo o de pintura, elabore ilustraciones e impórtelas a su documento. Si considera que sus dibujos dejan algo que desear, algunos programas de edición por computadora vienen con una biblioteca de imágenes que puede emplear para mejorar sus publicaciones. También puede comprarlas por separado. Otra opción es capturar mediante digitalizador una imagen o fotografía de un papel, guardarla como un archivo e importarla a su documento. Consulte en el capítulo 12 más información sobre el empleo de gráficos en su documento.

Es posible que su programa de edición por computadora pueda usar archivos guardados en algún formato de archivo de gráficos estándar: .PCX, .TIFF y .BMP. Si su programa de edición por computadora no soporta un formato particular, no podrá importar un archivo guardado en ese formato.

Además de las imágenes que emplea de fuentes externas, algunos programas de edición por computadora tienen herramientas para dibujar figuras básicas como líneas, círculos y rectángulos. Estos objetos le proporcionan dispositivos visuales para dividir el texto en una página.

Importación de Imágenes de Biblioteca y Dibujos

Cualquiera puede arrastrar líneas y cajas por la pantalla para hacer más atractiva una página, pero esta resalta de verdad cuando tiene una buena imagen en ella.

Para colocar una imagen en una página, introduzca el comando Insert Picture o Picture. Este comando varía de un programa a otro. Obtiene una caja de diálogo que le solicita el tipo de archivo de gráficos que desea importar. Seleccione la unidad, directorio y nombre del archivo de gráficos que desea importar (tal vez también tenga que especificar el formato del archivo). Haga clic en el botón **OK**. El programa coloca la imagen en alguna parte de la pantalla.

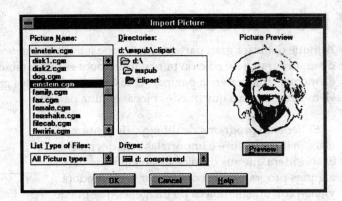

*Debe especificar cuál
imagen desea usar.*

Algunos programas de edición por computadora le permiten crear una caja de
gráficos y después importar una imagen en ella. Esto distorsiona la imagen. Por
ejemplo, si tiene una imagen de un hombre alto y delgado y la importa a una caja
baja y ancha, termina con una imagen de un hombre bajo y gordo. En otras
palabras, la caja hace al hombre.

Cómo Apretar y Estirar la Imagen

Cuando hace clic en una imagen, aparecen manijas a su alrededor. Después,
arrastra la orilla de la imagen para moverla o una manija para redimensionarla. Si
redimensiona una imagen y no desea efecto de distorsión, tiene que oprimir la tecla
Shift o Ctrl, mientras arrastra.

Cómo Colocar una Imagen en Algún Texto

Cuando coloca una imagen sobre algún texto, este tiene la sensatez de hacerse a un
lado. El programa hace que el texto envuelva la imagen. Sin embargo, en algunos
de los programas menos poderosos, debe introducir un comando para que el texto
envuelva una imagen.

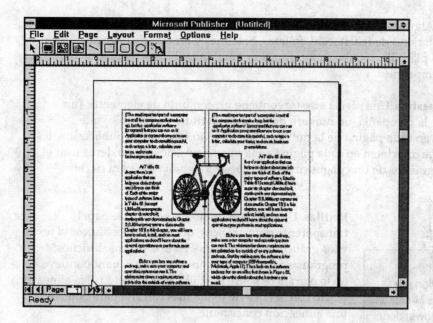

Cuando coloca una imagen encima del texto, este cambia de posición con el fin de abrir espacio para la imagen.

Cómo Apilar y Desapilar Objetos

Cuando coloca objetos en una página, eventualmente termina sobreponiendo los objetos, como un rimero de hot cakes. Con los hot cakes, no puede comerse el de hasta abajo a menos que quite los que están encima. Ocurre lo mismo con el texto y los objetos gráficos en una página. Si intenta hacer clic en un objeto que está en la parte inferior de la pila, termina seleccionando el objeto que está arriba.

Para llegar a los estratos inferiores, tiene que hacer clic en el objeto superior y después introducir un comando Send to Back (enviar hacia atrás), que le indica al objeto dónde debe colocarse. Algunos programas ofrecen incluso botones en la pantalla para facilitar el proceso.

Esquema o diseño de página (Page Layout) para minusválidos estilísticos

Muchos programas de edición por computadora ofrecen varias características que le ayudan a diseñar páginas y publicaciones que se usan con frecuencia con mayor consistencia y precisión:

Plantillas. Algunos programa vienen con *plantillas* para publicaciones comunes, tales como tarjetas de felicitación, folletos, boletines y tarjetas de negocios. Usted sólo abre la plantilla, escribe su información, cambia las imágenes que se usan en la plantilla e imprime.

Paginas maestras. Una *página maestra* contiene un conjunto de elementos (un logotipo de la compañía, un número de página, un título de capítulo) que aparecerán en cada página de la publicación. Cuando imprime la publicación, los elementos se imprimen en cada página en la misma posición. Si no desea usar el texto o los gráficos de una página maestra, puede inhabilitarlos para ciertas páginas.

Un programa de edición por computadora llamado Microsoft Publisher (para Windows) tiene una característica llamada PageWizard, que le conduce por la creación de diversas publicaciones. Usted elige el tipo de publicación (tarjeta de felicitación, boletín, tarjetas de negocios) y contesta algunas preguntas. El programa crea la publicación y usted la edita. Para los ineptos como yo, PageWizard es un regalo del cielo.

Rejillas. Una *rejilla* es como un pedazo de papel transparente para gráficas, que le permite alinear el texto y los gráficos con precisión, en una página. Muchos programas incluyen un ajuste a rejilla. Cuando mueve el texto o gráficos sobre la rejilla, esta característica alinea el objeto con la línea de rejilla más cercana para obtener una alineación consistente.

Programas de Edición por Computadora: ¿Son Todos Iguales?

Lo que hace diferente a un programa de edición por computadora de otro, es la cantidad y tipo de características que ofrece cada uno. Algunos programas son fantásticos para diseñar páginas únicas para folletos y boletines, pero no ofrecen las amplias características requeridas para publicar documentos grandes que contienen diseños de página repetitivos, por ejemplo, los libros.

Cuando analice los diferentes programas, decida el tipo de publicaciones que necesita producir. Si desea crear tarjetas de felicitación, curricula, boletines, tarjetas de negocio y otras publicaciones cortas, programas como PFS: First Publisher, Publisher de Microsoft y Express Publisher ofrecen suficientes características básicas para realizar el trabajo sin abrumarle con complejidad.

Para un trabajo más intenso, un programa como PageMaker, Ventura Publisher o Quark XPress le proporciona más características para refinar el aspecto de sus páginas.

¿Acaso Necesita un Programa de Edición por Computadora?

Si no desea invertir tiempo y dinero aprendiendo a usar un programa de edición por computadora, pruebe un programa de procesamiento de palabras con características completas, tal como WordPerfect, Word para Windows de Microsoft o Ami Pro. Estos programas de procesamiento de palabras avanzados soportan varias fuentes y estilos de tipos, le permiten importar gráficos, tener una vista previa de páginas y le proporcionan herramientas de dibujo de líneas para destacar sus documentos.

Aunque no tenga la misma cantidad de control sobre el texto y los gráficos que encuentra en un programa de edición por computadora, todavía puede realizar su trabajo.

Cuando compre un programa de edición por computadora, es mejor que elija uno que se ejecute bajo Windows de Microsoft. Estos programas le proporcionan más control sobre el texto y los gráficos.

Lo Mínimo que Necesita Saber

En este capítulo, aprendió mucho de la edición por computadora, incluyendo alguna información avanzada sobre tipografía. Aunque toda esta información es muy importante, algunos hechos son más importantes que otros:

☛ Los programas de edición por computadora permiten que se junten el texto y las imágenes.

☛ Aunque los programas de edición por computadora le permiten escribir texto y crear imágenes, su propósito principal es administrar el texto y los gráficos que se crean en programas de gráficos y de procesamiento de palabras que poseen características más completas.

continúa

☛ Cuando importa texto en la mayoría de los programas de edición por computadora, este se coloca en una caja de texto.

☛ Cuando importa una imagen a un programa de edición por computadora, aparece en una caja de gráficos.

☛ Cuando compra abarrotes, el empacador las coloca en una bolsa para abarrotes (o saco, dependiendo del lugar en que viva).

☛ Puede mover objetos en la pantalla, arrastrándola con la ratón.

☛ Guarda un grupo de especificaciones de formato como un estilo y lo emplea para aplicar los formatos con rapidez y consistencia.

☛ Algunos programas de edición por computadora exhiben una rejilla que le ayuda a alinear los objetos en una página.

☛ Si tiene un buen programa de procesamiento de palabras, no gaste su dinero en un programa de edición por computadora.

Capítulo 14

Cómo Marcar con un Modem: ¿Quién está ahí?

Al Final de Este Capítulo, Podrá:

- ☞ Marcar con su PC y un modem y conectarse gratis a un popular servicio en línea.

- ☞ Nombrar 10 cosas que ofrece la mayoría de los servicios en línea.

- ☞ Llamar a un servicio en línea y conseguir un periodo de prueba gratuito.

- ☞ Entender lo que significa la supercarretera de información.

- ☞ Entender lo que los tecnócratas de las computadoras denominan Internet.

¿Le gustaría practicar un juego de computadora contra un amigo en otra ciudad?, ¿consultar libros en la biblioteca mientras está sentado en su escritorio?, ¿saber las noticias o el clima o buscar un artículo de una enciclopedia al picotear en su teclado?, ¿solicitar artículos de un catálogo computarizado?, ¿o incluso transferir archivos de su computadora a la de un colega en cualquier parte del mundo? En este capítulo, aprenderá a hacer esto con su computadora, un modem y el software adecuado. Si ya conoce todo esto y desea consejos para comprar, instalar y hacer funcionar algún modem, pase al siguiente capítulo.

El Curso de Fracaso en Comunicaciones con Modems Patentado por Joe Kraynak

La mejor manera de aprender las comunicaciones por modems (telecomunicaciones) es practicarla. Enlácese a un servicio en línea y haga unas cuantas pruebas. Aprenderá con la práctica y se sentira más confiado (si llega a un callejón sin salida y necesita más información, consulte el capítulo 15, en donde se cubren otros aspectos técnicos). Esto es lo que debe de hacer para empezar:

1. Si necesita uno, adquiera un modem externo de 2400 a 9600 baudios compatible con Hayes, que conecta en la parte trasera de su computadora, sin destaparla. En el capítulo 15 aprenderá a comprar modems.

2. Adquiera un cable serial. Apague su computadora, conecte un extremo del cable serial en el modem y el otro en la entrada en la parte trasera de su PC. Ya que está en eso, conecte el modem a una toma de corriente.

3. Consiga un cable telefónico normal y conecte el modem al enchufe telefónico más cercano.

4. Levante el teléfono, llame a Prodigy (1-800-PRODIGY) y pida que le envíen gratis un equipo de membresía. Solicite la versión de Windows si tiene este sistema en su computadora; es más fácil.

5. Cuando reciba el equipo, encienda su computadora y el modem y pida que no ocupen la línea telefónica durante un rato.

6. Siga las instrucciones que vienen con Prodigy para instalar el programa, configurar su modem y registrarse en el servicio.

7. Practique hasta que comprenda cómo funciona. Entenderá con rapidez.

8. Si no le gusta el servicio, asegúrese de llamar a Prodigy y cancelar su membresía antes que termine su periodo gratuito de prueba de un mes.

Haga click en un botón para ver más

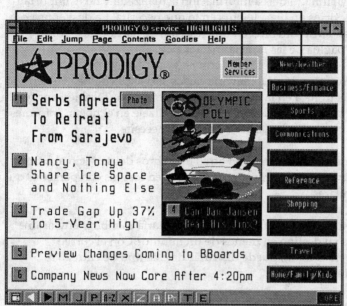

Cuando se conecta a Prodigy, obtiene las primeras planas de los diarios, un menú desplegable (en la versión de Windows) y algunos botones.

Servicios en Línea: ¿Para qué Tomarse la Molestia?

Una de las primeras cosas que hace la mayoría de la gente con un modem es conectarse a un servicio en línea, tal como Prodigy, CompuServe, Delphi, America Online o Dow Jones News Retrieval. Usted se suscribe al servicio (por lo general, por 10 o 15 dólares al mes). Obtiene un programa que le permite conectarse en forma local al servicio y accesar lo que este ofrece. Aquí están algunos de los servicios más populares disponibles en los negocios principales:

Modem son las siglas de MOdulador/DEModulador. Para enviar información, el modem **modula** (traduce) los datos de la computadora en una forma que pueda enviarse por medio de las líneas telefónicas. Para recibir información, el modem **demodula** la información que llega, traduciéndola a una forma que puede comprender su computadora.

Noticias, deportes y clima. Si desea información actualizada y no le importan las imágenes, los servicios en línea le ofrecen lo que necesita. La desventaja es que los periódicos en línea sólo ofrecen una fracción de las noticias: por lo general, la primera página de las noticias nacionales.

Herramientas de investigación. La mayoría de los servicios en línea vienen con una enciclopedia electrónica en la que consulta información. También encuentra datos médicos y de salud, información sobre aprendizaje en el hogar, informes de consumidores y cualquier otra información que necesite.

Conexiones con personas. "Platica" con otros miembros del servicio al escribir en su teclado, enviar correo electrónico o participar en fórums con personas que tienen intereses similares.

Correo gratuito, con entrega el mismo día. ¿Le gustaría escribir y enviar una carta y que llegara a su destino en menos de un minuto? Con el correo electrónico (se abrevia E-mail), puede disfrutar de este tipo de entrega a velocidad sorprendente.

Noticias financieras. Obtiene información del rendimiento de las acciones en sus inversiones o investiga una compañía en la que piensa invertir.

Compras en el hogar. Los servicios en línea se han asociado con compañías sedientas de hacer negocios con usted y que permiten realizar un pedido entre una lista de artículos con sólo oprimir algunas teclas (es casi demasiado fácil). Por supuesto, necesitará una tarjeta de crédito.

Noticias sobre viajes. ¿Piensa hacer un viaje a Trinidad o a Hong Kong? Conéctese a una agencia de viajes y con personas que han estado en esos lugares para saber lo que es atractivo y encontrar los mejores precios. Incluso, haga sus reservaciones de avión sin quitar los dedos de su teclado.

Cursos universitarios. Algunas universidades ofrecen cursos en línea. Por una tarifa, toma un curso y obtiene créditos universitarios.

Programas y archivos gratuitos. Carga programas y archivos (los copia del servicio a su computadora) mediante un modem. La mayoría de los programas son shareware: obtiene una prueba gratuita durante un tiempo, pero está obligado legalmente a pagar por ellos si los emplea más allá del periodo de prueba.

Material para niños. Si tiene niños, también pueden obtener mucho de un servicio en línea. Los niños pueden leer historias clásicas y artículos de revistas escritos para ellos. La mayoría de los servicios en línea también ofrecen juegos.

Servicios en Línea: ¿Cuánto Cuestan?

¿Cuánto cuesta todo esto? Cuando adquiera un servicio en línea, compare las tarifas de suscripción y considere las ventajas de cada servicio. Prodigy, America OnLine y CompuServe son los servicios en línea más populares.

Por ejemplo, Prodigy cobra una tarifa regular mensual (alrededor de 15 dólares) y le permite usar el servicio todo el tiempo que desee en el mes y enviar hasta 30 mensajes por correo electrónico. Los mensajes adicionales le cuestan 25 centavos cada uno. Los servicios especiales (tales como de viajes y financieros) también se cobran aparte. Prodigy es un servicio en línea orientado a la familia.

> Su modem es como cualquier otro miembro de la familia. Si está en línea, no puede usar el teléfono y nadie podrá llamar. Si desea emplear el teléfono mientras el modem lo usa, tendrá que llamar a la compañía telefónica y hacer que le instalen una línea aparte (de datos) con su propio número telefónico.

America OnLine tiene una tarifa estándar (alrededor de 10 dólares) por cinco horas al mes, y 3.50 dólares por cada hora adicional en cualquier momento del día o la noche. Envía todos los mensajes por correo electrónico que desea. America OnLine es un servicio de información en línea para la generación Yo.

CompuServe cobra 8.95 dólares por una conexión por tiempo ilimitado a muchos servicios básicos, incluyendo noticias, clima e información de negocios. El costo del correo electrónico varía según la longitud del mensaje y la velocidad de su modem. Tradicionalmente, CompuServe ha estado más orientado a aspectos técnicos y de negocios.

La primera vez que se conecte a cualquier servicio en línea, cuide su cuenta telefónica. Si emplea un modem para llamar a larga distancia, la compañía de teléfonos le cobrará las tarifas normales, así que no olvide esto cuando emplee su modem. Sin embargo, la mayoría de los servicios de información en línea le ofrecen un número local para enlazarse al servicio. Después, se comunica con otras personas, en otros estados, mediante la conexión local.

La Supercarretera de Información y la Internet

Si no ha escuchado los términos "supercarretera de información" e "Internet", ha estado en el limbo. Los medios de comunicaciones han saturado la conciencia nacional con estos términos, haciendo que nos preguntemos "¿de qué se trata?".

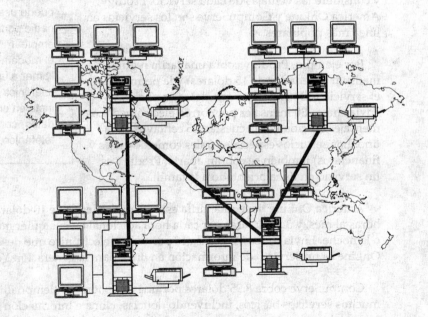

La Internet es una red de redes.

Para comprender la Internet, primero necesita saber un poco de redes (en realidad, muy poco). Una red es un conjunto de computadoras conectadas mediante cables especiales. Por ejemplo, una universidad o compañía grande con frecuencia tienen una enorme computadora (llamada *mainframe*) conectada a varias computadoras menos poderosas (llamadas *estaciones de trabajo*). Hay muchos cientos de estas redes en todo el país y en el mundo.

Ahora, suponga que se conecta a estas redes, ¿que obtiene? La Internet es un grupo de redes conectadas mediante líneas telefónicas. En otras palabras, la Internet es una red de redes. La Internet enlaza servicios en línea (Prodigy, CompuServe, America OnLine), computadoras universitarias en diferentes estados y países, computadoras gubernamentales, computadoras de empresas (tal como IBM) y otras computadoras y redes. Al conectarse a Internet, obtiene acceso a datos almacenados en esas computadoras y se comunica con otras personas enlazadas a Internet.

Pero espere, lo expliqué demasiado sencillo. La Internet es sólo el sistema de redes enlazadas más famoso. Hay otros. Entonces, si se enlaza a todos estos sistemas de redes interconectados, obtiene la supercarretera de información.

¿Para qué Sirve?

La Internet es buena para dos cosas: investigación y comunicaciones. Debido a que Internet lo enlaza con computadoras gubernamentales y de universidades, le da acceso a documentos gubernamentales sin clasificar, libros y revistas electrónicos, materiales de investigación (tales como la *Readers Guide To Periodical Literature*) y otra información que no obtiene con un servicio en línea.

Además, la Internet le permite comunicarse con otras personas por todo el mundo. Puede enviar mensajes en áreas de interés especial, leer mensajes e incluso encontrar a sus parientes perdidos (suponiendo que estén conectados a Internet). Y (esto me encanta) puede enviar correo electrónico a cualquier persona en la Internet (suponiendo que conozca la dirección de correo electrónico de la persona).

El nombre original de Internet era ARPAnet, debido a que la desarrolló la Agencia de Proyectos Avanzados de Investigación (Advanced Research Projects Agency o ARPAnet) en la Secretaría de la Defensa de Estados Unidos. La ARPAnet se inició como un proyecto experimental a mediados de los setenta para permitir que diferentes universidades y fuentes militares se comunicaran en un estado de emergencia nacional.

Cómo Enlazarse a la Internet

Antes de desplazarse por la supercarretera de información, tiene que encontrar una rampa de entrada, una forma de moverse por la Internet. Tiene varias opciones:

Servicios en línea. Si sólo desea usar la Internet para enviar y recibir correo electrónico, puede hacerlo mediante Prodigy, America OnLine y otros importantes servicios en línea. Cuando envía correo, escribe su carta y después introduce la dirección del correo en línea de la persona. Así se ve una dirección de Internet:

INTERNET: joekraynak@aol.com

La mayoría de los servicios en línea desarrollan en este momento maneras de conectar a sus suscriptores directamente a la Internet, para ofrecer más que correo electrónico. El servicio Delphi ya ofrece acceso a la Internet y le proporciona a un principiante la mejor manera de conectarse y practicar. Llame a Delphi al (800) 695-4005, para mayor información y un equipo gratuito para empezar.

Conexión permanente. Si su compañía o universidad tiene una red que es parte de Internet y su computadora está conectada a la red, tiene acceso a la Internet mediante la red. Esta es la manera más barata. Su administrador de red puede decirle si está conectado.

Servicio especial de Internet. Una de las maneras más practicas de conectarse con la Internet es mediante un servicio especial. Emplea su modem para enlazarse a la computadora del servicio, que es parte de Internet. Solicite en su tienda de computadoras o el grupo de usuarios local una lista de servicios.

Qué Esperar

Cuando se registra en Internet, no obtiene las bonitas pantallas de bienvenida de la mayoría de los servicios en línea. Cuando más (con Delphi) obtiene un menú de opciones que le ayudan a empezar. Elige una opción y ya está adentro. Sin embargo, puede adquirir software especial, incluyendo Gopher y WWW (Worldwide Web) que le ayuda a desplazarse por Internet y encontrar lo que busca.

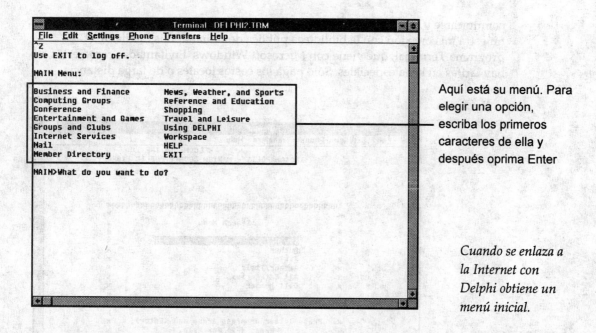

Aquí está su menú. Para elegir una opción, escriba los primeros caracteres de ella y después oprima Enter

Cuando se enlaza a la Internet con Delphi obtiene un menú inicial.

Tableros de Anuncios Locales y Profesionales

Si no quiere pagar una suscripción por un servicio en línea ni aventurarse en la Internet, puede conectarse a un tablero de anuncio local en forma gratuita o por una fracción del costo. No espere encontrar las fantásticas características de los costosos servicios en línea, pero el tablero de anuncios locales le permite compartir archivos con usuarios de la localidad, hacer contactos valiosos y obtener ayuda para los padecimientos de su computadora. Para enterarse de los tableros de anuncios locales, llame a diferentes distribuidores de computadora. Si ellos no conocen ningún tablero de anuncio local, tal vez sepan de algún club de computadoras en el que pueda preguntar. Puede incluso formar su propio tablero de anuncios.

Llamadas Persona a Persona

No tiene que suscribirse a un servicio en línea para comunicarse con otro usuario de computadora. Si tiene un amigo o colega y cada uno tiene un modem y un programa de telecomunicaciones (no es necesario tener el mismo programa) puede comunicarse y transferir archivos mediante líneas telefónicas. La imagen siguiente muestra mi conexión con la biblioteca pública de Indianápolis mediante el programa Terminal, que viene con Microsoft Windows. En llamadas como estas, no hay tarifas en línea especiales. Sólo paga los costos locales o de larga distancia normales.

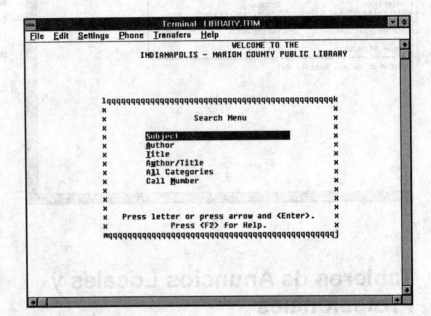

Con un programa económico de telecomunicaciones, se conecta a su biblioteca local.

Computación Remota

¿Le gustaría controlar la computadora de su oficina desde la computadora de su casa? Con un programa de computación remota puede conectar las dos computadoras, mediante modem, y usar un programa instalado en la computadora de su oficina para editar uno de los documentos almacenados en su disco duro. Si olvida traer un archivo a casa, simplemente llame a la computadora de su oficina y cargue (copie) el archivo de su disco duro.

Para aprovechar la computación remota, debe tener el mismo programa de computación remota ejecutándose en ambas computadoras. Estos programas incluyen Carbon Copy, PC Anywhere y Commute (que se incluye con el programa de utilerías PC Tools). La computadora a la que llama debe estar configurada para esperar su llamada. Después, llama a la computadora remota, establece la conexión y empieza a usarla.

Lo Mínimo que Necesita Saber

Al conectar su computadora a otras, adquiere el poder y recursos de otras computadoras en otra parte de su compañía, de la ciudad o del mundo. Cuando empiece a usar su computadora para comunicarse con el mundo, recuerde lo siguiente:

- ☛ La manera más fácil de aprender de comunicaciones con modem es registrarse en un servicio en línea y probar.

- ☛ La mayoría de los servicios en línea ofrecen noticias, deportes, clima, enciclopedias en línea, correo electrónico y programas gratuitos o de shareware.

- ☛ La mayoría de las personas emplean servicios en línea para enviar y recibir correo electrónico.

- ☛ La Internet es una supercarretera de información que le permite enlazarse con otras personas por todo el mundo y accesar datos almacenados de manera electrónica.

**¡Aha! Tratando de leer otra
página en blanco.**

Capítulo 15

Aspectos Técnicos de Modems: Compra e Instalación

Al Final de Este Capítulo, Podrá:

- ☛ Nombrar las tres cosas que necesita su computadora para comunicarse con otra mediante líneas telefónicas.

- ☛ Leer el empaque o anuncio de un modem y comprender lo que dice.

- ☛ Comparar las velocidades de dos modems y decir cuál es más rápido.

- ☛ Comprender el tipo de software que necesita para hacer lo que desea.

- ☛ Conectar un modem interno o externo y hacer que funcione.

Bien, lo admito, fingí un poco. Deseaba decirle todo lo bueno que puede hacer con un modem para que empezara a pensar que no puede vivir sin uno. Para mi conveniencia, no mencioné toda la información complicada de la compra, conexión e instalación del software necesario para un modem. Ahora que ya está interesado, pasemos a los aspectos difíciles.

Cómo Comprar un Modem

Antes de comprar un modem, necesita una breve lección de modemense, el lenguaje de los anuncios de modems. ¿Cree qué es una exageración? Entonces lea el siguiente anuncio, tomado de mi catálogo de computadoras favorito:

SupraFaxModem externo V.32 bis El SupraFaxModem V.32 bis ofrece comunicaciones de 14,400 bps con un rendimiento de hasta 57600 bps con otro modem que acepte compresión de datos V.32 bis y V.42 bis. Y, por supuesto, también mantiene compatibilidad hacia abajo con millones de modems V.32 de 2400 y 1200 bps que ya existen. Con cualquier software de fax que acepte comandos de fax clase 1 o 2, podrá enviar y recibir fax de alta calidad sin abandonar su escritorio. Incluye una pantalla de estado con 25 diferentes mensajes y software para DOS y Windows.

Si se siente abrumado, tranquilícese. Podrá traducir este galimatías cuando termine esta sección. Tómelo con calma y siga leyendo.

HABLE COMO SI SUPIERA

Dentro de su computadora está la madre de todos los tableros de circuitos, denominada la **tarjeta madre**. Este tablero contiene algunas aberturas llamadas **ranuras de expansión**, que le permiten agregar elementos a la tarjeta madre. Si compra un modem interno, debe conectarlo en una ranura de expansión. Después puede enlazar la línea telefónica al modem (el capítulo 24 le refiere más sobre tecnicismos, tales como las ranuras de expansión).

Dentro o Fuera: Modems Internos o Externos

Los modems vienen en dos tipos: *internos* y *externos*. Un modem interno es un tablero que se conecta en una ranura de expansión dentro de su computadora. Para emplear un modem interno, debe tener una ranura de expansión abierta en la tarjeta madre dentro de su computadora. Un modem externo se conecta en un puerto serial (un receptáculo) en la parte trasera de su computadora. Para emplear un modem externo, debe tener un puerto serial extra; si el ratón está conectado en su único puerto serial, tiene que desconectarlo y trabajar con el teclado cuando emplea el modem.

¿Qué es mejor? Los modems internos son más baratos, ocupan menos espacio y requieren sólo una conexión (la línea telefónica). Si tiene una ranura de expansión abierta dentro de su computadora, adquiera un modem interno. Los modems externos tienen un par de ventajas: son fáciles de instalar y la mayoría vienen con luces indicadoras que le muestran lo que sucede (y le ayudan a solucionar los problemas comunes).

Prefiera la Compatibilidad con Hayes

El modem Hayes, fabricado por una compañía llamada Hayes Technologies, ha establecido el estándar en el mercado de los modems. Los modems Hayes emplean un conjunto de comandos que le permite indicar al modem lo que desea hacer y cómo quiere operar (por ejemplo, para marcar el número 567-1234, debe introducir el comando ATDT de Hayes, seguido por el número telefónico). Este conjunto de comando se llama conjunto de comandos Hayes. Cuando se anuncia un modem como compatible con Hayes, significa que comprende los comandos de Hayes. Muchos programas de comunicaciones introducen por usted comandos Hayes, de manera automática. Asegúrese que el modem sea compatible con Hayes o tendrá problemas al ejecutar el software de comunicación más popular.

Obtenga un Modem Veloz

Los modems transfieren datos a diferentes velocidades, que por lo regular se denominan velocidad de baudios o bits por segundo. Entre más alta sea la velocidad de baudios, más rápido puede transferir datos el modem. Las velocidades de baudios comunes incluyen las siguientes: 1200, 2400, 4800, 9600 y 14,400. Aunque paga más por una razón de baudios más alta, ahorra tiempo y disminuye sus cuentas telefónicas al adquirir un modem más rápido. Los modems de 9600 bps son tal vez la mejor compra.

En el anuncio al inicio de este capítulo, habrá observado que el modem ofrecía *compatibilidad hacia abajo.* Esto significa que si conecta el modem de 14,400 bps con uno más lento (por ejemplo, 2400 bps), todavía pueden comunicarse. La mayoría de los modems son compatibles hacia abajo.

¿Cuál es la diferencia entre baudios y bits por segundo? *Baudio* es la cantidad máxima de veces que un modem puede cambiar la señal que envía, por segundo. Los *bits por segundo* se refieren a la cantidad de bits de información transferidos por segundo. Un modem puede enviar más de un bit de información para cada cambio en la señal eléctrica. Por ejemplo, un modem operando a 300 baudios puede transferir a 1200 bps. Si va a basar su compra en una comparación debe fijarse en las velocidades con base en los bits por segundo.

V.32 bis, V.42 bis y Rendimiento

Nada resulta más un anuncio de modem que alguna información abrumadoramente técnica sobre la compresión de datos V.32 bis. Usted lee eso y piensa "con compresión V.32 bis puedo hacer bastante". Estos modems comprimen los datos antes de enviarlos. Eso permite que un modem envíe más datos por segundo. El problema es que ambos modems (el que llama y el que recibe) deben usar el mismo estándar de compresión de datos para funcionar. Si sabe que va a comunicarse con otro modem que emplea un estándar de compresión de datos específico, asegúrese de obtener un modem con un estándar equivalente. Con los servicios en línea, no necesita preocuparse por la compresión de datos.

Y no permita que el término *rendimiento* lo confunda. El rendimiento es sólo una medida de cuántos datos puede transferir un modem bajo ciertas condiciones de velocidad y compresión de datos. Por ejemplo, en el anuncio mencionado, el rendimiento era de 57,600 bps. Eso significa que cuando el modem opera a la velocidad máxima de 14,400 bps, empleando la compresión de datos V.32 transfiere datos a 57,600 bps.

¿Emplear o no Emplear Fax?

Algunos modems, llamados fax modems, tienen la capacidad de enviar fax o de enviar y recibir fax. Igual que las máquinas de fax completamente equipadas, un fax modem le permite marcar un número y transmitir páginas de texto, gráficos y diagramas a una máquina de fax convencional o a otra computadora que tenga fax modem. El fax modem también puede recibir llamadas.

Compre con cuidado. Muchos fax modems sólo pueden enviar fax y no recibirlos. Si desea recibir fax, asegúrese que su aparato pueda hacerlo. Además, asegúrese que su modem acepte las máquinas de fax del grupo III clase 1 y 2. Casi el 90% de los fax en uso actual son de la variedad del grupo III.

¿Necesita Otro Enchufe para el Modem?

Si ya tiene un enchufe cerca de la computadora, pero su teléfono está conectado en él, no necesita instalar un enchufe adicional. La mayoría de los modems vienen con dos enchufes telefónicos: uno que se conecta al modem la línea telefónica de entrada y otro que conecta a su teléfono. Cuando no emplee el modem, use el teléfono de manera normal. Si su modem no tiene dos enchufes, compre en una tienda de electrónicos un conector telefónico divisorio que le permita conectar su teléfono y el modem en el mismo enchufe.

Si su computadora está lejos de algún enchufe telefónico, obtenga un cable telefónico largo o haga que le instalen un contacto adicional. Si sabe usar un destornillador y pinzas, podrá instalar el enchufe en menos de una hora.

Si tiene su modem y el teléfono en la misma línea, su modem intentará contestar el teléfono cuando suene (esto me vuelve loco). Para resolver el problema, puede comprar un interruptor de voz/datos que direccione la llamada a su computadora o a su teléfono. Si la llamada que entra contiene tonos altos para computadora, el interruptor direcciona la llamada a la computadora. Si la llamada es de un teléfono normal, su teléfono suena para que pueda levantarlo y hablar.

Cómo Instalar un Modem

La instalación de un modem varía dependiendo si es interno o externo. Con un modem interno, debe abrir la PC, conectar el modem en una ranura de expansión abierta y después enlazar el modem con el enchufe telefónico. Si es usted principiante, consiga ayuda de una persona experimentada o consulte los detalles en el capítulo 24.

Casi cualquier persona puede instalar un modem externo. Sólo necesita hacer tres conexiones:

Modem a puerto serial. Conecte el modem al puerto serial en su computadora usando un cable serial.

Modem a fuente de corriente. Conecte el cable de corriente del modem en un enchufe de pared o en una tablilla de corriente o regulador de voltaje.

Modem a línea telefónica. Conecte el modem al enchufe telefónico. Esto es igual a conectar un teléfono en un enchufe telefónico (tal vez desee conectar su teléfono al modem, como se muestra aquí).

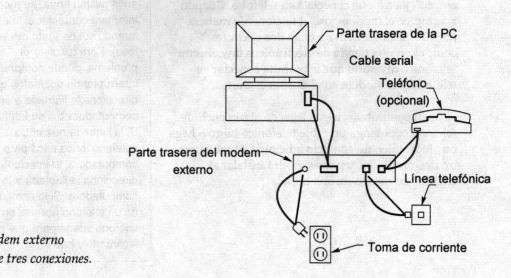

Un modem externo requiere tres conexiones.

Parte trasera de la PC

Cable serial

Teléfono (opcional)

Parte trasera del modem externo

Línea telefónica

Toma de corriente

Antes de Llamar

Antes que empiece a usar su modem, tal vez necesite algún software adicional. Para determinar el software que necesita, pregúntese que desea hacer con el modem. Los siguientes son algunos de los usos comunes para un modem y el tipo de programas requerido para cada uno.

Servicios de información en línea. Si desea conectarse en un servicio en línea (tal como Prodigy o America OnLine), debe comprar un programa especial y después pagarlo en precio de suscripción del servicio (por lo general, obtiene el programa gratis o a un precio muy bajo, debido a que en estos lugares lo que desean es que pruebe sus servicios). Busque en las revista sobre computadoras ofertas de periodos de prueba mínimos de servicios en línea o pregunte con su distribuidor local.

Juegos en modo de dos jugadores. Si tiene un juego, tal como Populus, que le permita el modo de dos jugadores mediante un modem, el programa ya contiene todas las herramientas que necesita para jugar por las líneas telefónicas. Consulte el manual del usuario que viene con el juego.

Transferir archivos entre dos computadoras o conectarse a un sistema de tablero de anuncios. Necesita un programa de comunicaciones. La mayoría de los modems vienen con un programa de comunicaciones simple. Si tiene PC Tools, Windows u otros programas integrados (véase el capítulo 18), deben venir con programas de comunicaciones. También puede comprar programas de comunicaciones avanzados, tal como ProComm Plus.

Computación remota. Digamos que tiene una computadora en el trabajo y una en su casa. Compre un programa de computación remota especial que le permita controlar su computadora en el trabajo desde su computadora en su casa y viceversa.

¿Qué es un **sistema de tablero de anuncios**? Un sistema de tablero de anuncios (BBS) permite a una computadora contestar en forma automática el teléfono cuando llama otra computadora. El BBS le permite que la computadora que llama copie archivos (**descargar** archivo) y que se copien archivos de ella (**cargar** archivo). Aunque puede comprar un programa BBS para configura su propio BBS, la mayoría de los usuarios trabajan con los BBS configurados por compañías de computadoras y asociaciones de profesionales.

Conozca sus Especificaciones de Telecomunicaciones

Si conecta su computadora a otra o a un servicio en línea, debe asegurarse que ambas computadoras empleen las mismas *especificaciones de comunicaciones*. De otra manera, pueden surgir errores durante la transferencia de datos. Por ejemplo, si un módem se comunica a 9600 baudios y el otro escucha a 2400 baudios es posible que se pierda alguna información. Las especificaciones de comunicaciones comunes incluyen las siguientes:

Velocidad de baudios. La velocidad a la que dos modems transfieren datos. La transferencia sólo puede tener la velocidad que permite el más lento de los modems. La velocidad de baudios se mide en bits por segundo (bps).

Puerto COM. La especificación del puerto COM le indica al programa de telecomunicaciones dónde buscar su módem. Esta especificación se aplica sólo a su computadora. Las especificaciones no tienen que ser iguales en ambas computadoras. Si recibe un mensaje que dice que el programa no encontró su módem, cambie la especificación del puerto COM.

Paridad. Prueba la integridad de los datos enviados y recibidos. La especificación común es None (ninguna) o No Parity (no hay paridad).

Bits de datos. Indican la cantidad de bits en cada carácter transmitido. La especificación común es ocho.

Bits de detención. Indica la cantidad de bits usados para señalar el final de un carácter. La especificación común es un bit.

Duplex. Le indica a la computadora si debe enviar y recibir datos al mismo tiempo (Full) o enviar o recibir datos pero no hacer las dos cosas al mismo tiempo (Half). La especificación común es Full.

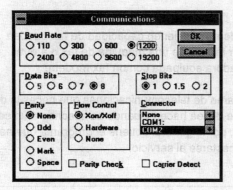

Cambia la mayoría de las especificaciones de comunicaciones por medio de una sola caja de diálogo.

Recuerde que las especificaciones de comunicaciones deben ser iguales en ambas computadoras. Una vez que las especificaciones están correctas, puede introducir un comando para que un modem llame a la otra computadora. El programa de comunicaciones marca el número y establece la conexión entre las dos computadoras.

Lo Mínimo que Necesita Saber

Los aspectos más difíciles de telecomunicaciones son elegir un buen modem y configurarlo. Una vez que tiene funcionando el modem por al menos un programa, el resto es fácil. Mientras aprende, recuerde lo siguiente:

☛ Para emplear un modem, necesita tres cosas: el modem mismo, un programa de comunicaciones y una conexión a su enchufe telefónico.

☛ La velocidad a la que un modem transfiere información se mide en bits por segundo.

☛ Cuando compre un modem, adquiera uno que transfiera datos a 9600 bps o más rápido.

continúa

☛   Los modems que tienen capacidad de fax pueden transferir fax a o de una máquina de fax o a otra computadora equipada con un fax modem.

☛   El programa de telecomunicaciones que necesita depende de lo que desea hacer. Cuando se suscribe a un servicio en línea, por lo general obtiene el programa que necesita para conectarse al servicio.

Capítulo 16

Cómo Registrar su Vida con un PIM

Al Final de Este Capítulo, Podrá:

- ☛ Reconocer un administrador personal de información (Personal Information Manager o PIM) cuando lo vea.

- ☛ Emplear un PIM para registrar citas, pendientes, contactos y proyectos.

- ☛ Emplear Windows Calendar para recordar reuniones programadas.

- ☛ Usar Windows Cardfile como un Rodolex computarizado.

- ☛ Proporcionar cuatro débiles excusas relacionadas con computadoras por llegar tarde a una reunión.

No sé cuál es su ocupación pero, en mi trabajo, la mitad de las personas portan unos libritos llamados planificadores Franklin. El planificador contiene un calendario, un detalle a dos páginas de cada día (lo que le permite registrar citas y tareas que debe cumplir), una agenda (para conservar nombres, direcciones y números telefónicos de sus contactos) y una sección al reverso que contiene todo tipo de información inútil, incluyendo un contador de calorías e instrucciones de cómo ejecutar una maniobra de Heimlich (no bromeo).

En lo personal, no me atrae mucho el planificador Franklin. Pienso que si tengo tantas cosas por hacer que necesito todo un libro para registrarlas, ya tengo suficientes problemas. Sin embargo, si tiene muchas citas y contactos y necesita registrarlos, un administrador personal de información computarizado puede ser la solución. Los creadores del planificador Franklin tienen una versión para PC, así que puede cargar su laptop en lugar de un libro.

Conozca un PIM

Hay varios PIM en el mercado. Mi favorito es Lotus Organizer. Como aprecia en la figura siguiente, el organizador está diseñado como un libro dividido en secciones:

No debe confundir un administrador personal de información (**Personal Information Manager** o PIM) con un asistente personal digital (Personal Digital Assistant o PDA). Un PIM es un programa que se ejecuta en su PC y le permite registrar citas, contactos y proyectos. Una PDA es una computadora portátil que emplea para hacer lo mismo que en una computadora. El PDA más famoso es el Newton de Apple, que se menciona en el capítulo 21.

To Do (pendientes) le permite tener una lista de las tareas que debe ejecutar y priorizarlas.

Calendar exhibe los días del mes. Cuando hace clic en un día, obtiene una lista de las citas para ese día. El calendario también le permite establecer alarmas que le avisen las reuniones próximas.

Address (dirección) actúa como la versión en papel de una agenda. Almacena nombres, direcciones y números telefónicos de familiares, amigos y asociados.

Notepad (Bloc de notas) son hojas en la que usted hace comentarios.

Planner (planificador) le permite registrar diferentes etapas de proyectos, vacaciones, reuniones y todo lo que se le ocurra.

Anniversary le permite registrar fechas importantes, incluyendo cumpleaños, aniversarios y días festivos.

Haga clic en un marbete para ir a él.   Calendar le muestra fechas y reuniones importantes.

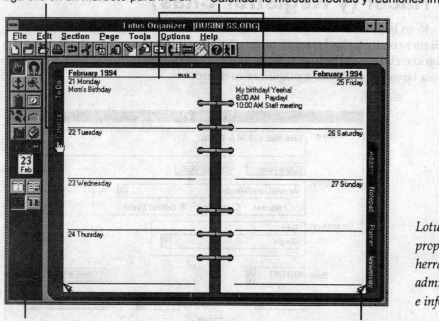

Lotus Organizer le proporciona varias herramientas para administrar su tiempo e información.

Arrastre elementos a la basura para borrarlos.   Puede cambiar páginas.

Además de estas características separadas, la mayoría de los PIM le permite establecer referencias cruzadas en las secciones para vincular toda su información. Por ejemplo, vincula una cita con el nombre y número telefónico de la persona con la que se reune y con algunos comentarios que conserva en su bloc de notas.

Si cree que un PIM es muy bueno, piénselo bien. Una vez que tiene un PIM ya no tiene excusas para llegar tarde a una reunión o para olvidar su aniversario de bodas. Si se mete en problemas, pruebe alguna de estas excusas nuevas:

☞ Se descargó la batería del reloj de mi computadora.

☞ Algún gracioso modificó la fecha que contiene mi computadora. ¡Estoy furioso!

☞ Lo siento, anoté la cita en mi otra computadora.

☞ ¿Aniversario? Pensé que era el *siguiente* viernes.

Cómo Hacer (y Registrar Citas)

Como vió en la sección anterior, los PIM vienen con un calendario para registrar citas. Si no necesita todas las otras características, tal vez sea suficiente un calendario en línea separado (OnTime, The Far Side Calendar o Cartoon-A-Day) cuya sola tarea sea ayudarle a planificar su tiempo.

```
┌─────────────────────────────────────────────────────────┐
│                    Modify a Message                       │
│                                                           │
│  Message:  Take Nick and Ali to Dentist                   │
│                                                           │
│            [ Add Note ]    [ Delete Note ]                │
│                                                           │
│  Category: Appointment/Meetings                    ▼      │
│            ○ Normal   ○ Holiday   ◉ Critical Event        │
│                                                           │
│  Frequency: Type:                                         │
│             Single                              ▼         │
│                                                           │
│      Date: 07/15/93                   [ Select Date ... ] │
│                                                           │
│      Time: 04:15p         Length: 01:00  [ Select Time...]│
│                                                           │
│          ☒ Alarm will ring  30   minutes before the       │
│                                  appointment time.        │
│                                                           │
│          [  OK  ]      [ Cancel ]       [  Help  ]        │
└─────────────────────────────────────────────────────────┘
```

Establece una cita al escribir la información relacionada.

Sin considerar el tipo de calendario que emplea, el procedimiento para introducir sus citas es básicamente el mismo. Abre el calendario, selecciona el día y la hora de la cita e introduce el comando para agregarla en el calendario. Después, obtiene una caja de diálogo como la que se muestra aquí, que le solicita que introduzca la siguiente información:

☛ **Message.** El mensaje le recuerda el propósito de la cita. También incluye un número telefónico para confirmar, el nombre de su contacto o una lista de artículos por llevar.

☛ **Category.** Algunos programas le piden que especifique una categoría, tal como cumpleaños/aniversario o cita/reunión.

☛ **Frequency.** Si tiene una reunión cada viernes a las 10:00, establezca la frecuencia en Weekly (semanal), para que no tenga que introducir la cita cada semana. El programa lo hace por usted.

☛ **Length or duration.** Para evitar planificar una reunión antes que termine otra, introduzca la longitud de la reunión (30 minutos, 1 hora, etc.).

☛ **Alarm.** Si desea que la computadora le recuerde las citas próximas, introduzca la cantidad de minutos de anticipación con la que desea ser notificado. El programa debe estar en ejecución para poder avisarle de su cita, así que no lo abandone. Tal vez desee configurar su sistema para que ejecute el calendario o PIM cuando inicie su computadora; consulte su documentación para saber cómo.

¿Hacerlo o no Hacerlo? Esa es la Cuestión

En otras épocas, mi vida era fácil. Escribía todo lo que tenía que hacer y guardaba la hoja en la bolsa de mi camisa. Cuando lavaban mis camisas, los restos del papel estaban ilegibles y yo tenía toda la libertad para hacer lo que quería. Ahora que tengo un administrador personal de información, se exhibe una lista de mis pendientes cuando ejecuto un programa y soy esclavo de eso. La lista se ve así:

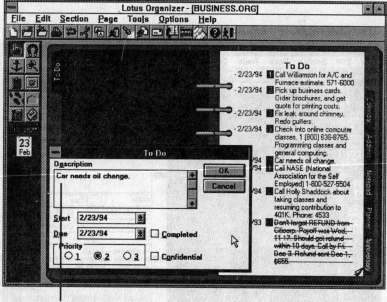

Agrega un elemento al escribir su descripción.

Una lista de pendientes puede estimularlo a que cumpla con sus tareas.

Para crear una lista de pendientes, sólo escriba descripciones de las tareas que debe ejecutar. Puede asignar prioridades a las tareas al moverlas hacia arriba o hacia abajo en la lista y eliminar una tarea terminada de la lista.

Cómo Registrar Amigos, Familiares y Contactos

Si tiene Microsoft Windows, ya tiene un programa de calendario. Abra la ventana Accessories y haga doble clic en el icono **Calendar**. No es fantástico, pero es barato.

Es muy probable, porque es humano, que tenga una ajada agenda bajo un montón de papeles en alguna parte de su escritorio. Gran parte de su contenido son nombres y direcciones. Y cuando busca un nombre o una dirección, ni siquiera sabe dónde buscarlo. ¿Lo listó por nombre, por apellido, por nombre de soltero?

Una agenda computarizada (que incluyen muchos PIM) soluciona este problema. Cuando borra un nombre o dirección, este desaparece y le queda un lindo espacio en blanco en el que puede introducir otra información. Y cuando desea encontrar una dirección o número telefónico, busca por nombre, apellido o incluso apodo.

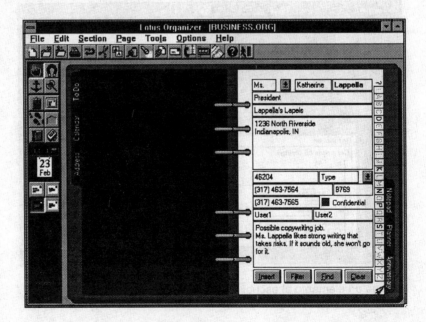

La agenda le permite incluir todo tipo de información sobre sus contactos.

Cómo Asegurar la Puntualidad con un Planificador de Proyectos

Si trabaja en proyectos que ocupan semanas, meses o años para completarse, un planificador de proyectos es una herramienta valiosa. Con él, marca los días inicial y final de cada etapa del proyecto o de cada uno de los proyectos en los que trabaja. Si necesita hacer malabares con sus proyectos, marque cada día en el que planea concentrarse en un proyecto específico. Cuando observa el planificador, obtiene una imagen general.

Si tiene Microsoft Windows, ya cuenta con una agenda prehistórica llamada Cardfile. Llena tarjeta de 3 x 5 con los nombres, direcciones y números telefónicos de sus contactos. Cardfile es el tarjetero.

Algunos programas sofisticados de administración de proyectos, tal como Microsoft Project, le permiten registrar los gastos, para que valore su tiempo y dinero. Lotus Organizer incluye el sencillo planificador de proyectos que se muestra en seguida.

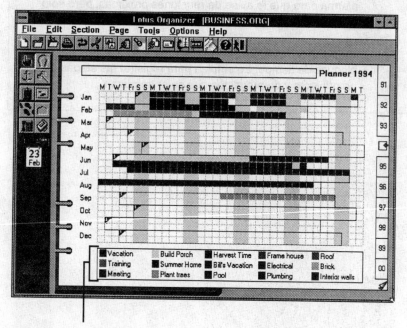

Esta clave le muestra lo que representa cada color.

Un planificador le muestra cómo va a gastar su tiempo.

Lo Mínimo que Necesita Saber

Los administradores personales de información, calendarios en línea y agendas pretenden hacer su vida más fácil, no más complicada, así que no se sienta abrumado por la información en este capítulo. Sólo recuerde lo siguiente:

- ☞ Un administrador personal de información registra sus citas, contactos y listas de cosas por hacer.

- ☞ No, no tiene que pagar impuestos por seguro social por un administrador personal de información.

- ☞ Si sólo necesita registrar citas y pendientes, tal vez ahorre dinero al comprar un programa de calendario en línea, en lugar de un PIM con muchas características.

- ☞ En la mayoría de los programas de calendario, activa una alarma para que le avise de reuniones próximas, pero sólo funciona si el programa de calendario está activo.

- ☞ Un planificador de proyectos le ayuda a administrar sus bloques de tiempo. Lo emplea para registrar las etapas de un proyecto y de proyectos que se entrecruzan.

Capítulo 17

Cómo Controlar su Dinero (y sus Impuestos)

Al Final de Este Capítulo, Podrá:

- Emplear su computadora para llenar e imprimir cheques y actualizar su saldo de manera automática.

- Registrar su flujo de efectivo, para estar seguro de cuánto sale y entra.

- Trazar el curso de su futuro financiero.

- Nombrar un par de buenos programas de contabilidad para negocios grandes y pequeños.

- Guiar su computadora para calcular sus impuestos.

Se suponía que el concepto de dinero iba a simplificar las cosas, que iba a ser más fácil intercambiar bienes. En lugar de cambiar una piel de zorro por carne de langosta, se podía vender la piel a alguien que la necesitaba y llevar el dinero a un restaurant y comprar su langosta.

En algún punto de la historia esto cambió. Ahora compramos y vendemos dinero, lo almacenamos en bancos y usamos cheques para recibirlo e incluso de nuestro salario retiran partes antes de que siquiera las toquemos. Para ayudarle a administrar su dinero en estos curiosos tiempos, puede emplear dos tipos de programas: programas financieros personales (o de llenado de cheque) y de impuestos.

Atención Personal de sus Finanzas

Si no desea ir a la quiebra tiene que atender usted mismo sus finanzas. Pocas personas disfrutan al calcular un presupuesto u obtener el saldo de una chequera. Sin embargo, los programas financieros personales ayudan a hacer estos trabajos menos dolorosos.

Con frecuencia, los programas financieros personales se denominan de *llenado de cheques*, porque su propósito principal es ayudarle a mantener balanceada su chequera. Sin embargo, estos programas se están diversificando. Algunos programas financieros personales se emplean para administrar las finanzas de un pequeño negocio y algunos otros (tal como WealthStarter) contienen herramientas para ayudarle a invertir su dinero con inteligencia.

Si busca un programa de llenado de cheques, pruebe Quicken, Quicken para Windows o Money de Microsoft. Puede ordenar por correo cualquiera de estos programas por menos de 50 dólares (hace poco vi Money en 20 dólares). Y si el programa evita que le reboten uno o dos cheques, se paga por sí mismo.

Llenado Automático de Cheques

El problema al llenar cheques es que tiene que introducir mucha información duplicada. Anota la fecha del cheque, el nombre de la persona o negocio al que está dirigido, la cantidad del cheque (en palabras y números) y unas frases indicando para qué es el cheque. Después, incluye la misma información en el registro del cheque. Si comete un error al copiar la cantidad del cheque a su registro, al fin de mes va a ser muy divertido obtener el saldo de su chequera.

Con un programa de llenado de cheques, su computadora introduce la fecha en forma automática. Usted introduce el nombre de la persona o negocio para la que elabora el cheque, la cantidad (sólo una vez) y unas frases diciendo para qué es el cheque. El programa pone por escrito la cantidad del cheque, introduce la información requerida en el registro y calcula el saldo nuevo. Esto elimina cualesquiera discrepancias entre lo escrito en el cheque y lo que aparece en el registro. También elimina los errores producidos por cálculos equivocados.

Introduzca el nombre de la persona a la que le escribe el cheque.

El programa introduce la cantidad del cheque en el registro y determina el saldo nuevo.

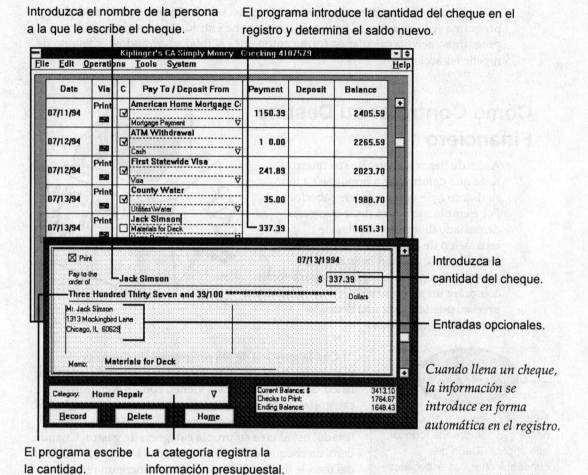

Introduzca la cantidad del cheque.

Entradas opcionales.

Cuando llena un cheque, la información se introduce en forma automática en el registro.

El programa escribe la cantidad.

La categoría registra la información presupuestal.

Cómo Obtener el Saldo de su Chequera en los Noventa

En otros tiempos, balancear una chequera era frustrante. Usted calculaba y recalculaba hasta que veía doble. Con un programa de llenado de cheques, sólo marca los cheques cobrados, los depósitos en el estado de cuenta bancario e introduce los costos por servicio. El programa cuida el resto, determinando el total de acuerdo con el registro.

Si el total en su registro no coincide con el del estado de cuenta bancario el programa se lo anuncia. Si tiene que corregir una entrada en el registro, el programa vuelve a calcular en forma automática el total, ahorrándole el tiempo de repetir las acciones.

Cómo Controlar su Destino Financiero

Antes de llegar a controlar sus finanzas, tiene que determinar a dónde se va todo su dinero (¿de verdad quiere saberlo?). Por ejemplo, no podrá decir que gasta demasiado dinero en cuentas de reparación de automóvil a menos que conozca con exactitud cuánto gasta. ¿Ahorraría algo si en lugar de reparaciones comprara un auto nuevo? Con la información precisa, puede tomar una decisión financieramente sólida.

Imprimir cheques suena bien hasta que comprende todo lo que implica. Tiene que conseguir cheques especiales que entren en su impresora y algunas impresoras requieren que imprima una página completa de cheques al mismo tiempo. Muchos usuarios siguen llenando cheques a mano. Emplean el programa de llenado de cheques para registrar los cheques, obtener sus saldos y administrar sus presupuestos.

Con la mayoría de los programas de finanzas personales, hace que el programa registre cada gasto por usted. Muchos programas vienen con un conjunto de categorías de gastos del hogar o de negocios que emplea para registrar sus transacciones. Si un gasto no está listado, usted crea su propia categoría de gastos. Cuando llena un cheque, especifica la categoría del gasto. Al final del mes, le indica al programa que genere un reporte presupuestal.

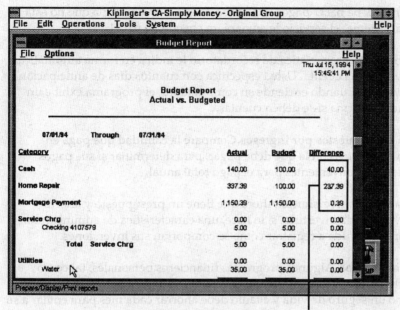

El programa compara los gastos reales con sus cantidades presupuestadas.

El programa le muestra si está por encima o por debajo del presupuesto en cada artículo.

Características Financieras Fantásticas

El llenado de cheques y los reportes presupuestales son las actividades cotidianas de cualquier programa financiero personal. Sin embargo, varios programas ofrecen características adicionales que tal vez le resulten útiles:

Entradas recurrentes. Si tiene una cuenta mensual que no cambia (un pago de hipoteca, renta o pago de utilerías presupuestadas), una característica de entrada recurrente puede ahorrarle tiempo y evitar errores. El programa emite el mismo pago cada mes.

Planificación de cuentas. Usted introduce la información para todas las cuentas que tiene que pagar en el mes y después marca las cuentas que desea pagar. El programa compara la cantidad total con su saldo actual para determinar si tiene suficiente dinero. En seguida, puede otorgar prioridades a sus cuentas.

Pago de cuentas electrónico. Si su computadora tiene un modem, pague sus cuentas sin escribir un cheque. Debe suscribirse a un servicio que le conecte con su compañía inmobiliaria, banco, compañía de servicios públicos y otros lugares donde deba hacer pagos. Si le debe dinero a una persona que no está conectada al sistema, el servicio le enviará un cheque de papel.

Recordatorio. Una característica de recordatorio le indica en forma automática cuando se vence una cuenta. Usted especifica con cuantos días de anticipación desea ser avisado. Cuando enciende su computadora, el programa exhibe un mensaje que le informa si se deben cuentas.

Estimación de impuestos por ingresos. Compare la cantidad que paga en realidad de impuestos con la que debe pagar, para determinar si sus pagos provisionales son convenientes para el pago total anual.

Administración de inversiones. Ahora que tiene un presupuesto y ahorra dinero, tal vez decida invertirlo. si lo hace, una característica de administrador de inversiones le ayuda a registrar cómo se comportan sus inversiones.

Consejos financieros. Algunos programas financieros personales, tal como WealthStarter, ofrecen consejos financieros para ayudarle a determinar si necesita o no un seguro de vida y cuánto debe ahorrar cada mes para enviar a su hijo a la universidad.

Cálculo de préstamo. Algunos programas financieros personales vienen con una calculadora de préstamos, que emplea para determinar los pagos de préstamos y de intereses. Usted introduce la cantidad principal del préstamo (cuánto dinero desea pedir), la tasa de interés anual y el plazo; el programa calcula el pago, cuánto se aplica al principal y cuánto paga de intereses.

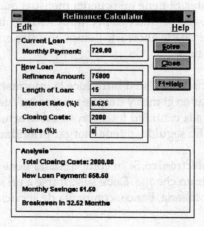

Esta calculadora de refinanciamiento le ayuda a determinar si sería conveniente obtener uno.

¿Impuestos? No los Necesitamos

Hablando de finanzas personales, también hay programas para calcular sus impuestos. Por ejemplo, en TurboTax introduce su nombre, la cantidad de dinero ganado, la cantidad de deducciones que declara y demás; el programa determina cuáles formas necesita llenar y cuánto dinero debe por impuestos federales o cuánto le deben a usted. Y, debido a que todas las formas están vinculadas, usted introduce una parte de información sólo una vez; TurboTax copia la información a las formas apropiadas. Por ejemplo, sólo introduce una vez su nombre y número de seguro social y este se coloca en la parte superior de cada forma y calendario.

Los programas de impuestos más populares incluyen TurboTax, RapidTax, Tax Cut, Easy Tax y CA-Simply Tax (que se muestra aquí). He calculado impuestos de ambas maneras y esta es la única que funciona. (Debido a que las leyes sobre impuestos cambian año con año, necesita obtener una copia actualizada del programa cada año. Calcule que va a gastar alrededor de 40 dólares.)

El programa se asegura que introduzca toda la información requerida.

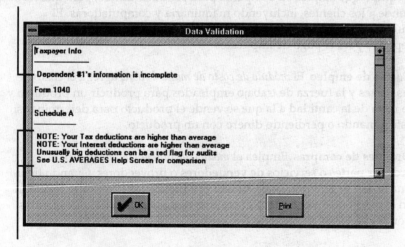

La mayoría de los programas de impuestos ejecuta una auditoría.

El programa le advierte de las posibles áreas de problemas.

Cómo Registrar los Ingresos y Egresos de un Negocio

Los programas de contabilidad son muy parecidos a los programas financieros personales; los dos tipos de programas ayudan a las personas a administrar dinero. Sin embargo, los programas de contabilidad son más sofisticados, debido a que deben manejar actividades de negocios complejas, incluyendo facturación, control de inventarios y pago de nóminas.

Para manejar las complejidades de un negocio, casi todos los programas de contabilidad emplean una serie de *módulos* interconectados, como los que se listan aquí:

- **Facturas**   Con el *módulo de facturas,* envía facturas a los clientes para indicarles cuánto le deben por los productos o servicios. El módulo de facturas le ayuda a registrar los pagos recibidos y está vinculado con el módulo de inventarios para que los artículos vendidos se resten del inventario.

- **Activos fijos**   El *módulo de activos fijos* le ayuda a registrar las máquinas y equipo que emplea su compañía para producir dinero, pero que no se vende a los clientes, incluyendo maquinaria y computadoras. El módulo de activos fijos ejecuta cálculos de depreciación y prepara reportes para el pago de impuestos.

- **Costos de empleo**   El *módulo de costo de mano de obra,* agrega el costo de las partes y la fuerza de trabajo empleados para producir un producto y lo resta de la cantidad a la que se vende el producto para determinar si está ganando o perdiendo dinero con un producto.

- **Ordenes de compras**   Emplea el *módulo de órdenes de compras* para ordenar partes o servicios de vendedores o proveedores. Cuando llena una orden de compra, cualesquiera productos que compra se registran en el modo de inventarios y el costo se deduce del módulo de cuentas por pagar.

- **Nómina**   El *módulo de pago de nómina* prepara e imprime cheques para sus empleados y elabora reportes trimestrales y anuales.

- **Cuentas por pagar**   El *módulo de cuentas por pagar* registra todos los cheques que elabora para vendedores por los productos y servicios adquiridos. También envía información necesaria al módulo de costos de mano de obra.

☛ **Cuentas por cobrar** Emplea el *módulo de cuentas por cobrar* para registrar todo el dinero que entra, incluyendo pagos de clientes, y para obtener saldos actualizados, pagos vencidos y costos financieros.

☛ **Libro mayor general** El *módulo del libro mayor general* actúa como administrador, asegurándose que la información introducida en un módulo se transfiera a otros módulos relacionados. Por ejemplo, digamos que envía una caja de artículos con una factura a un cliente. Cuando envía la factura, el libro mayor general notifica al módulo de inventario que se han retirado de él cierta cantidad de partes. A su vez, el módulo de inventario notifica al módulo de compras que necesita comprar más partes.

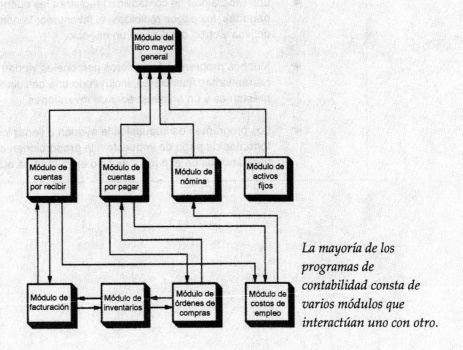

La mayoría de los programas de contabilidad consta de varios módulos que interactúan uno con otro.

Lo Mínimo que Necesita Saber

Ya sea un mago financiero o una persona normal que intenta mantener su solvencia, puede aprovechar los programas de llenado de cheques y de impuestos. Sólo recuerde los siguientes puntos:

☞ Hay dos tipos básicos de programas de administración de dinero: los programas financieros personales y los programas de contabilidad.

☞ Los programas financieros personales registran los ingresos y egresos y le ayudan a presupuestar su dinero.

☞ Los programas de contabilidad registran las cuentas pagadas, los pagos recibidos, el inventario, la nómina, los activos y otros detalles en un negocio.

☞ Muchos programas financieros personales vienen con herramientas financieras, incluyendo una calculadora de préstamos y un administrador de inversiones.

☞ Los programas de impuestos le ayudan a llenar los formatos de pago de impuestos, le proporcionan consejos para ahorros en el pago e incluso ejecutan una auditoría.

Capítulo 18

Lo Quiero Todo: Software Integrado

Al Final de Este Capítulo, Podrá:

☛ Indicar la diferencia entre una navaja suiza y un programa integrado.

☛ Emplear dos tipos de programas juntos para que funcionen con mayor eficiencia.

☛ Decidir si le conviene un programa integrado.

☛ Nombrar los tres paquetes de software más populares.

El *software integrado* es la navaja suiza de los paquetes de software. En un solo paquete, obtiene un programa de procesamiento de palabras, un programa de hoja de cálculo y/o base de datos, un programa de comunicaciones (para su modem) y un programa de gráficos (con frecuencia, por un precio de introducción bajo). En este capítulo, se enterará si le conviene tal programa.

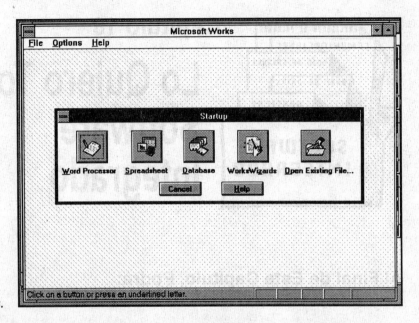

*Un paquete integrado
ofrece varios programas.*

Los nombres de los
programas integrados, por lo
general, terminan con la
palabra *Works*, *Suite* u
Office: Microsoft Works,
Lotus SmartSuite, Word
Perfect Office y PFS: First
Choice. Bueno, dije *por lo
general*.

¿Por qué Votar por la Integración?

Los programas integrados tienen tres ventajas básicas.
Primero, son fáciles de aprender. Todos los programas
en el grupo tienen un aspecto y operación consistentes,
haciendo fácil de aprender todos los programas. Una vez
que aprende a imprimir un archivo en un programa,
sabe imprimir en todos los demás.

Segundo, funcionan juntos. Los formatos de archivo
usados en cada programa son *compatibles*, por lo que
puede cortar y pegar datos de un archivo a otro. Por
ejemplo, corta una imagen creada en un programa de gráficos y la pega en una
carta creada en el programa de procesamiento de palabras. Eso no quiere decir que
todos los programas separados tengan problemas de compatibilidad. Muchos
programas separados (en especial los de Windows) son compatibles con otros en
cierto grado, pero antes que intente usar los programas juntos, asegúrese. Un
paquete integrado le ofrece tranquilidad.

Además, muchos programas integrados contienen versiones simplificadas de programas importantes. Quitan el material complicado, ofrecen las características de uso más frecuente. Por ejemplo, Microsoft Office viene con un procesador de palabras sencillo, una base de datos, una hoja de cálculo, un programa de dibujo y un programa de comunicaciones por 80 dólares. Con tal programa, obtiene con rapidez todas las características que necesita y paga una fracción de su costo agregado.

Por último (y tal vez lo más importante) los programas integrados son baratos. Recibe varios programas por el precio de uno o dos. Por ejemplo, Microsoft Office viene con un excelente programa de hoja de cálculo (Excel), un procesador de palabras (Word), un programa de presentación de negocios (PowerPoint) y un programa de correo mediante red (Mail) por 450 dólares. Está bien, relativamente barato. Si fuera a comprar Excel y Word solos, pagaría más de 600 dólares.

¿Por qué no Votar por la Integración?

La integración puede no ser la mejor solución para todo. Los programas integrados tienen algunas desventajas. Primero, en un paquete integrado, no obtiene todas las características avanzadas que consigue con un programa separado. Por ejemplo, el programa de procesamiento de palabras no tiene tantas características como uno que se compra aparte.

Segundo, tal vez no necesite algunos de los programas incluidos en el paquete integrado. Si no necesita un programa de base de datos o de hoja de cálculo, ¿por qué comprarlo? Si no requiere un programa de hoja de cálculo, pero necesita un programa avanzado de procesamiento de palabras para trabajar en libros o reportes, invierte mejor su dinero al comprar este último.

Cómo Cosechar los Beneficios del Software Integrado

Debido a que todos los programas en un paquete de software integrado trabajan como un equipo, por lo general, puede hacer más con ellos que con programas individuales. Las secciones siguientes le muestran diversas maneras en las que puede usar dos o más programas juntos para trabajar con más inteligencia.

Cómo Consultar Direcciones de su Agenda

La mayoría de los paquetes integrados incluyen una base de datos y un programa de procesamiento de palabras. Puede crear una base de datos para conservar los nombres y direcciones de todos sus familiares, clientes y contactos de negocios.

Cuando necesita escribir una carta a alguien cuyo nombre está en la base de datos, introduce códigos en la carta que obtienen las partes de información necesarias de la base de datos. Después, fusiona la carta y la base de datos para colocar en la carta la información especificada de la base de datos. Emplea la característica de fusión para crear una sola carta o para enviar cartas a todas las personas que desea en la base de datos.

```
John Smith
123 Main Street
Anycity, CA 92011

Mary Douglas
5555 Emerald Street
Sea Breeze, CA 92540

Joseph Flagenbaum
3 C Avenue, #304
Costa Verde, CA 93092
```

Base de datos

```
Dear <First> <Last>,
   Congratulations! The <Last> family has already
won $500 cash, a microwave oven, or a cordless
telephone. All you need to do is call 1-800-555-1234
to claim your prize.
   Imagine the surprise the residents of <City> will
feel when they hear that you have a unique oppor-
tunity to take advantage of this vacation resort. Over
a thousand other people in the state of <State>
have already taken advantage of this offer. Why not
call today?
```

Forma de carta

Fusiona su agenda con una carta para incorporar información de la agenda a la carta.

```
Dear John Smith,
   Congratulations! The Smith family has already won
$500 cash, a microwave oven, or a cordless tele-
phone. All you need to do is call 1-800-555-1234 to
claim your prize.
   Imagine the surprise the residents of Anycity will
feel when they hear that you have a unique oppor-
tunity to take advantage of this vacation resort. Over
a thousand other people in the state of CA have
already taken advantage of this offer. Why not call
today?
```

Cómo Integrar Hojas de Cálculo en sus Cartas y Reportes

Si trabaja con números, emplee la hoja de cálculo para que realice toda la digestión de números por usted. Si después necesita emplear los números para aclarar algo en una carta o reporte, puede tomar los números de la hoja de cálculo y ponerlos en su documento. Debido a que la hoja de cálculo funciona junto con el programa de procesamiento de palabras, no tiene que preocuparse por volver a formatear la hoja de cálculo o imprimirla en una página separada.

Cómo Enviar Cartas por las Líneas Telefónicas

Si tiene un modem y el paquete integrado viene con un programa de comunicaciones, usted puede elaborar una carta en el procesador de palabras y enviarla por medio del modem a un colega o amigo.

> **¡OOPS!**
>
> Para enviar una carta por modem, el destinatario debe tener una computadora con modem y éste debe estar encendido y en espera de recibir su carta. O puede enviar la carta por medio de un servicio de correo electrónico o un servicio en línea (consulte el capítulo 14).

Consiga que su PC Haga la Llamada

Algunos programas integrados tienen una característica de marcado de números telefónicos que puede trabajar con cualquier número exhibido en la pantalla. Para emplear esta característica, primero debe conectar un teléfono a su módem (regrese al capítulo 15 para consultar todos los enredosos detalles de comunicaciones por módem).

Emplee su base de datos de agenda para encontrar el número telefónico que desea marcar y después haga que el programa de comunicaciones marque el número mediante su módem. Cuando empiece a sonar el teléfono en el otro extremo de la línea, levante su teléfono.

Aclárelo con Gráficas

Si su programa integrado contiene un programa de procesamiento de palabras y un programa de graficación o diagramación, puede crear una carta o reporte en el programa de procesamiento de palabras e insertar una gráfica en cualquier parte del documento. Esto es muy útil para reportes de ventas, reportes de manejo de acciones anuales y otros documentos relacionados con negocios.

Dígalo con Imágenes

Si su paquete integrado viene con una biblioteca de imágenes y/o un programa de dibujo que le pemite crear sus propias imágenes, inserte una imagen en sus documentos para crear encabezados, boletines y tarjetas de negocios personalizados. Puede incluso agregar fotografías y atractivas orillas a su currículum para darle un toque personal.

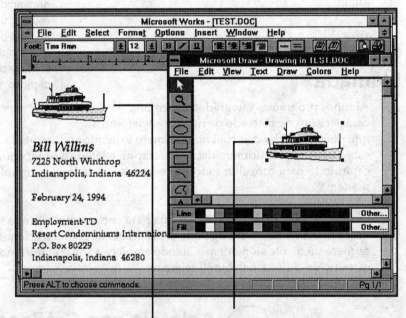

Combine imágenes con texto para crear publicaciones personalizadas.

Elabore un dibujo en el programa de gráficos, e insértelo en el documento.

Paquetes Integrados Populares y lo que Ofrecen

No todos lo paquetes integrados son iguales. Algunos tienen muchas utilerías y les falta todo lo demás. Otros contienen poderosos programas de procesamiento de palabras y hojas de cálculo, pero no contienen bases de datos o gráficos. La lista siguiente le proporciona información de algunos de los programas integrados más populares:

Microsoft Works for DOS Incluye un procesador de palabras con función de correo, una hoja de cálculo con gráficos de negocios, un administrador de base de datos con generador de reportes y un programa de telecomunicaciones. Puede trabajar con hasta ocho archivos en la pantalla a la vez.

Microsoft Works for Windows La versión de Works para Windows incluye los mismos programas que la versión de DOS y también ofrece un programa de dibujo. Además, el programa funciona en Windows, así que aprovecha los programas de pintura (Paintbrush) y telecomunicaciones (Terminal) de Windows.

PFS: First Choice Además de los programas usuales (procesador de palabras, base de datos, hoja de cálculo y telecomunicaciones), First Choice ofrece una herramienta gráfica, una calculadora y herramientas de administración de archivos que le permiten crear directorios y copiar, mover y borrar archivos con más facilidad que desde el indicador de DOS. La compañía que produce este paquete, Spinnaker, también ofrece un paquete integrado para Windows, PFS: WindowWorks.

LotusWorks Incluye los programas normales: procesador de palabras, base de datos, hoja de cálculo y telecomunicaciones. También ofrece un visor de archivos que le permite observar el contenido de un archivo antes de abrirlo. LotusWorks presenta vinculación dinámica de datos (dynamic data linking o DLL). Con DLL, puede insertar una gráfica en un documento y, cuando la actualiza, también se modifica la gráfica del documento.

PC Tools PC Tools se conoce mejor como un programa de utilerías (véase el capítulo 21). Sin embargo, PC Tools tiene un programa llamado Desktop Accesories. El programa integrado contiene una base de datos, un programa de procesador de palabras, un programa de telecomunicaciones, un conjunto de calculadoras, un programa de calendario, un portapapeles (para transferir datos entre documentos) y un editor de macros. Aunque no es el mejor programa integrado que se lista aquí, puede ser la mejor compra del grupo.

Ahora, muchas compañías ofrecen colecciones de programas avanzados. Por ejemplo, Lotus SmartSuite contiene varios productos de gran calidad de Lotus, incluyendo Lotus 1-2-3 (hoja de cálculo), Freelance Graphics (presentación de negocios), Ami Pro (procesador de palabra), Organizer (administrador personal de información) y Approach (base de datos), Microsoft Office y WordPerfect Office ofrecen conjuntos similares de programas avanzados.

Lo Mínimo que Necesita Saber

Una vez que conoce los programas individuales que forman un paquete de software integrado, no hay mucho que necesite saber. Por eso este capítulo es breve. Sin embargo, si considera comprar un programa integrado, recuerde la información siguiente:

☛ El software integrado ofrece tres beneficios principales: los programas individuales son fáciles de aprender, funcionan juntos y no son caros.

☛ El software integrado tiene dos desventajas importantes: el paquete puede incluir programas que no emplea y los programas individuales tal vez no sean tan poderosos como un programa comparable que se compra por separado.

☛ El software integrado le permite usar dos o más programas juntos para trabajar con mayor eficiencia, rapidez e inteligencia.

☛ Cuando adquiera un paquete integrado, compare los programas y herramientas que ofrece cada paquete.

Capítulo 19

Para lo que en Realidad Adquirió una Computadora: Juegos

Al Final de Este Capítulo, Podrá:

☛ Interpretar al héroe en un juego de acción/aventura.

☛ Correr Pinball, Tetris y otros videojuegos en su computadora.

☛ Fingir que es un capitán, un piloto e incluso un dios en un juego de simulación.

☛ Probar su mano en el golf, basquetbol, futbol o beisbol.

He visto que sucede. Familiares y amigos compran computadoras para "trabajar en casa" y "organizarse". Dos semanas después, me piden ayuda para instalar un bastón de mando y obtener una copia de Rebel Assault. La siguiente vez que los veo, tienen los ojos saltados y sus pulgares engarfiados. En este capítulo, conocerá los tipos de juegos que convierten hasta al trabajador más disciplinado en un fanático de los juegos de computadora.

Cómo Divertirse con Juegos de Computadora

En otros tiempos, "juego de computadora" era sinónimo de "juego de aventura". El programa le preguntaba lo que deseaba hacer. Por ejemplo, "Llega a una puerta,

¿ quiere entrar a la habitación o pasar a la siguiente?". Usted oprimía una tecla para elegir una opción y el programa describía las consecuencias de su selección.

Actualmente, los juegos de computadoras son más diversos y sofisticados. Seguro, hay juegos de aventuras, pero los nuevos juegos de aventura le permiten ver lo que sucede. Si busca un cuarto con armas, tal vez encuentre un hacha de combate en la pantalla. Si entra en una habitación y encuentra un monstruo de tres cabezas con mal aliento, lo ve en pantalla. Y los juegos de computadora no se limitan a las categorías de acción y aventuras como antes. Ahora obtiene juegos deportivos computarizados, juegos estilo Arcade e incluso juegos que le permiten planificar una ciudad o controlar el mundo.

Cómo Explorar con los Juegos de Acción/Aventura

Aunque recientemente los juegos de computadora se han hecho más diversos, los juegos de acción/aventura son los preferidos. En éstos, usted representa a algún héroe, tal vez Mario o Indiana Jones. Después, se le envía a alguna misión, tal como evitar que los nazis obtengan una nueva arma secreta o salvar un reino de la destrucción.

La imagen siguiente muestra Ultima VI, un popular juego de acción/aventura para computadoras IBM, PC y compatibles. En Ultima, usted interpreta a un héroe medieval semirretirado, dedicado a luchar contra el mal.

En Ultima VI, se reúne con algunos de sus viejos amigos para ayudar a Lord British a vencer al tirano Blackthorn.

Los Inteligentes Juegos Estilo Arcade

Además de los juegos de aventuras, obtiene juegos estilo Arcade para su computadora, incluyendo Pinball, Pac-Man y Super Tetris. Estos juegos tienen el mismo aspecto y sensación que sus contrapartes en los locales de viedeojuegos o de su Nintendo, aunque los controles que emplea para desplazarse en la pantalla pueden ser diferentes. Uno de los juegos estilo Arcade más popular adaptado para computadoras es: Super Tetris. En él, caen bloques del cielo y usted debe voltearlos mientras caen para acomodarlos, formando líneas.

Cómo Ejercitarse de Manera Virtual con Juegos Deportivos

Tal vez esté familiarizado con los juegos deportivos de Nintendo o Sega Genesis. Bueno, hay juegos similares disponibles para su PC. Por ejemplo, en Front-Page Sports Football (para la PC) y NFL Challenge, usted participa como el entrenador de su equipo favorito de futbol. Elige a sus jugadores, sus jugadas ofensivas y defensivas. Puede adquirir programas para casi cualquier deporte, tanto individuales, tales como golf y tenis, como de equipo, tales como beisbol y basquetbol.

Cómo Planificar una Ciudad

¿Alguna vez ha pensado lo que representa planificar una ciudad? En SimCity, usted lo hace porque los ciudadanos de SimCity lo eligen alcalde. Usted construye caminos y carreteras, atrae a los equipos deportivos profesionales a su ciudad y construye plantas industriales y áreas de recreación. Ve los efectos de sus decisiones en problemas como crímenes, contaminación e inflación. Si los ciudadanos de su ciudad están felices con sus decisiones, usted disfruta y observa mientras prosperan. Cuando se equivoca los ve partir, mientras lo dejan sin ciudad para gobernar.

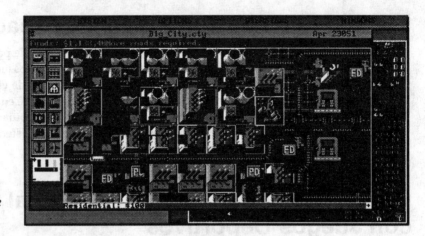

En SimCity, tiene que probar a desempeñarse como el alcalde.

Dispáreles con Juegos de Guerra

Ya sea que le guste pelear en aire, tierra o agua, encontrará un juego de guerra diseñado para usted. Por ejemplo, en Perfect General, se enfrenta al enemigo en diferentes batallas terrestres para probar su superioridad en hasta tres niveles de dificultad. En Aces of the Pacific, interpreta a un piloto de la Segunda Guerra Mundial, que ataca desde el aire. Para sobrevivir, debe volar y disparar mejor que el enemigo mientras él intenta defenderse desde tierra y aire.

Cómo Aprender a Volar con un Simulador

Además de juegos nuevos, puede emplear su computadora para los juegos clásicos como ajedrez, solitario, bridge y rummy.

Si alguna vez se ha preguntado lo que es volar un avión, enfrentarse con el panel de instrumentos dentro de una cabina o volar en formación, puede intentarlo con un simulador de vuelo. Por ejemplo, en Microsoft Flight Simulator, usted sube a la cabina de un Cessna 182 o un Gates Bussines Jet e intenta controlarlo. Despega de alguno de 118 aeropuertos diferentes, incluyendo O'Hare y Kennedy. Vuela sobre los rascacielos de Chicago, la Estatua de la Libertad o incluso sobre el puente Golden Gate.

Un simulador de vuelo lo coloca en la cabina de una aeronave.

Antes que Compre un Juego

Comprar juegos de computadora puede ser la actividad más frustrante que encuentre. La caja puede mostrar monstruos y naves espaciales. Cuando llega a casa, su pantalla exhibe monstruos que parecen una versión simplificada del anuncio. La mejor manera de comprar un juego es probarlo primero. Si no tiene esa opción, emplee la siguiente lista de comprobación:

☛ **Video.** Si tiene un monitor VGA o SVGA, asegúrese de que el juego soporte ese monitor. Si compra un juego que únicamente ofrece soporte CGA, las imágenes en pantalla se verán grotescas.

☛ **Sonido.** Si cuenta con una tarjeta de sonido, asegúrese de que el programa incluye sonidos y que soporte el tipo de tarjeta de sonido que usted tiene (consulte el capítulo 24).

☛ **Controles.** Algunos juegos no le permiten usar un bastón de mando. Si vuela con la aeronave más moderna, no le agradaría estar utilizando un ratón y el teclado (el capítulo 24 habla de los bastones de mando).

☛ **CD-ROM.** Debido a que los discos compactos almacenan muchos datos, los creadores de juegos agregan todo tipo de sonidos, animación y videoclips en CD-ROM para darles vida. Si tiene una unidad de CD-ROM, busque las versiones en CD de sus juegos favoritos (el capítulo 24 se enfoca a multimedia y las unidades de CD-ROM).

Lo Mínimo que Necesita Saber

Ahora que conoce algo para lo que es muy buena una computadora, puede sentirse ligado a otros usuarios de computadoras poco productivos. Cuando juegue, recuerde lo siguiente:

☛ Las computadoras deben su cada vez mayor popularidad al hecho de que proporcionan a los usuarios juegos de video.

☛ Las categorías de juegos para computadora incluyen estilo Arcade, de simulación, deportivos y de acción/aventura.

☛ No espere que el juego se vea en la pantalla como se ve en la caja en la que viene.

☛ Antes de gastar en un juego, asegúrese de que coincide con su sistema y de que su sistema coincide con el juego.

Capítulo 20

Cómo Aprender Algo de su PC

Al Final de Este Capítulo, Podrá:

☛ Nombrar algunos programas que ayuden a los niños a aprender lo básico.

☛ Emplear la computadora para aprender a mecanografiar y aumentar su velocidad y precisión.

☛ Emplear una computadora para ayudarle a aprender un idioma o dominar algún tema complejo.

☛ Transformar su computadora en un conjunto de enciclopedias, que cuenten con sonido y video.

☛ Aprender de otras personas al enlazarse mediante un modem.

¿Alguna vez ha oído del embudo de Nurnberg? Dice la leyenda que si pega este embudo a su oído se vierte conocimiento y comprensión a su cerebro. Según los medios de comunicación, usted puede comenzar a considerar a la computadora como el embudo de Nurnberg de los noventa. Si conseguimos que nuestros hijos opriman el teclado y vean la pantalla el tiempo suficiente, tendremos una generación de Einsteins.

Obviamente, esto les da demasiado crédito a las computadoras. Aprender cualquier cosa requiere esfuerzo, resolución de problemas y pensamiento crítico. En otras palabras, requiere trabajo y cerebro (que la computadora no puede proporcionarle). Sin embargo, la computadora sirve para presentar información, probar su conocimiento sobre un tema, brindarle retroalimentación y ayudarle a encontrar información. En este capítulo, obtendrá un panorama de las diferentes maneras en las que una computadora puede ayudarle a aprender y a enseñar.

Cómo Ayudar a los Niños a Aprender lo Básico

Antes de comprar un programa educativo, pregunte a sus hijos lo que desean. Llévelos a la tienda; ellos deben de probarlo antes de adquirirlo. Recuerde que los niños no aprenden de algo que no quieren.

Con el enfoque y software apropiados, puede emplear su computadora para ayudar a sus hijos (o a los hijos de otras personas) a aprender lo básico: lectura, escritura y aritmética. Muchos programas en el mercado les permiten a los niños aprender mientras juegan. Las secciones siguientes le proporcionan una pequeña muestra de lo que hay disponible.

El Primer Aprendizaje con Playroom

Playroom es un buen programa para niños en etapa preescolar, de jardín de niños y un poco más grandes, que no tienen experiencia con una computadora (los niños que conocen algo sobre computadoras pueden aburrirse).

Cuando el niño empieza el programa, entra en un cuarto de juegos, como se muestra en seguida. El niño no recibe instrucciones; depende de él explorar la habitación para saber lo que contiene. Cuando el niño hace clic en un objeto en la habitación, el objeto cobra vida o el niño pasa a otra habitación donde puede jugar y desarrollar habilidades como decir la hora, reconocer los números, encontrar cosas que hagan pares, contar, que se le narre una historia y recitar el alfabeto.

Con Playroom, su hijo tiene libertad para explorar.

Cómo Divertirse con la Lectura

Uno de los placeres más grandes de la paternidad es observar que los hijos empiezan a leer. Sin embargo, también es una experiencia muy frustrante, debido a que los padres no saben con exactitud el tipo de ejercicios que necesitan sus hijos y, cuando lo saben, no tienen la paciencia para practicar los ejercicios con la frecuencia necesaria. Para ayudar a esto, puede adquirir algunos de los muchos programas de lectura y de inclinación a la lectura para sus hijos.

Tres de los programas de lectura más populares en el mercado son Reader Rabbit, Reader Rabbit 2 y Reader Rabbit 3, que contienen varios juegos que ayudan a desarrollar las habilidades iniciales de lectura y escritura, incluyendo fonética. Por ejemplo, en Reader Rabbit 2, los niños practican cuatro juegos que les ayudan a adquirir y pulir sus habilidades de lectura. En un juego (el estanque fonético), el desafío es que los niños atrapen peces que coinciden con una regla fonética específica.

Aprendizaje de Geografía en los Noventa

Es probable que haya escuchado reportes de que el estudiante promedio de nivel preparatoria no puede señalar la capital de un país en un mapa (y de cómo el país va a fracasar por esa razón). Si a usted le preocupa que sus hijos no puedan señalar dónde está Washington o Bagdad, adquiera un juego llamado Where in the World Is Carmen Sandiego?

Carmen Sandiego hace divertido aprender geografía al tener que resolver un misterio. Al inicio del juego, Carmen o uno de sus agentes de V.I.L.E. cometen un crimen. Depende de usted resolver el crimen, encontrando y arrestando al criminal. Por todo el juego, recibe pistas de diferentes personas. Por ejemplo, una persona puede decir "vi al culpable alejándose en una limusina con una bandera roja y verde" o "la persona que busca cambió dólares a rublos". Usted debe hacer la conexión entre las pistas y el lugar en el planeta al que hacen referencia.

En Where in the World Is Carmen Sandiego?, aprende geografía al mismo tiempo que resuelve un misterio.

Cómo Dominar las Matemáticas

Casi todos los programas de matemáticas para principiantes en el mercado están diseñados para ayudar a los niños a contar, señalar igualdades y desigualdades y aprender las cuatro operaciones matemáticas básicas: suma, resta, multiplicación y división. Sin embargo, lo que hace diferentes a estos programas son los juegos que emplea para enseñar estas habilidades.

Aunque la mayoría de los programas comerciales de matemáticas se concentran en las matemáticas básicas para niños pequeños, hay programas para niños mayores. Por ejemplo, Alge Blaster Plus ayuda a niños de secundaria a pulir sus habilidades en álgebra.

Uno de mis programas favoritos es Math Blaster Plus, que ofrece cuatro juegos. Uno de los más interesantes hace que usted elija la respuesta correcta para el problema que se muestra en la parte superior de la pantalla. Para anotar, tiene que disparar al extraterrestre por la abertura correcta en la aeronave.

Evite la basura voladora.

En Math Blaster, anota puntos al elegir la respuesta correcta lo más rápido posible.

Apoyos en Cuestiones más Creativas

Además de programas de computadora, para casi cualquier materia académica que puede encontrar un niño, hay también programas para temas más creativos y menos académicos, tales como escritura creativa y arte. Uno de los programas más populares para ayudar a los niños a canalizar su energía creativa es Kid Pix. Kid Pix viene con varias formas y herramientas de dibujo que emplean los niños para crear sus propias imágenes y narraciones. Los niños también emplean el programa para elaborar sus firmas y tarjetas de felicitación.

Educación Continua y Universitaria

Los niños pequeños no son los únicos que aprovechan los programas educacionales. Los estudiantes universitarios y adultos que desean mejorar sus conocimientos también pueden aprovecharlos. En las secciones siguientes, conocerá programas que le ayudan a prepararse para pruebas, practicar la mecanografía, aprender un idioma extranjero e incluso a probar su conocimiento en cierto campo.

Cómo Prepararse para Pruebas Estandarizadas

Si está en la universidad o intenta ingresar, pasando un examen de oposición, necesita alguna ayuda para enfrentarse a esos exámenes. Hay varios programas en el mercado que puede emplear para prepararse en diversas materias. Una vez que trabaje con las preguntas muestra, se sentirá más cómodo y confiado cuando llegue el momento de efectuar el examen real.

Cómo Aprender a Mecanografiar

Si no sabe mecanografiar o su habilidad es limitada, adquiera un programa de mecanografía, tal como Mavis Beacon Teaches Typing o Typing Tutor. Estos programas le enseñan los fundamentos: dónde debe colocar sus dedos cuando no escribe y cuáles dedos deben oprimir cuáles teclas. Además, los programas de mecanografía tienen ejercicios que le ayudan a pulir sus conocimientos y a practicar con las teclas que se le dificultan.

Typing Tutor viene con un juego de mecanografía estilo Arcade. En este juego, caen palabras del cielo para destruir los edificios de su ciudad. Si escribe la palabra en forma correcta antes que toque un edificio, la destruye.

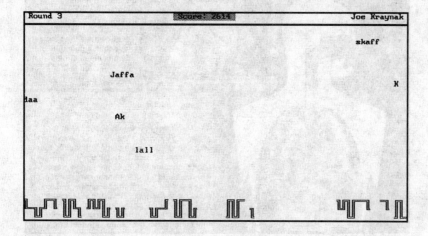

En Typing Tutor, aumenta su velocidad de mecanografiado mientras juega.

Cómo Aprender otro Idioma

Los idiomas extranjeros son difíciles y no puede dominar por completo un idioma a menos que converse con regularidad con personas que lo hablen con fluidez. Sin embargo, hay varios programas en el mercado que le hacen practicar el vocabulario, la estructura de enunciados, los tiempos verbales y otros fundamentos que necesita para adquirir fluidez.

Repaso de Ciencia y Tecnología

Debido a que la computadora se considera un descubrimiento importante en la ciencia y la tecnología, podría pensarse que hay varios programas en el mercado que le ayudan a aprender biología, química, física e ingeniería. Sin embargo, es sorprendentemente baja la cantidad de programas que existen para ayudarle con estas disciplinas.

Los programas más populares que encuentra y puede adquirir de Software Publishing Corporation son: AutoWorks, Chemistry Works, Bodyworks, Orbits y Computer Works. Estos programas emplean en forma increíble los gráficos y la animación como herramientas de enseñanza. Por ejemplo, en BodyWorks, el programa le muestra la anatomía en acción.

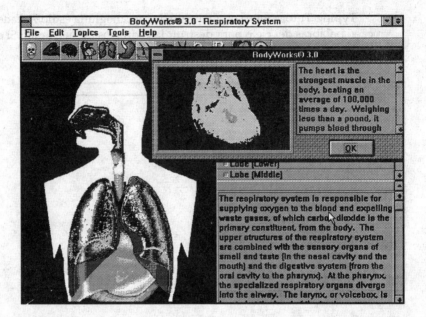

Con BodyWorks, observa los que ocurre en el interior de su cuerpo.

Enciclopedias en un Disco

¿Le gustaría tener un conjunto de enciclopedias de 26 volúmenes en un solo disco? ¿Enciclopedias que puedan tocar fragmentos de sinfonías de Mozart, mostrar imágenes a todo color en su pantalla y permitirle consultar un artículo con sólo escribir una parte de su nombre? ¿Qué le parecería un atlas mundial que le proporcionara una vista del planeta junto con la información de cada país? ¿O tal vez un libro sobre mamíferos que le permite escuchar el rugido de los leones y el chillido de los changos, así como observar el movimiento de los animales en su hábitat natural? Obtiene esto y más con un reproductor en CD-ROM y los discos correctos.

Por ejemplo, digamos que quiere aprender un poco más sobre la vida y la música de Wolfgang Amadeus Mozart. En otros tiempos, buscaba Mozart en una enciclopedia y después leía el artículo y observaba las imágenes. En lo relacionado con la música, la enciclopedia no servía. Con una enciclopedia de CD-ROM, introduce el disco en la unidad, elige Title Finder, escribe Mozart y oprime Enter. Aparece una lista de títulos, uno de los cuales es Amadeus Mozart.

Elige MOZART, Wolfgang Amadeus e inmediatamente aparece un artículo sobre Mozart. Hace clic en la palabra Picture y aparece una fotografía de Mozart. Hace clic en la palabra Sound y empieza a sonar "Eine Kleine Nachtmusik" en sus audífonos o bocinas.

Una Biblioteca de Referencias Completa

Si tiene que escribir para su escuela, negocio o por placer, es probable que emplee varios libros de referencia para ayudarle a desarrollar su trabajo. Por ejemplo, tal vez use un diccionario para consultar la ortografía y un thesaurus para encontrar sinónimos. Con Microsoft Bookshelf en CD-ROM, obtiene varios libros de referencias en un solo disco. Bookshelf contiene los seis libros de referencia para uso en el hogar, la oficina o la escuela:

- ☞ *The American Heritage Dictionary.* Contiene definiciones de más de 66,000 palabras. Para encontrar una definición, se elige American Heritage Dictionary del menú Definitions, escribe la palabra que desea buscar y oprime Enter. Ya no tiene que cambiar páginas.

- ☞ *Roget's II Electronic Thesaurus.* ¿Necesita otra palabra para "lazy (flojo)"? Sólo oprima Alt + E, escriba **lazy** y oprima Enter. El thesaurus le da una lista de sugerencias. También puede elegir una palabra de una lista para observar otra lista con los sinónimos de esa palabra.

- ☞ *1991 World Almanac and Book of Facts.* Este libro electrónico contiene todo tipo de información del mundo, incluyendo cifras de censos, cifras de censos económicos, cifras de empleo, historias extrañas, logros científicos de la década y mucho más.

- ☞ *Barlett's Familiar Quotations.* Si le gustan las citas mordaces de poetas, políticos famosos y otros visionarios, le encantará este libro. Además de ofrecerle las citas famosas de la versión en papel de este libro, la versión de CD-ROM facilita la búsqueda de citas, por autor o al usar una palabra de la cita.

Microsoft Bookshelf funciona con la mayoría de los programas de procesamiento de palabras. Puede ejecutar Bookshelf en el segundo plano y lo llama al oprimir las teclas Alt + Shift izquierda. Después de buscar una definición, sinónimo o cita, puede elegirla, copiarla al portapapeles y pegarla en el documento con el que está trabajando en ese momento en su programa de procesamiento de palabras.

☛ *Concise Columbia Book of Quotations*. Este libro ofrece 6,000 citas apropiadas para discursos y presentaciones. Las citas están organizadas por tema, así que puede consultar aspectos como guerra, ciudades e incluso convivencia.

☛ *Concise Columbia Encyclopedia*. Esta enciclopedia ofrece 15,000 páginas de artículos sobre temas históricos, incluyendo desde la mitología griega a la guerra Irán-Iraq.

Lecciones de Piano en la Pantalla

Una computadora puede ser el mejor lugar para aprender a tocar el piano. En lugar de tener que observar al instructor y después imitar sus acciones, observa la pantalla de la computadora y oprime las teclas.

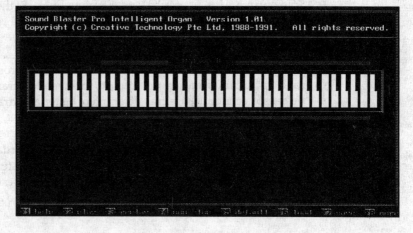

SoundBlaster Pro viene con un programa de enseñanza de piano que puede emplear el teclado de su computadora.

Uno de los programas de enseñanza de piano más populares es Miracle Piano Teaching System. Este paquete viene con un teclado de piano que se conecta en la parte trasera de la unidad de su sistema; también presenta su propia salida estéreo, por lo que no necesita un tablero de sonido separado para emplearlo. El Miracle Piano Teaching System ofrece 250 lecciones y le enseña a tocar más de 100 canciones.

No Olvide la Supercarretera de Información

Aunque este capítulo se concentró en programas educacionales, recuerde que los servicios de información en línea también proporcionan recursos para el aprendizaje. Puede tomar cursos universitarios en línea, buscar información en enciclopedias en línea, leer periódicos y artículos de revistas y conversar con personas muy inteligentes en todo el mundo.

Lo Mínimo que Necesita Saber

La computadora proporciona algunos recursos de aprendizaje maravillosos. Mientras explora el mundo del software y los servicios educacionales, recuerde lo siguiente:

☛ No imponga el aprendizaje basado en computadora a sus hijos. Los niños necesitan leer, jugar y experimentar la vida con sus altas y sus bajas.

☛ En el aprendizaje inicial, las computadoras ayudan a los niños a practicar tareas críticas y expresar su creatividad.

☛ Un programa de mecanografía le ayuda a aprender las habilidades básicas de mecanógrafía y aumentar su velocidad y precisión con prácticas y juegos.

☛ Hay disponible software que le ayuda a prepararse para efectuar exámenes comunes.

☛ Enciclopedias y diferentes materiales de referencia en discos compactos facilitan la búsqueda de información.

☛ Los servicios en línea le proporcionan muchos recursos para aprender e investigar.

☛ Con una computadora y una buena colección de software educativo, puede iniciar su propia escuela y frotar sus dedos mientras produce genios.

¡Esta página no!
¡Es aquella página, la de allá!

Capítulo 21

10 Programas para Personas Reales

...pítulo, Podrá:

...etas en su PC.

...a animación de un cumpleaños (si todavía no ha ...uficientes historias de cumpleaños).

...ogar.

...lista de películas estelarizadas por su actriz favorita.

...propio árbol genealógico.

...ropio testamento.

Bueno, ya cubrimos los estándares: los procesadores de palabras, las hojas de cálculo y las bases de datos. Ahora vayamos a la parte divertida. El mercado de software está saturado con programas especializados que le permiten hacer de todo, desde planear un programa de ejercicios hasta estudiar la Biblia. En este capítulo obtiene una muestra de los 10 programas más populares. Como premio, le daré una lista de 10 cosas inteligentes que puede hacer con sus programas "normales".

Cómo Cocinar con su PC

Se lo aseguro, su PC no puede picar cebolla o engrasar un pollo. Pero un programa adecuado le proporciona una base de datos repleta de deliciosas recetas y le permite organizar y buscar sus propias recetas.

El programa, Micro Cookbook, viene con más de 350 recetas para todo, desde sandwiches de pepino hasta albóndigas noruegas. Puede comprar discos adicionales (incluyendo Kid's Cookery, Breads and Spreads y Wok Cooking) que contienen muchas otras recetas y puede introducir las propias.

```
╔══════════════════════════════════════════════════════════════╗
║            S E L E C T   F R O M   I N D E X                  ║
╠══════════════════════════════════════════════════════════════╣
AMERICAN             EGG-FREE             JEWISH
APPETIZER            EGGS                 KIDS COOKERY
BAKED                ENGLISH              LAMB
BEEF                 ENTREE               LOW-CHOLESTEROL
BEVERAGE             FISH                 MARINADE
BREAD                FOOD PROCESSOR       MEAT
BREADS & SPREADS     FRENCH               MEATLESS
BREAKFAST            FRUIT                MEXICAN
BRUNCH               GLAZE                MICROWAVE
CALIFORNIA BEEF      GRAVY                MIDDLE EASTERN
CHEESE               GREEK                MILK-FREE
CHICKEN              HAM                  NATIVE AMERICAN
CONDIMENT            HAWAIIAN             NAVAJO
CREPES               HOLIDAY MEALS        NEW ENGLAND
DAILY BREADS         HOT BEVERAGE         OMELET
DESSERT              HUNGARIAN            ORIENTAL
DIJON                INDIAN               PASTA
DIP                  ITALIAN              PASTRY

Use Arrow Keys or Enter Selection & Return =>
SCREEN FULL                   [PgDn] to Proceed or [Esc] to Return to Main-menu
```

Seleccione la categoría de alimento que desea para observar un menú de ella.

POR CIERTO

Si tiene una unidad de CD-ROM, obtenga *Better Homes and Gardens Cookbook* o *The Lifestyles of the Rich and Famous Cookbook.* Ambos vienen con fotografías a color, música y videoclips que le muestran el aspecto de sus platos favoritos y su preparación.

Conservar sus recetas en una computadora le da varias ventajas. Por ejemplo, imprimir una copia de una receta cuando la necesite, así que no es necesario que vuelva a copiarla cuando la deja caer en la salsa. Micro Cookbook también calcula la cantidad de cada ingrediente que necesita agregar para la cantidad de personas a las que desea servir. Además, Micro Cookbook agrega en forma automática los ingredientes que necesita a su lista de compras.

Datos Deportivos

¿Cómo se gana en peleas de sumo? ¿Cuáles son algunas de las diferencias entre el fútbol américano y el canadiense? ¿De qué tamaño es un ring de boxeo? ¿Le interesa esto? Si es así, le alegrará saber que algún loco deportivo reunió a algunos genios de las computadoras para desarrollar un programa llamado SportsWorks. (Esta es una edición comercial de una base de datos deportiva, la cual es probable que se localice en alguna parte del Pentágono.) Este programa contiene todo tipo de información sobre deportes, desde gimnasia hasta fútbol americano profesional. Con él, conoce la historia, las reglas, las formas de cómo obtener puntajes, el equipo requerido y cualquier otro detalle de cada deporte.

Con SportsWorks, consulta todo tipo de datos deportivos.

Lo Ultimo en Experiencias sobre Nacimientos

Desde el momento en que nace su hijo hasta que éste llega a los tres años de edad, su vida se vuelve confusa. Tiene suerte si recuerda su propio nombre, mucho menos las primeras palabras que pronunció su pequeña princesa. Para ayudarle a registrar el desarrollo de su niño y sus datos médicos, adquiera un programa llamado B.A.B.Y. (Birth And Baby Years).

POR CIERTO

Si no desea ni necesita el enfoque que ofrece B.A.B.Y. y si quiere contar historias interesantes y divertidas de sus niños, considere elaborar su propio libro del bebé usando un programa de procesamiento de palabras. Escriba las historias e imprímalas, después inclúyalas con fotografías en un álbum familiar.

Este programa lo lleva desde los meses prenatales al nacimiento y más allá. Para ayudarle a recordar a Juanito cuando daba patadas en el vientre materno, el programa exhibe las diferentes etapas del desarrollo prenatal e incluso muestra una breve animación de la experiencia del nacimiento (sin dolor). De esa manera, puede mostrar a Juanito de dónde proviene (por medio de la computadora).

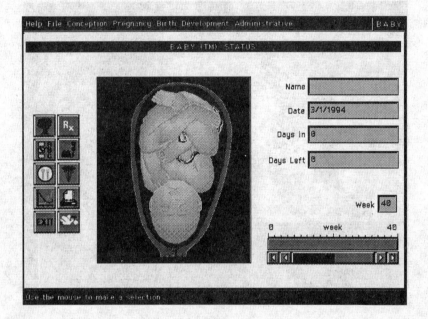

Con B.A.B.Y., registra la vida de su bebé.

Tenga cuidado al comprar un programa de decoración. Algunos son poco más que programas de gráficos pobremente diseñados. Asegúrese que el programa venga con muchos objetos predibujados que pueda colocar en la pantalla. Usted no tiene que dibujar todo ese material.

Decore el Hogar de sus Sueños

Para muchas personas, un hogar es... bueno... un hogar. Quieren que sea perfecto. Desean un baño de 100 metros cuadrados, completo con jacuzzi, y un techo que se abra para que puedan ver las estrellas. Desean tuberías para lavadoras y un sistema de aspiradora integrado, una alberca techada, closets de cedro en cada habitación, una cocina con piso para bailar y una estancia con techo de 4 metros de altura (desgraciadamente esto no es para todos).

Bueno, suponiendo que pueda permitirse su hogar soñado, hay varios programas que le ayudan a decorarlo. Dos programas, Design Your Own Home y The Home Series, ofrecen programas separados para decorar casas, interiores, jardines y hasta portales. Estos programas vienen con herramientas de dibujo sencillas y con formas predibujadas para objetos comunes como alacenas, muebles y árboles. Algunos programas también le permiten estimar costos y hacer listas de compra.

Información y Consejos Médicos Gratuitos

Algunos doctores no hablan mucho. Diagnostican sus enfermedades, le dan una receta y lo envían a casa. Usted nunca comprende lo que estaba mal o de qué manera ayudó la receta. Con Home Medical Advisor, obtiene la información que necesita con sólo oprimir una tecla. El programa le ofrece una biblioteca médica completa, incluyendo los siguientes volúmenes: síntomas, enfermedades, lesiones, envenenamientos, pruebas, medicinas de patente y referencias (una lista de doctores, hospitales y clínicas certificados). Para obtener la lista, debe enviar su tarjeta de registro del programa. La compañía le envía un disco. Aunque este programa no es un sustituto para una consulta, le ayuda a comprender lo que sucede y le hace recomendaciones cuando se trate de padecimientos menores.

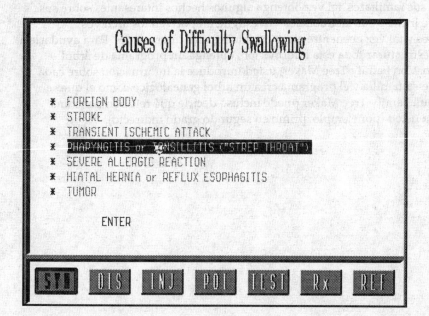

Con Home Medical Advisor, obtiene la información que necesita.

Para los Amantes del Cine

¿Le gustan las películas? ¿Tiene un actor, actriz o director favoritos? Si es así, imagine esto: digamos que es fanático de De Niro. Va a alquilar una película y desea ver una que no conozca. Ejecuta Banner Blue Movie Guide, le indica que busque por actor, escribe De Niro y oprime Enter. Se exhibe en la pantalla una lista de las películas de De Niro. Hace clic en el nombre de la película y aparece un resumen, que le dice la trama de la película, los otros actores en ella y quién la dirigió.

¿Suena fantástico? Si tiene una unidad de CD-ROM, funciona aún mejor; con Microsoft Movie Clips, obtiene toda la información sobre sus películas favoritas más breves videoclips de escenas famosas.

Sacudiendo su Arbol Genealógico

La mayoría de nosotros sabemos quiénes son nuestros padres y algunos tenemos la fortuna de conocer a nuestros abuelos. Más allá de eso, estamos perdidos. Si les pregunta a sus familiares, tal vez obtenga algunos hechos interesantes sobre sus bisabuelos e incluso sus tatarabuelos. Investigue un poco en los archivos convenientes y tal vez encuentre algunos detalles más interesantes. Para ayudarle a registrar y estructurar toda esta información, obtenga un programa de árbol genealógico. Con Family Tree Maker, usted introduce la información sobre cada miembro de su familia y el programa crea un árbol genealógico como el que se muestra aquí. Family Tree Maker puede incluso decirle qué relación tiene una persona con usted (por ejemplo, primo en segundo grado indirecto).

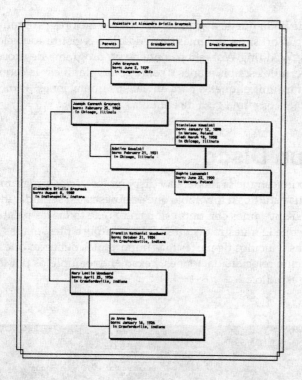

Family Tree Maker imprime árboles genealógicos que se pueden enmarcar.

Si le atrae la idea de registrar sus raíces, pero no sabe dónde empezar, suscríbase a algún servicio de línea importante, como se explicó en el capítulo 14. Puede participar en un foro de árbol genealógico y recibir consejos de personas más experimentadas. También puede buscar miembros que tengan el mismo apellido y enviarles un mensaje para saber si tienen parentesco (decídase a ser el lazo de unión familiar).

Cómo Planear su Boda

Nunca he planeado una boda, pero mis amigos me dicen que es el equivalente a intentar dirigir una ciudad. Tiene que programar la ceremonia, organizar las provisiones y la música, enviar invitaciones, solicitar flores y un pastel, organizar pruebas de vestuario, planear la asignación de asientos, controlar los regalos e intentar mantenerse dentro de un presupuesto (creo que la idea es hacer la boda tan traumática que el matrimonio parezca fácil).

Un planificador de boda puede ayudarle. Uno de los mejores programas en el mercado es Wedding Workshop. Además de ayudarle a registrar todos los detalles que se listaron antes, Wedding Workshop contiene un programa de procesamiento de palabras que le permite escribir planes y sobre cómo planificar la ceremonia y le da la capacidad de imprimir etiquetas para enviar sus invitaciones. También contiene consejos prácticos y una guía de etiqueta.

La Biblia en un Disco

Ya sea que estudie o investigue la Biblia, hay disponibles varios programas de ella para ayudarle con sus estudios. Holy Bible que se muestra en seguida, incluye la versión completa de King James con impresión en rojo de todas las palabras de Jesús, un calendario que le muestra eventos bíblicos importantes, mapas a todo color, escenas bíblicas, vínculos de partes más importantes del texto que le ayudan a encontrar información relacionada, planes y exámenes completos por lecciones para ayudarle en su estudio.

Holy Biblie en disco le ayuda a estudiar la Biblia.

Cómo Elaborar su Testamento

¿Planea morir en el futuro cercano? Bueno, al menos no desea que el Estado herede sus ahorros y propiedades. Y tampoco desea que su hija de 16 años se gaste los millones que herede. Para controlar su patrimonio después que muera, obtenga un programa que le ayude a redactar su testamento. Un programa muy popular, llamado WillMaker, le permite nombrar los beneficiarios y albaceas, designar un ejecutor, especificar cómo quiere que se paguen sus deudas y gastos e incluso cancelar los préstamos que haya hecho a parientes o amigos. Sólo ejecute WillMaker y le conducirá por una serie de preguntas. WillMaker emplea sus respuestas para completar el testamento.

Cómo Trabajar con lo que ya Tiene

Aunque los programas especializados que se analizaron son muy útiles, puede emplear programas de propósito general (procesadores de palabras, hojas de cálculo y demás) para usos especiales. He aquí 10 ideas ingeniosas:

Tarjetas de presentación. Si va a iniciar un negocio, emplee un programa de edición por computadora o de procesamiento de palabras para diseñar e imprimir sus propias tarjetas de presentación. Lleve su original a una imprenta para que se lo hagan en tarjetas.

Amortización de préstamo. Si va a comprar una casa o un automóvil o va a iniciar un negocio con un préstamo, emplee una hoja de cálculo para determinar cuánto de interés y cuánto de capital pagaría en distintos préstamos a diferentes tasas para diversos periodos.

Inventario del hogar o del negocio. Emplee una hoja de cálculo para registrar cada artículo que posee y su valor. Ese tipo de registro es muy valioso en caso de incendio o robo (suponiendo que el registro no se queme o cambie de dueño).

Contactos de clientes. Si tiene una base de datos, úsela para almacenar los nombres, direcciones e información sobre la cuenta que tiene con su cliente. Si no tiene una base de datos, puede utilizar un programa de procesamiento de palabras o de hoja de cálculo para registrar la misma información (asegúrese de crear una copia de respaldo de esta importante información, como se explica en el capítulo 27).

Currículum atractivo. Parece obvio el escribir su currículum en un programa de procesamiento de palabras. No es tan obvio el hecho de que lo adorne con imágenes y líneas. Todo lo que le da a su currículum un aspecto único le ayuda a venderse (en el buen sentido, por supuesto) en el competitivo mercado de trabajo.

Tarjetas de Navidad. En lugar de enviar las acostumbradas tarjetas de Navidad, considere elaborar su propia tarjetas de Navidad. Deje espacio para una imagen, pegue una fotografía en ese espacio y fotocopie la carta para hacer una distribución masiva. Puede incluso imprimir etiquetas de correo para todas las personas en su lista.

Inventario del hogar. Si tiene muchas cosas, emplee una hoja de cálculo para registrar los artículos que posee y su valor aproximado. Imprima la lista y almacénela en un lugar seguro, para utilizarla en caso de que lleguen visitas indeseables o de que haya un incendio. Si no tiene un programa de hoja de cálculo, emplee la característica de tablas en su procesador de palabras (asegúrese de crear una copia de respaldo de esta información y almacenarla fuera de su hogar).

Diario electrónico. Si le gusta recordar lo acontecido día tras día o quiere registrar sus ideas para la posteridad, considere llevar un diario en un disco. Puede adquirir programas especiales que le permiten proteger con una contraseña su diario, de ojos indiscretos.

Membrete. Si tiene su propio negocio, o le gustaría agregar un toque personal a su correspondencia, diseñe su papel membretado. Incluso agregue una imagen a su membrete para hacerlo más gráfico.

Calendarización del mantenimiento. ¿Tiene problemas en registrar el mantenimiento de su auto o de su hogar? Considere la elaboración de un calendario para el mantenimiento preventivo. Por ejemplo, un programa del mantenimiento del hogar puede indicarle cuándo necesita aspirar detrás del refrigerador, cambiar el filtro de aire en su horno y limpiar las cañerías.

¿Eso es Todo?

Si eso fuera todo, ¿lo hubiera preguntado? Por supuesto que no. Hay todo tipo de programas especializados en el mercado que le ayudan a hacer todo, desde administrar una funeraria hasta señalar los mejores lugares para apreciar ovnis. Si tiene una necesidad específica, llame a su grupo de usuarios de computadoras y pregunte. Si el producto todavía no está en el mercado, puede estar seguro de que alguien está desarrollando uno.

Parte III
La Guerrilla de la Computación

Alguien debe inventar un juego de video que le enseñe a emplear una computadora. En el primer nivel, entraría en una tienda de computadoras y adquiriría una por dos mil dólares. Un vendedor le daría información correcta y otro le mentiría para venderle una computadora obsoleta. Usted deberá salir de la tienda con la mejor computadora que puede comprar con su dinero. En el siguiente nivel tendría que aprender a emplear los comandos comunes del DOS para administrar sus archivos y ejecutar programas. En este nivel, también obtendría un programa y cierta documentación inútil. Tendría que aprender a usar el programa sin la documentación. En el nivel más alto, las cosas comenzarían a salir mal. Su computadora empezaría a acabar con sus archivos, olvidaría que tiene un disco duro y formatearía cualquier disco introducido en la unidad de discos flexibles. Usted tendría que imaginar cómo recuperar sus archivos y hacer que su computadora volviera a funcionar.

Escribí esta sección como una guía para este juego de video imaginario. Considérela como su guía de supervivencia frente una computadora. Aprenderá a: comprar una computadora, arreglárselas sin documentación, qué hacer cuando las cosas salen mal y cuidar su computadora. En resumen, aprenderá a efectuar una guerra de guerrillas en el mundo de las computadoras.

Parte III
La Guerrilla de la Computación

Capítulo 22

Compra de una Computadora: Cómo Gastar Mucho Dinero y Todavía Quedar en Bancarrota

Al Final de Este Capítulo, Podrá:

- ☛ Comprar una computadora que ejecute el software que desea.

- ☛ Comprender términos como "RAM", "486SX" y "multimedia".

- ☛ Comprender las diferencias entre un monitor SVGA, VGA y EGA.

- ☛ Indicarle al vendedor cuánta memoria desea para su computadora (en lugar de que el vendedor se lo indique a usted).

- ☛ Listar cinco cosas importantes que debe buscar en una laptop.

- ☛ Decidir si necesita un PDA (asistente personal digital).

He tenido muchas computadoras. He comprado dos y varias que me han comprado en el trabajo. Y he aprendido que lo único seguro de las computadoras es que ninguna de ellas es la máquina perfecta. Algunas no tienen la memoria necesaria para recordar incluso sus propios nombres. Otras son más lentas que las

Si le preocupa que la computadora que compra hoy se vuelva obsoleta mañana, deje de preocuparse. La computadora que compra hoy ya es obsoleta. Sólo asegúrese de que no sea absolutamente obsoleta. Imagine el sistema que desea y después planee gastar 500 dólares adicionales para obtener una versión más rápida con más memoria y espacio de disco. Comprar una computadora es igual que comprar una casa. Usted desea una computadora en la que pueda "crecer".

palabras de un monje budista. Y otras tienen el espacio de almacenamiento de una bolsa de mano. En este capítulo, le proporciono la información que necesita para evitar algunos errores que hemos cometido algunas personas al comprar computadoras. Le preparo para alguna de la terminología que escuchará y lo que significa y le digo cómo evitar algún equipo obsoleto.

Antes de Comprar

La primera vez que compre una computadora, véalo en perspectiva. Primero decida para qué desea usar la computadora y después compre una que pueda hacerlo. ¿Desea ejecutar los CD de multimedia más recientes? Entonces necesita una computadora con CD-ROM y una tarjeta de sonido. ¿Necesita ejecutar Microsoft Word for Windows? Entonces quiere una computadora que ejecute Windows y tenga un disco duro grande. En resumen, piense en el software que desea ejecutar, entérese de lo que necesita ese software para funcionar y después busque un sistema que pueda hacer el trabajo.

Aunque compre el software después que su computadora, lea algunos de las cajas en donde viene el software para tener una idea general de lo que requieren algunos de los paquetes más populares (o los que desea comprar). Haga una lista de los requisitos de hardware para cada programa, parecida a ésta:

Computadora requerida	IBM o compatibles
Procesador	80386
Sistema operativo:	MS-DOS o PC DOS 5.0 o mayor y Windows 3.1
RAM:	4 MB
Espacio en disco duro:	14 MB
Tamaño de discos:	5.1/4 pulgadas
Monitor:	VGA (con soporte para SVGA)
Ratón requerido:	Sí

El capítulo 28 lista los requisitos de hardware para muchos programas populares.

Cómo Obtener una Computadora con un Buen Cerebro

El microprocesador es el cerebro de la computadora. Configura y controla la red de comunicaciones que es su computadora. Los nombres de procesadores siempre aparecen como números, tales como 80386 u 80486 y con frecuencia se abrevian, igual que en la frase: "este bebé tiene un 486 con un disco duro de 300 megas". El nombre del chip, impreso en él y por lo general en la parte frontal de la unidad del sistema, le indica tres cosas:

La **estructura de datos por bus** determina la cantidad de información que un procesador es capaz de manejar en cualquier momento: 8 bits, 16 bits o 32 bits. Algunos chips tienen una estructura de datos por bus interna y externa que difiere según el número de bits que puedan transferir. La estructura de datos por bus **interna** se refiere a la cantidad de datos que puede procesarse dentro de la unidad principal. La **externa** se refiere a la cantidad de datos que puede transferirse entre la unidad principal y elementos periféricos, como las impresoras. Si ve una computadora que muestra dos velocidades (por ejemplo, 16/32 Mhz), las velocidades se refieren a la relación de transferencia de datos internos y externos.

Número de chip. El número de chip (por ejemplo 486) le indica lo relativamente avanzado que es. Un 286 es prehistórico; 386 va de salida; 486 es una buena oferta; y el Pentium es el mejor (el chip más reciente es el Power PC, del que hablaré más adelante).

Velocidad del chip. La velocidad del chip se mide en megahertz. Entre más alto es el número, más rápido procesa datos. Tenga cuidado: un 486 a 25 MHz procesa datos con mayor rapidez que un 386 a 33 MHz, porque el 486 es más avanzado. En general, sólo compare velocidades entre chips del mismo número.

Tipo de chip. Después del número de chip está una abreviatura, tal como SX o DX. DX es un paso hacia arriba del chip SX porque DX contiene un coprocesador matemático para calcular las cosas con más rapidez. El DX2 opera al doble de la velocidad del DX: por ejemplo, un DX2 a 33 MHz tiene una velocidad efectiva de 66 MHz.

Si desea un consejo, helo aquí. No considere comprar un 386 SX o cualquier 386. Además, debido al nuevo chip Pentium, las tiendas de computadoras ofrecen ofertas fantásticas con máquinas 486. En este momento, obtiene mucha potencia por un precio relativamente bajo.

El Chip más Grande y Reciente: El Power PC

Si está al tanto de la información de computadoras, uno de los temas más actuales es el Power PC. ¿Qué es? Es un chip: el más fantástico desde la aparición de las papas adobadas. El Power PC es un chip de microprocesador rápido, confiable y barato (la mitad del costo de un Pentium, el otro chip fantástico). El Power PC emplea una tecnología llamada RISC (computación con conjunto reducido de instrucciones) diferente de la CISC (computación con conjunto complejo de instrucciones). No tiene que ser un genio para saber que el RISC hace las cosas más rápido.

Las primeras computadoras con el chip serán las Macintosh, disponible en la primera mitad de 1994. Después de eso, las PC empezarán a usar el Power PC y tomará un poco de tiempo para que los fabricantes de software diseñen aplicaciones para el nuevo chip. Las actuales aplicaciones para el DOS y Windows se ejecutarán con el nuevo chip, pero sólo a la velocidad que funcionan en computadoras 486 actuales.

Gracias por la Memoria

Su computadora emplea memoria para almacenar instrucciones de programas y los datos que usted introduce (véase capítulo 4). Algunos programas requieren poca memoria para ejecutarse y no pueden emplear memoria adicional, incluso si la computadora la posee. Sin embargo, casi todos los programas pueden consumir toda la memoria que les proporcione y todavía desean más.

La memoria mínima que debe tener su computadora es 4 megabytes. Con menos, cualquier programa de Windows avanza más lento que una tortuga a mitad del verano. También, asegúrese de que puede agregar RAM (memoria de acceso aleatorio) si es necesario. Con muchas computadoras recientes, se agrega RAM con chips de memoria extendida y con tarjetas de memoria expandida. Asegúrese de que pueda agregar chips de memoria extendida en la tarjeta principal. Agregar memoria con una tarjeta es más caro que agregar chips, y la tarjeta de memoria es más lenta.

Algunas computadoras vienen con un *caché* de RAM. Este es un conjunto de chips de memoria rápida que se colocan entre la RAM normal (más lenta) y el microprocesador. El caché de RAM almacena instrucciones y datos que se usan con frecuencia, permitiendo que el procesador reciba las instrucciones y los datos con mayor rapidez. Una razón por la que un chip 486 es más rápido que un 386 es que un 486 tiene un caché incorporado.

Un Disco Duro: ¿De qué Tamaño?, ¿De qué Velocidad?

El tamaño de un disco duro se mide en megabytes (alrededor de un millón de bytes o un millón de caracteres). Un disco duro pequeño tiene alrededor de 80 megabytes. Los discos duros grandes pueden ser de más de 500 megabytes. El tamaño que necesita depende de la cantidad de programas que desea ejecutar, el tamaño de cada programa y cuánto espacio ocupan sus archivos de datos. Lea en las cajas del software para saber cuánto espacio necesita para sus programas. Agregue la cantidad de espacio que necesita para sus datos. Multiplique el total por 4. Lo mínimo a comprar está en el rango de 200 a 230 megabytes.

POR CIERTO

No compre un disco duro que almacene menos de 100 megabytes, tal vez lo lamente más adelante. Muchas computadoras vienen con discos duros de 80 megabytes, los cuales almacenan alrededor de 15 programas, más algunos archivos que usted elabore, si tiene suerte. Microsoft Windows requiere de 6 a 8 megabytes de espacio libre y no es raro encontrar un programa que requiera más de 20 megabytes.

Cuando adquiera un disco duro, no se concentre sólo en el tamaño. También compare velocidades. La velocidad se mide de dos maneras: tiempo de acceso y velocidad de transferencia. El *tiempo de acceso* se mide en milisegundos (entre menor es el número, más rápida es la unidad). Los buenos tiempos de acceso están entre 15 y 20 ms. La *velocidad de transferencia* es una medida de cuánta información puede transferir el manejador del disco a la memoria de su computadora, en un segundo. Una buena velocidad de transferencia está en el rango de 500 a 600 kilobytes por segundo (aquí, entre más alta es la cantidad, más rápido es el disco).

Tamaño y Capacidad de Unidades de Discos Flexibles

Una computadora debe tener al menos una unidad para discos flexibles, que le permita transferir programas y archivos de datos de los discos flexibles a su disco duro. En relación con los discos flexibles, fíjese en el tamaño y la capacidad:

POR CIERTO

Asegúrese de que hay lugar para una unidad extra de tal forma que pueda instalar otra unidad de discos flexibles después.

Tamaño del disco. La mayoría de las computadoras nuevas vienen con una sola unidad de discos flexibles de 3.5". Esto debe ser suficiente, a menos que emplee discos de 5.25" para compartir archivos con amigos o colegas o si tiene algunos programas en discos de 5.25". Estas unidades se están volviendo obsoletas, por lo que no compre una computadora que sólo tenga una unidad de 5.25".

Capacidad. Las computadoras nuevas vienen con unidades de alta capacidad. Debido a que pueden emplear discos de alta y baja capacidad, no hay una razón para que compre una unidad de baja capacidad. Una unidad de 3.5 pulgadas de alta capacidad se denomina una unidad de 1.4 MB (la de baja capacidad es de 720 K). Una unidad de 5.25 pulgadas de alta capacidad se denomina una unidad de 1.2 MB (la de baja capacidad es de 360 K).

CD-ROM: Información y Grandes Juegos

Los discos compactos de sólo lectura (Compact Disc, Read Only Memory o CD-ROM) son una tecnología de almacenamiento que emplea el mismo tipo de discos que se ejecutan en un reproductor de CD. Un solo disco almacena alrededor de 600 megabytes de información, que equivale a un conjunto completo de enciclopedias. Los CD también son reconocidos por su capacidad para multimedia. Por ejemplo, en el CD de mamíferos de *National Geographic*, puede leer sobre un chita, observar un video clip de los chitas corriendo y jugando e incluso escuchar sus rugidos.

Si cree que por ahora puede pasársela sin un CD, vuelva a considerarlo. El año pasado, las tiendas de computadoras estaban llenas con personas hambrientas de CD-ROM. Todas compraban equipos de actualización de multimedia (entre 600 y 800 dólares) para agregar una unidad de CD-ROM y una tarjeta de sonido a sus computadoras, y preguntaban cómo le podían hacer para conectarlos o si podían usar los equipos con sus computadoras. Si compra una PC con multimedia, paga menos por la capacidad de CD-ROM y no tiene que preocuparse por instalarlo.

Cuando compre, considere el tiempo de acceso de la unidad: el tiempo que necesita para recuperar información del disco. Las velocidades de la unidad varían de entre 350 milisegundos (.35 segundos) a 1500 milisegundos (1.5 segundos). Pagará más por la unidad más rápida, pero el tiempo que ahorra al esperar que la computadora accese a la unidad compensa el gasto extra.

Los Importantes Puertos

En la parte trasera de cada unidad del sistema hay conectores que le permiten emplear otro equipo. Una unidad del sistema normalmente viene con los siguientes puertos:

Puerto paralelo de impresora. Para conectar una impresora paralela.

Puerto serie o de comunicaciones. Para conectar un ratón, una impresora serie, un modem externo u otro dispositivo serie.

Puerto de monitor. Para conectar su monitor a la unidad del sistema.

Puerto de teclado. Para conectar el teclado a la unidad del sistema.

Algunas computadoras vienen con estos puertos adicionales:

Puerto de juego. Para conectar un bastón de mando (joystick) a la unidad del sistema. Muchos juegos de computadora funcionan mejor con un bastón de mando.

Puerto de ratón. Para conectar un ratón a su computadora. Aunque puede conectarlo a este puerto o al puerto serie.

Asegúrese de que su computadora tenga al menos 2 puertos serie o un puerto serie con un puerto para el ratón. Por otro lado, usted debe utilizar un puerto serie para conectar un ratón. Si después decide conectar otro dispositivo serie (como un modem externo), tendrá que instalar, primeramente, el puerto.

Cómo Planificar una Expansión

Una vez que desembolsa 2000 dólares por una computadora, lo último que desea considerar es gastar más dinero para mejorarla. Sin embargo, cuando compre una computadora, debe hacerlo. Las siguientes secciones listan algunas de las cosas que debe considerar.

Adiciones Internas con Tarjetas de Expansión

Todas las partes de una computadora se conectan a un gran tablero de circuitos llamado la *tarjeta principal*. La tarjeta principal contiene varias *ranuras de expansión* que le permiten aumentar la capacidad de su sistema al conectar tarjetas. Por ejemplo, inserta una tarjeta de sonido en un slot para conectar bocinas y un micrófono, o agrega un modem interno a su computadora al conectarlo en uno de los slots. Asegúrese de obtener una computadora con al menos cuatro slots de expansión disponibles.

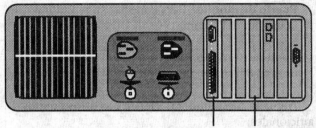

Busque en la parte trasera de computadora cuántas ranuras de expansión tiene disponibles.

Ranuras de expansión ocupadas   Ranuras de expansión disponibles

Espacio en la Unidad: Para Unidades de Discos Flexibles o CD-ROM

Algunas computadoras vienen con sólo una unidad de discos flexibles, pero contienen *espacios en la unidad* adicionales para agregar unidades después (por ejemplo, una unidad de CD-ROM, otra unidad de discos flexibles o una unidad de cinta para efectuar respaldo). Busque una computadora que tenga espacio para, mínimo, otras tres unidades: una para una unidad de 3.5", otra para una unidad de 5.25" y la última para una unidad opcional.

¡OOPS!

> Si el sistema utiliza algo llamado *memoria propietaria*, ¡cuidado!: para comprar chips de memoria tendrá que hacerlo al fabricante original del equipo (OEM de sus siglas en inglés). Esto puede costar una buena cantidad.

Cómo Agregar Memoria a su Sistema

No es suficiente saber que después pueda agregar memoria a su computadora; entérese de lo que necesita para agregarla. Debe poder agregar memoria en unidades de 1 megabyte conectando los chips (o los llamados *simms* —módulos simples de memoria en línea) en la tarjeta principal (el cual tiene un costo por megabyte). Si tiene que comprar una tarjeta de memoria y después agregar chips, terminará pagando más por megabyte y, por lo general, la memoria no será tan rápida.

No Todos los Teclados son Iguales

Los teclados se ven diferentes porque tienen un orden distinto y una cantidad diferente de teclas, pero no hay mayor diferencia entre ellos; todos ejecutan las mismas tareas. Lo importante es cómo siente las teclas. Algunas teclas hacen clic cuando las oprime, otras ofrecen cierta resistencia y otras más sólo se sienten suaves. Compre un teclado con el que se sienta cómodo.

Monitores: ¿Capta la Imagen?

Cuando compre un monitor, haga de cuenta que compra una televisión. Lo más seguro es que quiera que la imagen sea grande y clara. Además de estos puntos obvios, busque lo siguiente:

Color. ¿A quién le gusta una televisión en blanco y negro? Compre un monitor de color.

Tamaño. La mayoría de los monitores miden 14" o 15" en forma diagonal y pronto los monitores de 17" serán los más comunes. Los monitores más grandes de 20" o 21" son excelentes para edición por computadora y gráficos.

Resolución. Los monitores se clasifican por la resolución, expresada en puntos por pulgada (dpi). 640 x 480 dpi significa que la pantalla del monitor exhibe 640 x 480 puntos (o pixeles). Algunos incluso ofrecen 800 x 600 dpi o 1024 x 768 dpi. Entre mayor sea la resolución, más nítida será la imagen.

Densidad de puntos. La densidad de puntos es el tamaño de los puntos que forman la pantalla: .28 mm es bueno, .39 mm es regular, .52 mm es malo.

No entrelazado. Busque un monitor no entrelazado. Los monitores entrelazados tienen un destello imperceptible que lastima los ojos. Los monitores no entrelazados no destellan.

Base inclinada/giratoria. Usted debe poder mover su monitor para mayor comodidad, así que asegúrese de que la base se pueda ajustar con facilidad.

Pantalla plana. Muchos cinescopios de monitores son curvos, por lo que producen cierto reflejo. Busque una pantalla plana.

Antirreflejante. Algunos monitores están construidos para evitar los reflejos. Con otros monitores, tiene que comprar una pantalla especial antirreflejante, la cual se coloca frente al monitor, pero puede ser molesto.

Estándar sueco MPR II de emisiones bajas. Si le preocupa que el nivel mínimo de emisiones de su PC le produzca problemas de salud, asegúrese de que el monitor cumpla el estándar sueco MPR II de emisiones bajas.

Cuando compre un monitor, asegúrese de que su resolución coincida con la de la tarjeta de gráficos dentro de la unidad del sistema. Si tiene un monitor de alta resolución con una tarjeta de baja resolución, obtiene baja resolución (si los compra juntos, no tiene que preocuparse por esto). Los siguientes adaptadores gráficos se encuentran disponibles para monitores de color:

CGA (Color Graphics Adapter). Proporciona la resolución más baja de los adaptadores listados. Exhibe un color en 200 por 640 dpi o cuatro colores en 200 por 320 dpi. Este adaptador está obsoleto y casi no hay, pero debe conocerlo para evitarlo.

EGA (Enhanced Graphics Adapter). Un paso adelante de CGA. Exhibe 16 colores en forma simultánea en una resolución de 350 por 640 dpi. También está obsoleto, pero todavía hay.

VGA (Video Graphics Array). Disponible en tres formas: VGA, VGA mejorado y Súper VGA. **VGA** exhibe 256 colores con una resolución de 640 por 480 dpi. **VGA mejorado** ofrece una resolución mayor: 800 por 600 dpi. **Súper VGA** ofrece la máxima resolución: 1024 por 768 dpi. Los monitores VGA son excelentes para exhibir los gráficos de alta resolución que ofrecen muchos juegos de computadora y programas de gráficos.

Una impresora redondea o estropea un sistema. No importa lo bonitos que se vean los documentos y gráficos en la pantalla, si tiene una mala impresora, sus resultados van a verse deficientes.

Una Página es tan Buena como Pueda Hacerla la Impresora

El precio de una computadora rara vez incluye una impresora, por lo que tiene que comprarla por separado. La tabla 22.1 resume los pros y contras de cada uno de los cuatro tipos principales de impresoras. Además, considere si desea imprimir en color o en blanco y negro. La impresión en color puede ser lenta y cara, pero si necesita resultados en color, asegúrese de obtener una impresora con esta característica.

Tabla 22.1   Cómo seleccionar la impresora que llena sus necesidades

Tipo de impresora	Ventajas	Desventajas
Matriz de puntos	Barata, rápida, impresión gráfica	Calidad de impresión bastante pobre
Inyección de tinta	Impresión de alta calidad, impresión gráfica, silenciosa	Lenta
Puntillas (plotter)	Impresión gráfica, impresión de alta calidad	Cara
Láser	Excelente calidad de impresión, impresión gráfica	Cara

Cómo Obtener más por su Dinero con las Compatibles con IBM o Clones

Las computadoras compatibles con IBM (en ocasiones llamadas *clones)* funcionan exactamente igual que las IBM, excepto que muchas compatibles son más rápidas, cuestan menos y usan partes de mayor calidad que sus contrapartes de IBM. Debe haber escuchado de algunas de las mejores computadoras compatibles con IBM, incluyendo Compaq, AST Premium, Dell, Northgate, ALR, Zenith, Hyundai, Everex, Epson y Gateway.

La palabra **clone** es un término empleado para describir una computadora que ensambla, para hacerla compatible, un distribuidor de computadoras. Las computadoras llamadas clones tienen las mismas características que la comida enlatada —cuestan menos, pero no pueden ofrecer las mismas características que las compatibles que cuentan con un nombre comercial. Lo anterior puede ponerse en *tela de juicio;* actualmente, algunos clones son superiores a sus contrapartes que cuentan con una "marca reconocida".

¿Software Incluido?

Algunos distribuidores incluyen el costo del sistema operativo en el precio que le mencionan; otros no. (La mayoría de los sistemas viene con el DOS y con Microsoft Windows, que se describieron en los capítulos 6 y 7.) Si la computadora no incluye un sistema óperativo, no podrá usarla, así que presente una queja y asegúrese de que el distribuidor lo instale por usted. Y otra cosa, asegúrese de que incluya la documentación que necesita para aprender el sistema.

Algunos distribuidores también ofrecen aplicaciones gratuitas con una computadora. Por ejemplo, ahora muchas computadoras vienen equipadas con Microsoft Windows. Tómelo en cuenta al comparar precios.

No es Fácil ser Verde

Cuando compre una computadora, tal vez encuentre distribuidores que ofrecen PC verdes y quizá se pregunte por qué no son de ese color. El nombre "verde" significa que la PC cumple con los criterios de la Agencia de Protección del Ambiente de los Estados Unidos para su programa Energy Star. Para cumplir con estos criterios, la computadora debe consumir menos de 90 watts (30 para la unidad del sistema, 30 para el monitor y 30 para la impresora) cuando no está en modo de espera (cuando se usa). Algunos fabricantes van más lejos y fabrican sus computadoras de plástico reciclado y tienen cuidado con los materiales de desecho que producen durante la fabricación.

Si ya tiene una computadora o compra una que no se anuncie como "verde", realice las siguientes acciones:

☛ Cuando no la use, apáguela.

☛ Si no va a usar su monitor o impresora durante algún tiempo, apáguelo. También disminuya la brillantez de su monitor cuando no lo use.

☛ Adquiera un programa de software que apague de manera automática los periféricos (tales como la impresora y el monitor) si no escribe algo o mueve el ratón durante cierto período de tiempo.

☛ Recicle los cartuchos de impresora o tóner.

☛ Recicle el papel o imprima en ambos lados de una página cuando elabore borradores.

Actualícese con Laptops

Cada vez más usuarios prefieren la portabilidad de las laptops (pequeñas), note-books (más pequeñas) y subnotebooks (las más pequeñas). Las computadoras laptop le permiten trabajar en cualquier parte y tener cerca su información todo el tiempo. Pero, ¿qué hace a una laptop mejor que otra? He aquí una lista de lo que debe buscar:

Peso. Recuerde que cargará la laptop por donde vaya. Adquiera la laptop más ligera posible (de 2 a 4 kilos). En la lucha de las laptops, gana la más ligera.

Pantalla. Por lo general, las laptop ofrecen tres tipos de pantallas: de gas plasma, de cristal líquido (LCD) y de matriz activa. Las pantallas de gas plasma pueden romperse si se congelan. Las pantallas de cristal líquido son las más populares y accesibles (asegúrese de que brille bien); las pantallas de matriz activa producen la imagen más nítida, pero son más caras.

CPU. La mayoría de las computadoras laptop viene con chips 386 SL o 486 SL. El SL significa que consumen menos energía que los chips equivalentes en computadoras de escritorio. Con este ahorro de energía, las puede usar durante intervalos más grandes entre cada carga de batería.

Disco duro. Por lo general, los discos duros en las laptop son más pequeños que en las computadoras de escritorio. Un disco duro de 210 megabytes se considera grande.

Batería. Busque una laptop con una batería de níquel metal-hidruro o níquel-cadmio. Pregunte cuánto tiempo necesita para cargarse la batería, cuántas horas puede operar la laptop entre cada recarga y como cuántas veces puede recargar la batería. También, asegúrese de conseguir el adaptador de AC que necesita para recargarlas.

Teclado. Lo último en lo que piensa cuando compra una laptop es el teclado. Sin embargo, el teclado y la pantalla son las dos cosas que usará con más frecuencia, así que pruébelos bien. Asegúrese de que las teclas no estén demasiado juntas para sus manos y de que éstas se sientan "cómodas" cuando escribe.

Bola de cursor (Trackball). Si desea ejecutar aplicaciones de Windows en su laptop, asegúrese de que venga con una bola de cursor para apuntar y hacer clic. También cerciórese de que le gusta la posición de la bola de cursor o de obtener una ajustable.

Unidad de discos flexibles. Si tiene que cambiar archivos entre su laptop y su computadora de escritorio, o intercambiar archivos con un colega, verifique que la laptop tenga una unidad de discos flexibles.

El Apple Newton y otros PDA

Gracias al Apple Newton MessagePad, los PDA (asistentes personales digitales) se han vuelto la más reciente sensación en dispositivos. Con un PDA, obtiene aplicaciones incorporadas, incluyendo un block de notas, una agenda, un calendario y una lista de pendientes. MessagePad tiene capacidad de reconocimiento de escritura el cual puede transformar sus notas manuscritas en texto mecanografiado. Usted escribe notas y dibuja bocetos directamente en la pantalla usando un stylus (una pluma sin tinta). El PDA transforma en forma automática lo que escriba en texto.

Puede incluso conseguir un fax modem para el MessagePad. Con el fax modem, se enlaza al conector telefónico y envía notas por fax a amigos o colegas. Si le gusta probar, un PDA es un accesorio agradable; sin embargo, los PDA tienen capacidad limitada y no ofrecen la potencia de una PC completa.

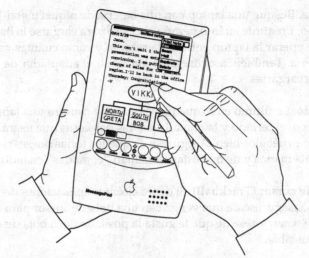

El Apple Newton es una agenda, calendario y block de notas electrónico.

Lo Mínimo que Necesita Saber

Está bien, lo admito, es demasiada información para recordarla cuando vaya a su tienda de computadoras. Para ayudarle, he aquí una lista de lo que debe buscar en una computadora:

☞ Chip de procesador 486 SX de 25 MHz o mejor.

☞ 4 megabytes de RAM, expandibles a 32 en la tarjeta principal.

☞ Mínimo MS-DOS 6.2 y Windows 3.1.

☞ Disco duro de un mínimo de 220 megabytes.

☞ Unidad de discos flexibles de 3.5" (1.44 megabytes).

☞ Ratón.

☞ Monitor VGA o SVGA con su y tarjeta, con una densidad de puntos de .39 mm o menor.

☞ ¿Impresora incluida?

☞ Fax modem de 9,600 bauds.

☞ CD-ROM y tarjeta de sonido (para multimedia).

☞ Expandibilidad: 3 lugares para unidades, 4 ranuras de expansión disponibles.

Este
lado
hacia
arriba

Capítulo 23

Es Necesario Armar Algunas Cosas

Al Final de Este Capítulo, Podrá:

- ☞ Encontrar un buen lugar para su computadora.

- ☞ Escribir una lista de 10 consejos de seguridad para protección de usted y de su computadora durante la configuración.

- ☞ Conectar el teclado, el ratón, el monitor y la impresora a la unidad del sistema sin destruir nada.

- ☞ Identificar algunas necesidades especiales que requieren otro tipo de equipo de computación.

- ☞ Nombrar al menos cinco partes de equipo especial de computadora para personas con necesidades especiales.

Tal vez su computadora ya esté configurada, quizás el vendedor de la tienda conectó todo y procedió a confundirlo. O tal vez usted sobornó a un amigo, vecino o a su hija para que la configurara. Cualquiera que sea el caso, si su computadora está configurada y todo parece funcionar, salte este capítulo.

Sin embargo, si acaba de llegar a casa con su computadora y las partes todavía están en sus cajas, debe leer este capítulo para saber qué hacer. Conectar las partes de la computadora es muy sencillo. En la industria de las computadoras intentan que usted crea que es difícil para que vaya y le pague a algún estirado consultor por hacerlo.

Conectores y Enchufes: Pins y Hoyos

Si puede conectar un tostador, tiene todo el conocimiento técnico para configurar su sistema. Sólo recuerde una regla básica: *los pins van en los hoyos.* En otras palabras, si tiene un conector con 9 pins, tiene que insertarlo en un conector con al menos 9 hoyos.

Haga que su Computadora se Sienta en Casa

Antes de empezar a probar los pins y los huecos, elija un buen lugar para su computadora. Primero y por encima de todo, esta posición debe ser conveniente y no estorbar. Coloque su computadora donde sea fácil llegar a ella, pero no donde alguien pueda tropezar. Su computadora debe ser al menos de tan fácil acceso como la TV. Si tiene un modem, coloque la computadora cerca del conector telefónico.

El lugar debe ser tranquilo, limpio, frío y seco. La parte tranquila es para usted. No debe distraerse mientras manipula su juego de computación favorito. Lo del lugar limpio, frío y seco es para su computadora. El polvo, el calor y la humedad pueden dañar a los componentes eléctricos de la computadora. No la coloque directamente bajo la luz del sol, en una oficina húmeda o junto a la secadora de ropa, donde puede entrar pelusa en sus orificios. La mesa de la cocina no es un lugar que recomendaría.

Por último, asegúrese de que haya espacio junto a la computadora y de tener cerca una fuente de corriente estable. Las fluctuaciones de corriente dañan su computadora o el trabajo que guarda. No conecte la computadora a una toma de corriente en donde se encuentre un artefacto que use mucha corriente, tal como una fotocopiadora, un calefactor o una secadora de ropa.

Una Nota sobre Ergonomía y Computación Saludable

Cuando la mayoría de las personas o negocios configuran sus computadoras, se concentran en la máquina y no en el usuario. No cometa ese error. Tal vez emplee la computadora una buena parte del día y si no toma algunas precauciones, puede llegar a sufrir su salud.

Primero, considere el asiento y el escritorio que usará. La silla debe ser ajustable, brindar buen soporte en la espalda y ofrecer la opción de quitar los descansabrazos. No use una silla simple; necesita una silla que sea cómoda en una posición de "trabajo". Elija un escritorio que mantenga el monitor al nivel de su vista y el teclado al nivel de sus codos. Muchas mesas de computadora tienen charolas de teclado ajustables que colocan el teclado al nivel conveniente. Asegúrese de ajustar el teclado para otros usuarios.

La ergonomía es el estudio de las partes del cuerpo mientras trabajan. Debido a las lesiones como el síndrome del túnel del carpo y otros padecimientos, la ergonomía ha tenido mucha difusión. Varias compañías venden incluso muebles y accesorios ergonómicos diseñados en forma específica para usar computadoras, incluyendo atriles, soportes de muñeca, filtros de pantallas y sillas.

Después, asegúrese de que el área que rodea su computadora esté iluminada en forma adecuada. No ponga el monitor frente a una ventana u otra fuente de luz intensa que refleje sobre la pantalla. Asegúrese de que la luz provenga del techo o de un lado del monitor. Para probar que no cuenta con resplandores, apague el monitor; si ve una luz en la pantalla, tiene un problema de deslumbramiento. Algunas reparaciones rápidas incluyen cambiar la fuente de luz, emplear una camisa más obscura o conseguir una pantalla antirreflejante que cubra el monitor.

Por último, mientras trabaja con una computadora, emplee el sentido común. Tome un descanso al menos cada dos horas para relajar su vista y sus dedos. No se siente demasiado cerca de la pantalla (considérela como una televisión). Si no se siente cómodo, trate de mejorar su posición. No intente soportar el dolor.

Respire Profundamente Tres Veces...

Antes de empezar a conectar las partes de su computadora, necesita reunir algunas herramientas y tener conciencia de algunos consejos de seguridad para evitar que se dañe su sistema. Las siguientes secciones le proporcionan esta información.

En lugar de conectar todo en una toma de corriente, consiga una tablilla de corriente protectora contra descargas (vea el capítulo 3). Una tablilla de corriente contiene 5 o 6 conectores, protege su sistema de daños por descargas de corriente y le permite encender todo a la vez. Vaya a una tienda de electrónica y compre una.

Elija sus Armas

Necesitará estas herramientas y materiales para conectar todo:

- ☞ Un desarmador de cruz tamaño mediano.

- ☞ Un desarmador plano tamaño mediano.

- ☞ Un desarmador plano pequeño.

- ☞ Un par de pinzas largas (para qué, no lo sé, pero siempre termino por necesitar un par, al menos como apoyo moral).

- ☞ Un envase de alimento para bebés (limpio y vacío) o un bote de café para guardar partes pequeñas (es terrible, pero siempre sobran cuatro o cinco tornillos y un par de soportes).

Primero la Seguridad

Lea estos importantes consejos de seguridad antes de empezar. Observe que la mayoría de estos se refieren a la seguridad de su computadora. Usted no tendrá problemas mientras no meta un dedo en un contacto de pared o se perfore un dedo con su desarmador.

Limpie su área de trabajo. No desea colocar su flamante computadora en un tapete de polvo. Limpie antes de empezar.

Cero líquidos en el área de trabajo. Los líquidos se derraman y si su bebida se derrama en una parte de una computadora, puede arruinarla. Tome sus bebidas cuando termine de trabajar. Saben mejor después de anhelarlas durante una hora.

No encienda nada hasta que todo esté conectado. Si conecta algo mientras está activada la corriente, puede arruinar esa parte (una amiga quemó su teclado al hacer esto).

Tenga cuidado con los cuchillos. Si todo está empacado en cajas, intente abrir las cajas sin cortarlas. Si corta una caja, corre el riesgo de rasguñar una parte o cortar un cable.

Todo debe estar en su lugar. Si una clavija no se desliza con suavidad en una toma de corriente, es probable que tenga los pins incorrectos en los hoyos equivocados (no hay problema, llega a suceder). Revise otra vez el enchufe y la clavija e intente hacer coincidir los pins con los hoyos.

Trabaje cerca del suelo, si es posible. Si deja caer su monitor de una altura de seis pulgadas, puede salvarse. Déjelo caer de una mesa y será historia.

Haga salir a las mascotas, niños pequeños y esposa del área de trabajo. A los niños les encantan las herramientas y las cosas pequeñas. Haga que sus niños usen sus propias herramientas y envíelos con los vecinos durante una hora (los vecinos llamarán en 5 minutos; no conteste). Ya que está en eso, también envíe a su media naranja con los vecinos, puede salvar su matrimonio.

Cómo Desempacar las Partes

Está bien, ya fueron suficientes preliminares. Desea ver todo ese material por el que desembolsó una buena cantidad, ¿no es cierto? Adelante, saque cada parte de su caja y colóquela en una superficie estable: el piso o el escritorio. Quite cualesquiera recibos, cubiertas de empaque y otros artículos, póngalos en un sobre o bolsa en un lugar seguro. Puede ver los papeles de trabajo más tarde. Si vienen libros con la computadora, consérvelos a la mano. Puede necesitarlos si surgen problemas. Cuando desempaque, recuerde tres cosas: saque todo, no deje caer nada y guarde todo (incluyendo las cajas).

Cómo Distribuir las Partes

No conecte nada hasta que sepa dónde desea que vayan todas las partes. Una vez que estén conectadas, tendrá un plato de spaghetti detrás de la unidad del sistema. Si después decide quitar su impresora o monitor, terminará enredado en una maraña de cables.

Primero coloque la unidad del sistema. Asegúrese de que ésta puede respirar. No bloquee el ventilador en la parte trasera de la unidad o cualquiera de las ranuras en las partes laterales o frontales. Mientras revisa la unidad del sistema, quite las tarjetas que se encuentran en las ranuras (de las unidades de discos flexibles) normalmente, en la parte frontal de la unidad del sistema. Estas tarjetas evitan que las partes de las unidades de disco se golpeen durante el transporte.

Coloque el monitor enfrente de su asiento de manera que vea la pantalla. La parte superior del monitor debe encontrarse al nivel de los ojos cuando se siente (por eso muchos usuarios colocan el monitor sobre la unidad del sistema). Eleve el monitor al nivel de su vista al colocar algunos libros bajo él. Sólo tiene que asegurarse de que no se tambalee. Lo menos que desea es que se estrelle sobre su escritorio.

Para estar tranquilo, coloque la unidad del sistema de lado. Esto hace que se vea como un rascacielos. Para completar el efecto, coloque un par de revistas *Wired* en su escritorio. Cuando alguien le pregunte por qué la puso así, conteste "porque puedo". Una vez de lado, déjela así. Si la mueve, puede estropear el interior de la computadora y dañarla.

Si tiene un ratón, colóquelo a la izquierda o a la derecha de donde se sentará, dependiendo de si es usted derecho o zurdo. Si su impresora llegó con el resto de su computadora, colóquela en una posición conveniente donde pueda introducir papel con facilidad.

Ahora, siéntese frente a su escritorio (o lo que emplee como escritorio). ¿Se siente cómodo? ¿Tiene todo lo que necesita a su alcance? Considere la computadora como el tablero de un auto que usted está probando. Mueva todo hasta que lo sienta a su gusto.

Cómo Conectar Todas las Partes

Ahora que ya sabe dónde colocar todo, está preparado para empezar a conectar las partes. Para saber dónde se conecta algo, observe las palabras o las imágenes en la parte trasera de la unidad del sistema. La mayoría de los conectores están marcados. Si no ve imágenes, intente hacer coincidir los enchufes con sus conectores. Observe la forma general del conector y vea si tiene pins o huecos. Cuente los pins y huecos y asegúrese de que haya al menos tantos huecos como pins. Como último recurso, consulte la documentación que viene con su computadora.

Las entradas para enchufes en la parte trasera de la computadora se llaman **puertos** (como los puertos en donde los barcos recogen y entregan carga). En este caso, los puertos le permiten que la información entre y salga de la unidad del sistema.

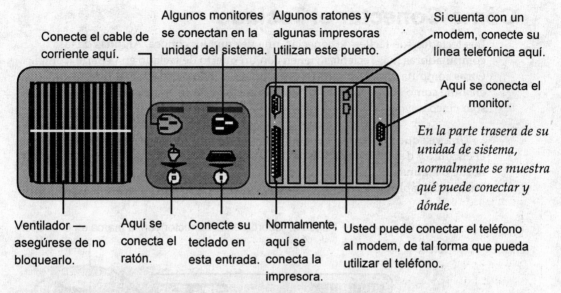

Conecte el cable de corriente aquí.

Algunos monitores se conectan en la unidad del sistema.

Algunos ratones y algunas impresoras utilizan este puerto.

Si cuenta con un modem, conecte su línea telefónica aquí.

Aquí se conecta el monitor.

En la parte trasera de su unidad de sistema, normalmente se muestra qué puede conectar y dónde.

Ventilador — asegúrese de no bloquearlo.

Aquí se conecta el ratón.

Conecte su teclado en esta entrada.

Normalmente, aquí se conecta la impresora.

Usted puede conectar el teléfono al modem, de tal forma que pueda utilizar el teléfono.

Cómo Conectar el Monitor

El monitor tiene dos cables: uno que se conecta a la unidad del sistema y otro que va al suministro de corriente. Primero, contecte el monitor a la unidad del sistema para no quemarlo si está encendida la corriente. El conector que enlaza el monitor a la unidad del sistema tiene 15 pins o menos (el mío tiene 11). Insértelo en el enchufe de 15 hoyos y después apriete los tornillos (si los tiene).

¿Y el otro cable? Busque en la parte trasera de la computadora un conector para corriente; se ve como una toma de corriente en la pared. Si encuentra una de estas tomas *y si coincide con el conector del monitor,* insértelo en la toma. Si no coincide, desconecte la tablilla de corriente (si ya no puede contener su ansiedad) y después conecte el cable de corriente en la tablilla.

Algunas personas le dirán: "no apriete los tornillos, tal vez necesite desconectar el monitor después". Lea y juzgue, una vez se estropeó la conexión de mi monitor (no se salió, sólo se aflojó) y mi pantalla se puso roja. Pasé medio día armando y desarmando mi monitor, buscando la causa. Moraleja: apriete los tornillos.

Cómo Conectar el Teclado

Los teclados son fáciles de conectar, una vez que los conoce. Algunas de las computadoras más recientes vienen con un puerto de teclado en la parte frontal. Otras computadoras ocultan todos los puertos en la parte trasera. Busque un enchufe como el que se muestra aquí (el enchufe de su computadora puede tener sólo cinco hoyos).

Una vez que encuentre el enchufe, alinee los pins del conector con los hoyos en el enchufe y deslícelo en él. Casi todas las combinaciones cable/enchufe tienen un borde o alguna otra marca para ayudarle a alinear el conector con el enchufe. No busque un cable de corriente; el teclado sólo tiene un cable.

Alinee el reborde en el conector con la marca en el enchufe.

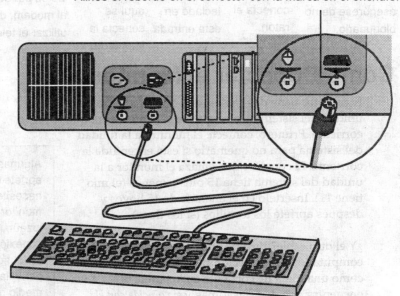

*El teclado tiene un
puerto propio.*

Cómo Conectar el Ratón

El conector en el extremo de la cola del ratón se parece mucho al del teclado o al del monitor (en otras palabras, dependiendo del ratón, el conector se puede ver de diferentes maneras). Encuentre un enchufe que coincida con los pins en el conector del ratón: puede tener una imagen de un ratón o la palabra "Mouse" o "COM" (COM quiere decir puerto de COMunicaciones, un puerto que se usa regularmente para ratones, impresoras y modems). Encuentre el enchufe y conecte el ratón. Si la cola del ratón es muy larga, enrédela en la unidad del sistema.

Cómo Conectar la Impresora

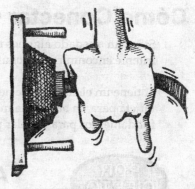

La mayoría de las impresoras vienen con varias hojas de papeles que dicen "léame primero", que le indican cómo quitar todos los soportes y materiales protectores usados para empacar la impresora durante su traslado. Lea el instructivo, porque algunas partes del empaque parece como si fueran parte de la máquina. Quite todos los soportes y pequeñas grapas de plástico y échelos a la basura. Ya no tienen utilidad.

Ahora que ya desarmó su impresora, el siguiente desafío es encontrar el cable que conecta a la unidad del sistema. Tiene 50% de probabilidades de que el distribuidor no lo haya incluido. Para darse una idea de qué tipo de cable necesita, vea el puerto para impresora que se encuentra en la parte posterior de su computadora. La mayoría de las impresoras son de tipo *paralelo* y requieren un cable paralelo de 25 pins. Por otro lado, impresoras más lentas (tipo serie) utilizan un cable que se conecta a un puerto serie, el cual es de 25 o 9 pins. Asegúrese de que su cable sea lo suficientemente largo para llegar a su impresora, pero que no rebase los 6 metros. A los 6 metros su impresora no puede "escuchar" lo que su unidad de sistema tiene que "decir".

Conecte el cable en el puerto de impresora en la parte trasera de la computadora y el otro extremo a la impresora. Apriete cualesquiera tornillos para asegurar el cable en su lugar. Muchas impresoras tienen clips metálicos (en lugar de tornillos) para asegurar la conexión en el puerto. Atore los clips en su lugar. Cuando termine de conectar el cable de la impresora, conecte el cable de corriente en la tablilla.

TECNO CEREBRO ENSEÑA...

Hay dos tipos de impresoras en el mundo: tipo serie y paralelo. Las impresoras tipo paralelo permiten que la computadora envíe varias partes de datos a la vez, empleando un reloj para asegurarse de que las partes lleguen en la secuencia correcta. Con las impresoras tipo serie, la computadora debe enviar los datos una parte a la vez en la secuencia correcta, lo que hace a las impresoras seriales más lentas que las tipo paralelo. Si tiene que escoger entre una impresora tipo serie o paralelo, elija la tipo paralelo, a menos que la impresora deba estar a más de cinco metros de su computadora.

Cómo Conectar Otro Equipo

Si le han quedado algunos cables libres, necesita conectarlos en alguna parte. Intente encontrar un enchufe que coincida con el conector y únalos.

Si tiene un elemento que necesite instalarse (por ejemplo un modem interno o una tarjeta para un bastón de mando), pase al capítulo 24, donde le mostramos los fundamentos para instalar partes adicionales.

Muchas computadoras vienen con software gratuito que puede recibir al enviar una tarjeta. Al usar este truco de la tarjeta, recibí programas (con un valor de alrededor de 500 dólares) que nunca uso, pero que lucen mucho en el librero.

Atención a las Garantías y Tarjetas de Registro

¿Recuerda todos los papeles de trabajo que guardó en un sobre o en una bolsa? Sáquelos y busque cualquier tarjeta o papel que tenga impresas las palabras "garantía", "registro" o "léame". Llene las tarjetas y envíelas por correo. De esa manera, si su sistema muere en su primer año de vida, puede hacer que se lo reparen gratis.

Si su computadora llegó con software en cajas, ábralas, busque las tarjetas de registro, llénelas y envíelas. ¿Por qué llenar toda esta basura? Por varias razones:

☛ Podrá recibir soporte técnico de algún tipo si registra su software.

☛ Si una compañía decide actualizar su equipo o programas, les avisará a los usuarios registrados y, por lo general, les permitirá actualizar sus equipos a un precio módico.

☛ Tendrá una sensación de seguridad, sabiendo que si tiene necesidad de comprobar la adquisición de su equipo, ante cualquier tipo de autoridad, tendrá versiones de software genuinas y registradas, por las que ha pagado.

Cómo Configurar al DOS

Con toda probabilidad, no tendrá que configurar al DOS. La mayoría de los fabricantes o distribuidores de computadoras instalan al DOS en el disco duro de las computadoras para probarlas antes de distribuirlas. Para saber si está instalado el DOS, encienda su computadora. Si la enciende y aparece un mensaje en la pantalla diciéndole que la computadora no puede encontrar un disco del sistema, es que el DOS no está instalado. Si el DOS no está instalado, tiene un par de opciones, como se explica en las secciones siguientes.

Haga que el Vendedor le Instale el DOS

Si compró la computadora con su distribuidor local, haga que la persona que se la vendió le instale el DOS.

Ejecute el Programa para Configurar al DOS

Busque el disco de instalación del DOS (debe leerse en su etiqueta algo así como: Setup, Install, o disco 1). Cuando lo encuentre, haga lo siguiente:

Con su computadora apagada, inserte el disco en la unidad de discos flexibles en la parte frontal de la computadora (consulte en el capítulo 5 los detalles de los discos flexibles). Cierre la puerta de la unidad. Encienda su computadora. Aparecerá un mensaje en la pantalla indicándole lo que tiene que hacer. Siga las instrucciones en pantalla para instalar al DOS. El programa de configuración le hará muchas preguntas. Si no conoce una respuesta, sólo oprima **Enter**.

Equipo para Usuarios con Necesidades Especiales

Cuando la mayoría de las personas piensa en equipo de computación, imagina un monitor estándar (el cual exhibe una pantalla de un programa), un teclado y un ratón (que les permita introducir datos o hacer selecciones). Sin embargo, algunos usuarios tienen incapacidades de aprendizaje o físicas que requieren de otras formas de comunicarse con la computadora. En las siguientes secciones, le ofrezco un breve panorama de los tipos de equipos disponibles para estos usuarios y le proporciono tres fuentes para mayor información.

Un Procesador de Palabras Parlante

Para personas afectadas de la vista, que no pueden hablar o que tienen problemas con el lenguaje escrito, un procesador de palabras parlante es una valiosa ayuda. Las personas que tienen problemas de visión programan el procesador de palabras para que vaya pronunciando cada letra según la escribe. Un procesador de palabras parlante explica la ortografía dudosa que encuentra y presenta una lista de opciones.

Si tiene problemas para enfocar las letras en la pantalla, adquiera un magnificador de pantalla que se ajusta sobre ella y la amplía. Además, puede ajustar el porcentaje de acercamiento en el programa para que el texto se vea más grande.

Para niños o adultos que no hablan, el sintetizador de texto a palabras incorporado convierte el texto escrito en lenguaje hablado. Después, un estudiante escribe una historia y hace que el programa lo lea a la clase. Para los estudiantes que sufren de dislexia u otros problemas de aprendizaje, esta retroalimentación de audio les ayuda a escribir y corregir sus trabajos.

Teclados Alternativos

Las teclas en un teclado normal están diseñadas para personas que emplean todos sus dedos para escribir y con una coordinación motriz muy fina y normal. Hay disponibles dos tipos de teclados alternativos: expandidos y mini. Los teclados expandidos distribuyen las letras y números en cuadros grandes, los cuales facilitan oprimir una tecla sin propiciar que se presione accidentalmente otra. Se puede programar el teclado para que algunos de los cuadros introduzcan comandos de uso frecuente o seleccionen opciones de menús. Los minitecladas tienen las teclas muy juntas, facilitando su empleo a alguien que tiene un alcance limitado.

Tecnología de Reconocimiento de Voz

Recientemente, ha avanzado mucho la tecnología de reconocimiento de voz. Ahora, puede adquirir una tarjeta SoundBlaster que viene con VoiceAssist, un programa que le permite indicar a su computadora lo que debe hacer de forma oral (y hasta puede gritarle). Usted sólo conecta la tarjeta de sonido a una ranura de expansión disponible dentro de la computadora y después enlaza un micrófono. En seguida, programa el dispositivo para introducir comandos específicos que correspondan a sus comandos de voz.

Dispositivos de Detección para Selecciones Sí/No

Para personas severamente limitadas en sus movimientos, le resulta casi imposible rodar un ratón en un escritorio o escribir. La tecnología para digitalizar imágenes ayuda a estos usuarios a escribir, dibujar y comunicarse. Al digitalizar las imágenes, aparece un menú en la pantalla y se resaltan las opciones en un menú, una tras otra. El usuario espera hasta que está resaltado el elemento que desea del menú y después activa un interruptor para introducir el comando. El interruptor puede consistir en un mecanismo de sorber y soplar (que funciona con el aliento del usuario), un interruptor de pie, un interruptor de dedo o algún otro dispositivo que pueda activar el usuario.

Otros Dispositivos para Apuntar (Sustitutos de Ratón)

Los usuarios que no pueden tomar algo con las manos y hacer clic con un ratón, seleccionan elementos en la pantalla con otros métodos. Por ejemplo, un usuario emplea un bastón de mando modificado en lugar de un ratón, o un casco especial que le permite apuntar al mover su cabeza. Para hacer clic, doble clic o arrastrar, el usuario debe activar un interruptor.

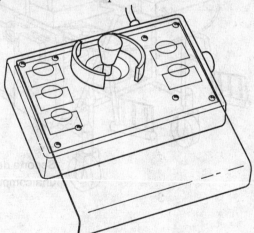

Hay otras maneras de apuntar y hacer clic.

Pantallas de Toque Digital

Las pantallas de toque digital permiten a los usuarios escribir texto y seleccionar al oprimir la pantalla (en realidad, una membrana sensible al tacto colocada encima de la pantalla). La membrana sensible al tacto consiste en una rejilla que corresponde a diferentes partes de la pantalla. Cuando el usuario oprime un cuadrado en la rejilla, la membrana envía un mensaje al programa que indica la posición de la membrana que se oprimió. Después, el programa abre el menú correspondiente o activa el comando.

Muebles Especiales y Dispositivos de Montaje

Debido a que el equipo de computación especializado debe montarse en forma accesible al usuario, muchas compañías venden soportes o equipo de montaje. La mayoría del equipo de montaje coloca los dispositivos de entrada en una posición conveniente. Por ejemplo, un interruptor de montaje coloca un bastón de mando cerca de la mano o de la boca del usuario. Algunos soportes están diseñados para usarse con sillas de ruedas o fijarse a escritorios o camas.

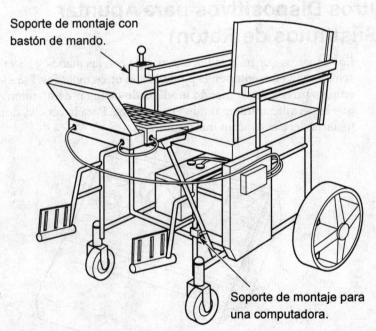

Soporte de montaje con bastón de mando.

Los soportes y el equipo de montaje dejan accesibles los dispositivos de salida y entrada especiales.

Soporte de montaje para una computadora.

Computación para no Salir de Casa

Aunque el software y el hardware especializados ayudan a los usuarios inhabilitados a emplear una computadora, recuerde que los servicios en línea y otros servicios de telecomunicaciones ayudan a las personas a conocer a otras. Por ejemplo, un usuario que no sale de casa encuentra clientes, proveedores y ayuda mediante un servicio en línea. Sin salir de su casa, el usuario transfiere archivos y correspondencia mediante modems. Además, muchos servicios en línea le permiten comprar sin tener que ir a una tienda. Y compra de todo, desde abarrotes a muebles, mientras teclea en su computadora.

Dónde Obtener Información Adicional

La información de esta sección es muy general. Si tiene necesidades o intereses específicos, pruebe las siguientes fuentes de información adicional:

Trace Research and Development
S-151 Waisman Center
1500 Highland Ave.
Madison, Wisconsin, 53705
(608) 262-6966

Trace es un centro de investigación y de distribución de información sobre dispositivos especiales que adaptan computadoras para personas con necesidades especiales. Trace le ayuda a encontrar los productos y el proveedor que necesita.

Don Johnston Developmental Equipment
1000 N. Rand Road
Building 115
Wauconda, Illinois, 60084

Don Johnston funciona mejor para dispositivos Apple y Macintosh. Puede solicitar un catálogo. Sin embargo, esta compañía no maneja equipo compatible con PC.

IBM National Support Center for Persons with Disabilities
P.O. Box 2150-H06RI
Atlanta, Georgia, 30301

Lo Mínimo que Necesita Saber

En este capítulo, aprendió los detalles de cómo conectar las diferentes partes que forman la computadora. Esta lista le proporciona los aspectos básicos:

☛ Antes de empezar, asegúrese de que todo el equipo esté desconectado y apagado.

☛ Las imágenes o palabras en la parte trasera de la computadora le indican dónde conectar cada dispositivo.

☛ El conector para el monitor tiene hasta 15 pins. Conecte el monitor en el enchufe con 15 hoyos; después, conecte el monitor a una toma de corriente.

☛ El conector del teclado tiene 5 o 6 pins. Insértelo en el puerto de teclado, en la parte trasera o frontal de la computadora.

☛ Si tiene un ratón, conéctelo en el puerto de ratón o uno de los puertos COM (por lo general, COM1).

☛ Si tiene una impresora tipo paralelo, conéctela al puerto hembra de 25 huecos en la parte trasera de la computadora. Este puerto debe tener indicaciones escritas como Parallel, Printer o LPT1. Después, conecte la impresora a una toma de corriente.

☛ Si tiene una impresora tipo serie, conéctela a un puerto COM macho de 9 o 25 pins; después conecte la impresora a una toma de corriente.

☛ Si tiene necesidades especiales para utilizar una computadora, no sufra con el problema. Hay organizaciones y dispositivos que pueden ayudarle.

Capítulo 24

Actualización de una PC: Cómo Gastar Todavía más Dinero

Al Final de Este Capítulo, Podrá:

- ☛ Obtener más memoria de su computadora sin agregar chips de RAM.

- ☛ Instalar un bastón de mando en su computadora.

- ☛ Instalar un equipo de actualización de multimedia (o al menos comprender lo que implica).

- ☛ Nombrar cinco maneras de proporcionar a su computadora más espacio de almacenamiento.

- ☛ Agregar un acelerador de video para que su computadora trabaje más rápido.

Si le sobran unos miles de dólares en algún tipo de cuenta, este capítulo le ayudará a gastarlos. Aprenderá a instalar un equipo de actualización de multimedia de alrededor de setecientos dólares, a aumentar memoria por setenta dólares por megabyte, a agregar un disco duro por alrededor de trescientos dólares, a añadir un fax modem de unos cuantos cientos de dólares y a incorporar un bastón de mando de alrededor de setenta dólares. También le daré un par de consejos sobre cómo *ahorrar* dinero.

¿Actualizar o Comprar una Nueva?

Igual que una casa, una computadora puede ser un pozo de gastos. Un mes, decide que necesita un disco duro nuevo. Al siguiente, tiene una unidad de CD-ROM y una tarjeta de sonido. Y siempre necesita más memoria. Cuando termina, tiene dos mil dólares menos y un escritorio lleno de equipo fantástico vinculado a una 386SX increíblemente lenta.

Para evitar que le suceda esto, haga una lista de las actualizaciones que necesitará para convertir su computadora en lo que quiere que sea. Agregue el costo de los artículos y después compare el costo total con lo que representaría una computadora nueva y reluciente con todo lo que quiere. Es muy posible que no haya mucha diferencia.

Cómo Postergar la Actualización en lo Posible

Si no quiere deshacerse de su vieja PC, tal vez pueda usarla durante algún tiempo más. De esa manera, bajarán los precios de computadoras más poderosas haciéndolas accesibles. Los siguientes son algunos consejos de bajo costo que le ayudan a agregar potencia a su vieja PC:

Más espacio en disco. Si su disco duro se está llenando, copie los archivos que no emplea en discos flexibles y después bórrelos de su disco duro. Le sorprenderá cuánto puede servir un poco de limpieza. Si todavía tiene problemas de espacio, puede emplear el DOS 6.2 o un programa especial duplicador de espacio para *comprimir* los archivos en su disco y que ocupen menos espacio. Su computadora funcionará un poco más lenta, pero terminará con el doble de espacio.

Más memoria. La mayoría de las computadoras tienen 1 megabyte de memoria, pero 384 kilobytes de ella están reservados. El DOS 5.0 y posteriores le ayudan a liberar la memoria reservada y a ponerla disponible para sus programas (el DOS 6 viene con un programa llamado MemMaker que lo hace por usted). Si tiene al menos 2 megabytes de RAM y Windows, ejecútelo en modo enhanced y emplee su disco duro como *memoria virtual*. Aunque esta "memoria de disco" es más lenta que la RAM real, le permite correr programas más complejos en Windows. (Consulte los detalles en su documentación de Windows o en el sistema de ayuda).

Computadora más rápida. Si su computadora se ve lenta, tal vez su disco duro está desordenado. Conforme la computadora guarda archivos en el disco duro, los archivos se fragmentan y la unidad tiene que buscarlos en todas partes. Para evitar eso, vaya al indicador del DOS, escriba **chkdsk /f** y oprima **Enter**. Siga las instrucciones en la pantalla. Adquiera un programa (PC Tools o The Norton Utilities) que le ayude a desfragmentar el disco. (Un disco demasiado lleno puede hacer más lenta su computadora, y ésta es otra buena razón para hacer limpieza).

Disco en RAM. Si tiene RAM extra (aunque no es probable), separe una parte para emplearla como disco. Debido a que la RAM es más rápida que el almacenamiento en disco, si almacena el archivo en su disco en RAM, su programa trabaja más rápido con ella. El único problema es que, eventualmente, necesita guardar el archivo que tiene en su disco en RAM en un disco real, o perderá la información cuando abandone el programa. Consulte los detalles en su manual de DOS o de Windows.

Adición de sonido. Ya sé que las computadoras de todos sus amigos producen sonidos fantásticos, pero la suya no. En lugar de agregar una tarjeta de sonido, obtenga un programa gratuito para Windows que les permita a las bocinas de su computadora producir sonidos similares. Consiga el programa de un servicio en línea o de un grupo de usuarios local o al adquirir un libro llamado *The Windows HyperGuide*, escrito por Galen Grimes y Robert Mullen (este libro también le indica cómo manejar la memoria virtual).

Envío de un fax mediante un servicio. Si tiene necesidad de utilizar su fax una o dos veces al mes, tal vez no necesite un fax modem. Envíe un fax mediante servicios en línea (véase el capítulo 14). Tal vez le cueste un par de dólares por fax y no sea lo más cómodo, pero se ajusta a sus necesidades.

Imágenes sin scanner. Si no quiere gastar mucho dinero por un scanner, deje espacio en sus impresiones y después pegue una imagen en él. Fotocopie la hoja en algún papel de alta calidad y nadie notará la diferencia.

Si estos arreglos no le ayudan, tal vez tenga que elegir la compra de chips de RAM, un disco duro nuevo o algún otro hardware. Si ése es el caso, siga leyendo.

Cómo Atestar la RAM

Hace tres años, compré una computadora con 2 megas de RAM. Estaba convencido de que Windows nunca los ocuparía y de que dos megas eran suficientes para el trabajo que tenía en mente. Estaba equivocado. Una vez que instalé Windows 3.1, comprendí mi error. Ni siquiera podía ejecutar el modo enhanced para configurar algo de memoria virtual. Tuve que agregar 4 megas de memoria a mi computadora para satisfacerla.

Si se enfrenta al mismo predicamento, es probable que se pregunte qué necesita para instalar más memoria. La respuesta es "depende". En la mayoría de las computadoras, se insertan chips de memoria en la tarjeta madre. Para ello, apague su computadora, desconéctela, quite la cubierta y emplee unas pinzas especiales para introducir los chips. Algunas computadoras (como la mía) requieren una tarjeta de memoria. La tarjeta contiene los chips de RAM. Usted la inserta en una de las ranuras de expansión (slots) que están dentro de la unidad del sistema.

Pero instalar los chips no es la parte difícil. La parte difícil es decidir cuáles chips comprar. Los chips son diferentes en tres cosas: tipo, capacidad y velocidad. *El tipo de chip* puede ser DIP (Dual In-line Package), SIP (Single In-line Package), o el más popular SIMM (Single In-line Memory Module). De manera básica, un SIMM es una pequeña tarjeta que tiene varios DIP (tres o nueve) conectados en ella. La *capacidad* se refiere a cuántos kilobytes o megabytes almacena el chip. Las capacidades comunes son 256 K, 512 K y 1 M (consulte el manual de su computadora para determinar la capacidad que acepta). La *velocidad* se mide en nanosegundos (ns) y varía de 50 a 120 ns. No mezcle chips de velocidades diferentes. Si no está seguro del tipo de chip que necesita, pregunte en su tienda de computadoras o consúltelo en un catálogo. La mayoría de las tiendas de computadoras tiene una gráfica que muestra los tipos de chips RAM usados en las diferentes marcas.

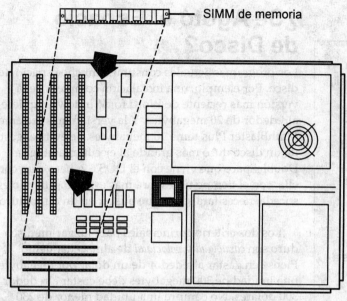

SIMM de memoria

Ranura de expansión de RAM

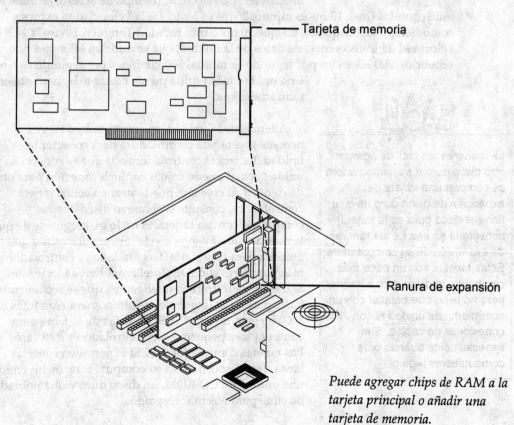

Tarjeta de memoria

Ranura de expansión

Puede agregar chips de RAM a la tarjeta principal o añadir una tarjeta de memoria.

¿Se Agotó el Espacio de Disco?

Los programas actuales consumen mucho espacio de disco. Por ejemplo, una instalación completa de la versión más reciente de Word for Windows requiere de alrededor de 20 megabytes. Y la versión más reciente de MathBlaster Plus toma 10 megabytes. Se evita el gasto de un disco duro más grande al ejecutar la utilería DoubleSpace que viene con el DOS 6.2, pero, aun con ella, con el tiempo necesitará más espacio. Cuando eso suceda, necesitará saber qué buscar en un disco duro.

Los dos criterios principales para juzgar un disco duro son *capacidad* y *velocidad* de almacenamiento. Piense en gastar alrededor de un dólar por megabyte; una unidad de 300 megabytes debe costar alrededor de 300 dólares. No compre una unidad menor de 230 megabytes. La velocidad (tiempo de acceso) se mide en milisegundos (ms): 13 ms es rápido, 25 ms es lento. (Si la velocidad se expresa como tiempo de búsqueda, busque 10 ms o más rápida.) También, revise la velocidad de transferencia de datos de la unidad, que se mide en kilobytes por segundos. 700 kilobytes por segundo es rápida. 500 kilobytes por segundo es lenta. Una unidad más rápida puede costar más, pero acelera todo su sistema.

Además de la unidad, su computadora tal vez necesite una tarjeta controladora para conectar la unidad. La tarjeta controladora a la que se conecta su unidad actual puede contar con una conexión para otro disco duro. Si cree que puede usar su actual tarjeta controladora, consulte si el nuevo disco duro es compatible con esa tarjeta. Si no lo es, asegúrese de que la nueva unidad venga con la tarjeta y los cables que necesita para conectarla. Las unidades y controladores más populares son IDE (Intelligent Drive Electronics, Manejador Electrónico Inteligente), que se recomienda hasta para 1 GB (gigabyte) de almacenamiento (más de 1000 megabytes). Las SCSI (interfaz de sistema para computadora pequeña) son controladores más caros. Las tarjetas controladoras SCSI le permiten conectar hasta siete dispositivos a su computadora, incluyendo una unidad de CD-ROM, un disco duro y una unidad de cinta para efectuar respaldos.

Una última cosa que debe buscar en los discos duros más actuales es un *caché* o *buffer*. El caché está incorporado en la memoria, que almacena en forma electrónica datos de uso frecuente para que la CPU acceda a ellos con mayor rapidez. El tamaño del caché debe estar entre 64 y 256 K; entre más, mejor.

¿Necesita Otra Unidad de Discos Flexibles?

Si su computadora cuenta con solamente una unidad de discos flexibles de alta densidad de 3.5", es probable que no necesite otra. Si alguien pretende darle un disco de 5.25", sólo dirija una mirada significativa a esa persona y diga "¿qué es esto?". Defienda su posición hasta que la persona le entregue un disco de 3.5". Si usted es la persona con la unidad de 5.25", tal vez sea tiempo de considerar el instalar una unidad de alta densidad de 3.5".

Una unidad de discos flexibles se conecta a una tarjeta controladora igual que una unidad de disco. Por lo general, tiene que hacer tres cosas:

1. Quitar la cubierta a un espacio disponible en el gabinete de la unidad del sistema.

2. Montar la unidad de discos flexibles en este lugar (por lo general, la unidad de discos flexibles viene con soportes de montaje).

3. Conectar el cable de la tarjeta controladora a la parte trasera de la unidad de discos flexibles.

> **POR CIERTO**
>
> Si tiene una computadora esbelta que ocupa poco espacio, tal vez sólo tenga dos lugares disponibles en la unidad, pero desea instalar tres unidades: una unidad de discos flexibles de 3.5", una para discos de 5.25" y una de CD-ROM. En ese caso, adquiera una unidad dual de discos flexibles, que acepta discos de 3.5" y 5.25" y ocupa sólo un lugar. Después, emplee la parte disponible para su unidad de CD-ROM.

Lo olvidé, hay otro paso. Cuando termine de instalar una unidad en su computadora, debe ejecutar el programa de configuración de su computadora para especificar la posición y tipo de unidad que instala. De otra manera, la computadora no reconoce la unidad y no podrá usarla. Para ejecutar el programa de configuración (Setup) consulte la documentación que viene con su computadora. En muchas computadoras, ejecuta el programa de configuración al escribir **setup** desde el punto de petición del DOS y oprimir **Enter**.

Video a la Velocidad de la Luz

Debido a que Windows prefiere hacer saltos mortales con las imágenes, todo su sistema se pone a sudar cuando trabaja con él. Las tarjetas de video estándar no sirven para esa tarea. Para ayudar, obtenga una tarjeta aceleradora de video o de Windows. La tarjeta debe manejar una resolución de 1024 por 768 y 256 colores (en el capítulo 22 se analizó las resoluciones disponibles). Debe tener una velocidad de reactualización de pantalla de 72 Hz y 1 MB de RAM de video (VRAM). Tenga cuidado con tarjetas que tienen una velocidad de reactualización de pantalla de 70 Hz o más lentas; esto hace que la imagen parpadee.

Quite su vieja tarjeta de video, conecte la tarjeta aceleradora de video en un slot disponible y conecte su monitor a la tarjeta. La mayoría de los aceleradores de video también vienen con un disco que contiene manejadores, que le indican a la computadora cómo emplear la tarjeta. El proceso para instalar estos manejadores varía, dependiendo del fabricante.

Tarjetas de Juegos y Bastones de Mando (Joystick)

Antes que se apresure a comprar un bastón de mando y una tarjeta de juego, voltee la unidad del sistema y vea si tiene un puerto de juegos en la parte trasera. Algunas computadoras tienen un puerto de juegos integrado. Si tiene una tarjeta de sonido, es posible que cuente con un puerto de juego. En cualquier caso, compre un bastón de mando, conéctelo a este puerto y no necesitará una tarjeta de juego. Si no tiene puerto de juegos, tendrá que comprar una tarjeta de juegos y un bastón de mando. También deberá instalar un manejador para el bastón de mando (un archivo que viene en un disco y que le indica a su computadora qué hacer con el bastón de mando).

Intégrese a la Locura de Multimedia

Si tiene la previsión (y el dinero) para comprar una PC multimedia, que cuente con tablero de sonido y unidad de CD-ROM, salte esta sección sobre multimedia. Esta sección es para los menos afortunados. Antes que nada, permítame definir los requisitos mínimos para multimedia:

☞ Microprocesador 386 o mejor y al menos 4 megabytes de RAM.

☞ Microsoft Windows y software compatible con Windows.

☞ Disco duro de 100 MB o mayor (para almacenar su software compatible con Windows).

☞ Monitor Súper-VGA (para exhibir todas las hermosas imágenes y videoclips).

☞ Unidad de CD-ROM.

☞ Tarjeta de sonido (asegúrese de que puede manejar tanto sonidos digitalizados como sintetizados).

☞ Bocinas y un micrófono (el micrófono es opcional, pero es probable que desee grabar algo).

Ahora que sabe lo que necesita, ¿qué sigue? Tiene dos opciones: compre un equipo de actualización de multimedia, o compre los componentes por separado. La opción fácil es adquirir el equipo. De esa manera sabe que la unidad de CD-ROM y la tarjeta de sonido funcionan juntas, y obtendrá los cables y software que necesita. La mayoría de los equipos de actualización también incluyen una pequeña colección de CD, por lo que obtiene una gratificación inmediata. Creative Labs, IBM, Sony y Apple ofrecen equipos de actualización por menos de 700 dólares.

La segunda opción (adquirir los componentes por separado) tiene más riesgos. Sin embargo, si ya tiene una tarjeta de sonido, no tiene caso comprar un equipo completo. Si compra los artículos por separado, asegúrese de que todos sean compatibles. La mayoría de las tarjetas de sonido de las unidades de CD-ROM cumple con los estándares de MPC (Multimedia PC), lo que asegura que los componentes funcionen juntos, pero pregunte al vendedor para estar seguro. Esto es lo que debe buscar:

Requisitos de tarjeta de sonido. Compatible con Sound Blaster o AdLib; salida estéreo; grabación y reproducción de 16 bits (estándar de MPC 2); máxima velocidad de muestreo de 44.1 kHz; sintetizador Wave o FM; puertos para una bocina, micrófono y bastón de mando; puerto SCSI para una unidad de CD-ROM.

Requisitos de la unidad de CD-ROM. Tiempo de acceso de 250 ms; unidad de velocidad dual de 150 a 300 Kbps; caché en la unidad de 64 K; interfaz SCSI; compatible con MPC 2; enchufe de salida y control de volumen. Si tiene espacio, es mejor una unidad de CD-ROM interna.

Cómo Comunicarse con un Modem

La mayoría de los usuarios termina por agregar un modem a su computadora para conectarse a un servicio en línea o enviar y recibir fax. Pero ya mencioné esto en el capítulo 15, así que no insistiré. Sólo pase al capítulo 15 para conocer los detalles de la compra e instalación de un modem.

Cómo Agregar un Scanner

Los scanners le permiten copiar texto e imágenes del papel e introducirlos en su PC. Si tiene un programa que ofrezca reconocimiento óptico de caracteres, haga que el programa convierta el texto digitalizado en texto que puede editar con un programa de procesamiento de palabras. Cuando compre un scanner, tiene que tomar muchas decisiones. ¿Necesita uno manual, de tipo flatbed o tridimensional? ¿Necesita digitalizar las imágenes a color? ¿Cuánto detalle debe captar el scanner? He aquí una lista de los factores que debe considerar:

Tipos de scanner. *Los scanners manuales* son los más populares y más baratos. Usted arrastra el scanner por la página para capturar la imagen. Para digitalizar páginas completas o páginas con texto, es mucho mejor un *scanner tipo flatbed*. En el cual se coloca la página en el scanner y la máquina hace el trabajo (igual que fotocopiarlo). Este tiene un precio algo caro. Los scanners más caros son *los de documento en 3-D* (tercera dimensión). En esencia, son cámaras que "fotografían" todo lo que hay en una página.

Color o escala de grises. Para imprimir o capturar imágenes en color para presentaciones, adquiera un scanner de color. Si sólo va a imprimir en blanco y negro, opte por la escala de grises. Los dos tipos manejan diferente cantidad de colores o tonos de gris.

Resolución. La resolución del scanner, al igual que la resolución de la impresora, se mide en puntos por pulgada (dpi). Entre mayor sea la resolución, más precisa será la imagen. Sin embargo, a una resolución mayor el scanner requiere más RAM y el archivo de la imagen digitalizada es más grande. Su scanner debe digitalizar hasta 400 dpi, pero debe tener controles para digitalizar a resoluciones más bajas.

Compatibilidad con Twain. Twain es un estándar que permite que diferentes programas de Windows se comuniquen con el scanner. Por ejemplo, si tiene CorelDRAW! (un programa de dibujo muy popular), busque el comando Scan selecciónelo y después emplee su scanner para traer una imagen a la pantalla. Si el scanner no es compatible con Twain, tiene que salir de CorelDRAW!, digitalizar la imagen, guardarla en un archivo y después importarla a CorelDRAW!

Controles externos. Un scanner debe tener controles para ajustar el brillo, el contraste, el color (o la escala de grises) y la resolución.

Software incluido. El scanner debe incluir software para digitalizar y manipular la imagen. También debe contener software OCR para transformar el texto digitalizado en texto editable. El software que viene con algunos scanners es muy básico.

Instalar un scanner se parece mucho a instalar un bastón de mando. Inserta una tarjeta de expansión en una de las ranuras de expansión disponibles de su unidad del sistema y después conecta el scanner en la tarjeta. De la misma forma, tiene que ejecutar software para indicar al sistema dónde se localiza el scanner.

Cómo Instalar una Tarjeta de Expansión

Nueve de diez actualizaciones requieren que usted "instale" una tarjeta de expansión. El proceso consiste en conectar la tarjeta de expansión en una ranura dentro de su computadora. La parte difícil es evitar que la tarjeta se rompa mientras la coloca en su lugar.

Antes de empezar, debe recordar las siguientes advertencias de seguridad. Primero, antes de tocar la tarjeta de expansión, toque la cubierta de su computadora para descargar la electricidad estática (esta estática puede freír los frágiles componentes de la tarjeta). Segundo, tome la tarjeta por las orillas, evite tocar partes metálicas o soldadas. Por último, no fuerce la tarjeta en la ranura, deslícela con suavidad. Ahora está listo.

1.   Lea las instrucciones que vienen con la tarjeta.

2.   Quite la cubierta de la unidad del sistema. Por lo general, hay tornillos en la parte trasera y/o lateral. No toque lo que existe dentro de la unidad del sistema.

3.   Busque por ranuras de expansión disponibles dentro de la unidad del sistema, cerca de la parte trasera. Encuentre la ranura más pequeña en la que pueda introducir su tarjeta (deje las ranuras más grandes para actualizaciones futuras).

4.   Detrás de la ranura de expansión está un soporte metálico que cubre el "hueco". El puerto de la tarjeta de expansión se introducirá por este hueco. Quite el tornillo que asegura el soporte, teniendo cuidado de no dejarlo caer dentro de la unidad del sistema. (Si deja caer el tornillo, coloque un poco de adhesivo en un lápiz y trate de "pescar" el tornillo, no use sus dedos.)

5.   Toque una parte de la cubierta de la unidad del sistema para descargar la electricidad estática. Ahora, plante sus pies con firmeza y no los mueva. No debe generar más estática.

6.   Abra la bolsa protectora de plástico que contiene la tarjeta de expansión, tómela con firmeza de las orillas y sáquela de la bolsa.

7.   Sostenga la tarjeta con el soporte metálico de cara hacia el hueco y sus "pies" metálicos apuntando hacia abajo.

8.   Inserte los pies metálicos de la tarjeta en la ranura de expansión y mueva con firmeza la tarjeta hacia atrás y hacia adelante, hasta que se asiente en la ranura.

9.   Apriete el tornillo en el soporte de la tarjeta de expansión para mantener la tarjeta firme en su lugar. Guarde el soporte viejo en caso de que quite la tarjeta después.

10.   Vuelva a colocar la cubierta de la unidad del sistema, conecte la unidad y arranque su computadora. No debe atornillar la cubierta de la unidad del sistema hasta que esté seguro de que todo funciona.

11.   Ejecute el software que viene con la tarjeta. Tal vez tenga que ejecutar el programa de configuración de su computadora.

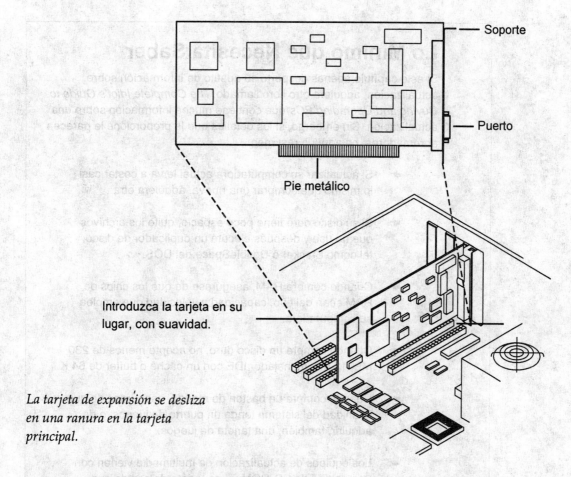

Soporte

Puerto

Pie metálico

Introduzca la tarjeta en su lugar, con suavidad.

La tarjeta de expansión se desliza en una ranura en la tarjeta principal.

¿Qué Pudo Salir Mal?

El problema que encuentra con mayor frecuencia es que la tarjeta de expansión tiene la misma *dirección* que una tarjeta que ya se encuentra en su computadora. Esto produce un conflicto que confunde a su PC, por lo que la nueva tarjeta no funciona. Por suerte, la mayoría de las tarjetas tiene interruptores DIP que usted restablece a una nueva dirección. Los interruptores DIP son pequeños. Algunos parecen interruptores de luz pequeños, y otros tienen puentes (llamados jumpers) que encienden y apagan pares de pins. En cualquier caso, antes de empezar, haga un esquema que muestre las especificaciones originales de los interruptores. Después lea el manual que viene con la tarjeta para conocer las distintas configuraciones con que cuenta. Desconecte la computadora y descargue la electricidad estática antes de mover los interruptores. Pruebe una configuración a la vez, hasta que encuentre una que funcione. Esto puede ser un proceso enloquecedor.

Lo Mínimo que Necesita Saber

Si este capítulo apenas despertó su apetito de información sobre actualización, adquiera otro libro llamado *(The Complete Idiot's Guide to Buying and Upgrading PCs)* que contiene mucha información sobre una actualización. Sin embargo, si los detalles que le proporcioné le parecen abrumadores, he aquí un resumen:

- ☞ Si actualizar su computadora actual le va a costar casi lo mismo que comprar una nueva, adquiera otra.

- ☞ Si su disco duro tiene poco espacio, quite los archivos que no use y después ejecute un duplicador de disco, tal como Stacker o DoubleSpace del DOS.

- ☞ Cuando compre RAM, asegúrese de que los chips de RAM sean del tipo, capacidad y velocidad que emplea su computadora.

- ☞ Cuando compre un disco duro, no acepte menos de 230 MB, 13 ms, manejador IDE con un caché o buffer de 64 K.

- ☞ Cuando compre un bastón de mando, asegúrese de que la unidad del sistema tenga un puerto de juegos, o de adquirir, también, una tarjeta de juegos.

- ☞ Los equipos de actualización de multimedia vienen con una unidad de CD-ROM y una tarjeta de sonido que funcionan juntos. Estos equipos también incluyen varios CD.

Capítulo 25

Cómo Sobrevivir sin Documentación

Al Final de Este Capítulo, Podrá:

- ☛ Imprimir una lista de los archivos en un disco.

- ☛ Instalar un programa en un disco duro (incluso si no tiene las instrucciones de instalación).

- ☛ Leer una lista de archivos para saber cómo ejecutar un programa.

- ☛ Exhibir el contenido de un archivo de ayuda en pantalla.

- ☛ Obtener ayuda en la mayoría de los programas.

El peor de los casos: obtiene un programa y no hay documentación. Ninguno de sus amigos sabe usar el programa y la librería local no tiene un libro sobre el tema. ¿Qué hace? Las secciones siguientes le proporcionan algunas tácticas para enfrentar estas situaciones. Aunque no funcionan para todos los programas, servirán para la mayoría.

Cómo Reunir Pistas: Imprima una Lista de Archivos de Programas

Para resolver cualquier misterio, primero debe reunir pistas. En este caso, las pistas son los nombres de los archivos que forman el programa y estos nombres pueden decirle mucho. Por lo tanto, primero debe imprimir la lista de nombres de archivos:

1. Si acaba de adquirir el programa, active la protección contra escritura del primer disco del conjunto, insértelo en una de las unidades de discos flexibles y cierre la puerta de la unidad. Cámbiese a la unidad que contenga el disco. Si el programa ya está instalado en el disco duro, cámbiese a la unidad de directorio donde se almacenan los archivos del programa.

2. Asegúrese de que su impresora esté encendida.

3. Escriba **dir>prn** y oprima **Enter.** El DOS imprime una lista del directorio que contiene los nombres de todos los archivos en la unidad y directorio actuales. He aquí un ejemplo:

```
Volume in drive B is GWS
Volume Serial Number is 12EB-2009
Directory of B:\
```

GWS	EXE	176410	04-29-94	2:18p
GWS	DOC	129796	11-07-94	3:28p
GWSINSTL	EXE	37458	11-07-94	11:31a
GWSDRV	RES	107225	11-07-94	2:39p
GWSPDR	RES	32044	08-11-94	6:08p
GWS	RES	143239	11-07-94	3:35p
EXAMPLE2	GIF	24576	01-01-80	3:36a
EXAMPLE3	GIF	27878	08-25-94	10:52a
RMOVER	EXE	19034	09-08-94	3:00p
EXAMPLE1	IMG	62630	08-28-94	3:00p
GWSSCN	RES	10523	09-05-94	10:07p
README	DOC	17643	11-01-94	9:30a
VIEW-ME	IMG	21041	12-20-94	6:48p

```
    12 file(s)    809497 bytes    662528 bytes free
```

¡Aquí Está!, Un Archivo SETUP o INSTALL

Normalmente, los programas vienen con sus propios programas de configuración o instalación. Usted ejecuta el programa y en forma automática crea un directorio en su disco duro, descomprime los archivos (si es necesario) y los copia al directorio nuevo. Tal vez tenga que contestar algunas preguntas.

Si ve un archivo llamado SETUP.BAT, SETUP.COM, SETUP.EXE, INSTALL.BAT, INSTALL.COM, INSTALL.EXE o un nombre similar, escriba el nombre del archivo sin su extensión y oprima **Enter**. Por ejemplo, escriba **install** y oprima **Enter**. Siga las instrucciones en la pantalla para avanzar. (Esto tal vez no funcione para programas de Windows. Avance a la sección llamada "Podría ser un programa de Windows".)

¿Preparado para Correr? Tiene Suerte

Algunos programas vienen preparados para ejecutarse, pero no se confíe. Para instalar el programa en su disco duro, copie los archivos de los discos del programa a un directorio en su disco duro. Para saber cómo crear directorios, cambiar a un directorio y copiar archivos, consulte el capítulo 6. En otros casos, la operación puede ser más compleja, como verá en seguida.

Busque un Archivo con ZIP

Muchos programas vienen con sus archivos *comprimidos*, para que ocupen menos espacio de disco y menos discos. Si despliega el directorio de un disco de programas y sólo ve uno o dos nombres de archivos, es posible que los archivos del programa estén comprimidos en un solo archivo.

Un programa que se emplea con frecuencia para comprimir archivos es PKZip. PKZip funciona de dos maneras: crea un archivo ZIP (un archivo con extensión .ZIP) que contiene todos los archivos del programa en un formato comprimido o se puede crear un archivo con la extensión EXE, que descomprime los archivos en forma automática cuando se ejecuta (a este se le llama un archivo ZIP *autoextractivo*). El método para descomprimir archivos depende del método utilizado para comprimirlos.

Descompresión de un Archivo ZIP

Para descomprimir un archivo ZIP, primero cópielo junto con el archivo PKUNZIP.EXE a un directorio en su disco duro. Cambie a la unidad de directorio que contienen el archivo ZIP. Escriba **pkunzip** *nombre de archivo* **.zip** (en donde nombre de archivo es el nombre del archivo comprimido) y oprima **Enter**. PKUnzip descomprime el archivo. Borre el archivo ZIP de su disco duro, para que no ocupe espacio de disco.

Descompresión de un Archivo .EXE

PKZip es uno de los programas de compresión más populares en el mercado, pero no es el único. Pudo usarse un programa de compresión diferente.

Un archivo .EXE es un archivo de programa, así que puede ejecutarlo como a cualquier programa. Primero, copie el archivo .EXE a un directorio en su disco duro. Cámbiese a la unidad y directorio que contiene el archivo. Escriba el nombre del archivo ejecutable sin la extensión .EXE y oprima**Enter**. Los archivos se descomprimen en el directorio actual. Borre el archivo ejecutable de su disco duro.

¿Cómo puede saber si se ha aplicado zip al archivo .EXE? No lo sabrá hasta que intente ejecutarlo. Si lo ejecuta y en la pantalla se muestra que se está descomprimiendo, dio en el blanco. Si no, no se ha dañado nada. Mejor suerte para la próxima.

Busque un Archivo README

Algunos programas vienen con un archivo llamado README (léame) que con frecuencia contiene información sobre cómo instalar y ejecutar el programa, detalles de cómo funciona el programa, información sobre nuevas características, o un nombre y dirección donde puede obtener documentación más completa.

Ejecución de un Archivo README

Si encuentra un archivo llamado README.BAT, README.COM, README.EXE o un nombre similar con la extensión .BAT, .COM o .EXE, ejecute el archivo

README igual que cualquier archivo de programa. Para ejecutar un archivo README, escriba su nombre en el punto de petición del DOS (sin la extensión .BAT, .EXE o .COM) y oprima **Enter**. Después, el programa exhibirá la información que contenga.

Consulta de un Archivo README

Si un archivo README tiene una extensión .DOC o .TXT (o el nombre READ.ME), es un archivo de texto y debe introducir un comando del DOS para ver lo que contiene. He aquí cómo exhibir el contenido del archivo en la pantalla:

1. Cámbiese al disco y directorio que contienen el archivo README. El nombre del archivo README puede variar. Por lo común, se llama README.TXT o README.DOC.

2. Escriba **type readme.txt | more**, en donde *type* le dice al DOS que exhiba el contenido del archivo en la pantalla, *readme.txt* es el nombre del archivo README y | *more* le indica al DOS que haga una pausa después de exhibir una pantalla de información.

3. Oprima **Enter**. El DOS exhibe la primera pantalla de información.

4. Lea la información y después oprima **Enter** para ver la pantalla siguiente.

5. Repita el paso 4 hasta que regrese al punto de petición del DOS.

Busque los Archivos que Terminan en .BAT, .COM o .EXE

Un archivo README es agradable, pero no es esencial; por lo general, puede pasársela sin él. Recuerde que su propósito principal es aprender a ejecutar el programa y que los tres tipos de archivos que ejecutan un programa tienen nombres que terminan en .BAT, .COM y .EXE. Por lo tanto, regrese a su lista de nombres de archivos y marque todos los archivos que terminan en .BAT, .COM o .EXE.

> **¡FÁCIL!**
>
> Una manera más fácil de observar el contenido del archivo README es imprimirlo. Escriba el comando mostrado y oprima **Enter**. (Recuerde sustituir el nombre del archivo real en lugar de *readme.txt*.)
>
> **copy readme.txt > prn**

Limite la Lista

Ahora puede empezar a limitar la lista. Primero, busque los archivos .BAT. Los cuales, por lo general, contienen comandos que ejecutan el archivo .COM o .EXE correcto, junto con cualesquiera opciones que le indican a los archivos .COM o .EXE exactamente cómo ejecutarse. Si se incluye un archivo por lotes, es un buen indicio para saber que no servirá escribir un nombre de archivo .EXE o .COM o que no funcionará como debe ser.

Marque los Archivos .BAT

Marque cualesquiera archivos por lotes cuyos nombres aparezcan para representar el nombre del programa. Por ejemplo, digamos que tiene un programa conocido como BlackDoom; busque nombres como BD.BAT, BLACK.BAT o BDOOM.BAT. Haga lo mismo para nombres de archivos que terminen en .COM y .EXE.

Intente Ejecutar el Programa

Ahora, intente ejecutar el programa. Pruebe todos los nombres de archivos, del que más produzca al que menos se imagine (primero los archivos .BAT, después los COM y por último los .EXE), hasta que acierte en el correcto.

Para correr un programa, primero cámbiese a la unidad y directorio que contiene los archivos de programa. Teclee la primera parte del nombre de archivo del programa (omita el punto y la extensión). Por ejemplo, para correr Microsoft Windows, teclee **win** sin punto ni la extensión EXE. Presione **Enter**. Si el programa arranca, todo va bien. En caso contrario, pruebe con varios nombres de programa hasta que acierte.

Puede ser un Programa de Windows

No puede ejecutar un programa de Windows de Microsoft desde el punto de petición del DOS. Si no consigue ejecutar el programa o recibe un mensaje diciendo que el programa requiere Windows, intente ejecutar el programa desde Windows.

Para ejecutar un programa desde Windows, primero inicie Windows desde el punto de petición del DOS (escriba **win** y oprima **Enter**). Haga clic en File, en la barra de menús desplegables del Program Manager y seleccione **R**un. Escriba la ruta completa hacia la unidad y el directorio en la que se almacenan los archivos del programa, seguida por el nombre del archivo que ejecuta el programa. Por ejemplo, escriba **c:\graph\graph.exe**. Oprima **Enter** o haga clic en **OK**. (En Windows, los archivos que terminan en PIF también ejecutan programas.)

Escriba aquí la unidad, directorio y el nombre de archivo.

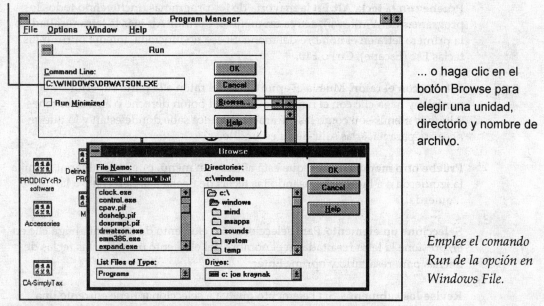

... o haga clic en el botón Browse para elegir una unidad, directorio y nombre de archivo.

Emplee el comando Run de la opción en Windows File.

El Programa se Está Ejecutando, ¿Ahora Qué?

Una vez que carga y ejecuta un programa, su siguiente preocupación es cómo desplazarse en él. La técnica para navegar a través de él será diferente, dependiendo de si el programa se controla *por comandos* o *por menús*. Con los programas controlados por comandos, cada comando corresponde a una tecla de función o a una combinación de teclas, tales como F5 o Ctrl + F1 o Shift + F3. Tiene que saber cuál tecla oprimir. Con los programas controlados por menús, selecciona los comandos de un menú desplegable en la parte superior de la pantalla o al emplear algún otro sistema de menús.

¿Controlado por Menús? No hay Problema

Si inicia un programa y aparece en la pantalla un menú, tiene suerte. Para introducir comandos, sólo abra un menú y seleccione el comando. Sólo tiene un problema inicial: cómo abrir un menú. He aquí algunas técnicas que funcionan en un amplio rango de programas:

Busque un mensaje. Busque en la parte superior o inferior de la pantalla un mensaje como **Press Alt for menus** o **Right-click for menus** (oprima Alt para los menús o haga clic con el botón derecho para menús). Siga las indicaciones de los mensajes.

Pruebe con la tecla Alt. En la mayoría de los programas (incluyendo todos los programas de Windows), activa un menú al oprimir Alt más la letra resaltada o la primera letra en el nombre del menú. Si eso no funciona, intente oprimir las teclas **Esc** (Escape), **Ctrl** o **F10**.

Intente con el ratón. Mueva el apuntador del ratón a la parte superior de la pantalla y haga clic con el botón izquierdo, el botón derecho o ambos botones. Algunos menús son como las cucarachas; nunca sabe dónde están y lo que se necesita para hacerlas salir de su escondite.

Pruebe otro menú. Una vez que está abierto un menú, puede cambiar al menú a la izquierda o a la derecha usando las teclas de flecha a la derecha o a la izquierda.

Seleccione un elemento. Para seleccionar un elemento de un menú, haga clic en él, presione la letra resaltada en el nombre del elemento o emplee las teclas de flechas para resaltarlo y oprima **Enter**.

Revise los submenús. Si el elemento que va a seleccionar tiene enfrente una flecha, aparecerá un submenú y tendrá que realizar otra selección. Si el elemento tiene enfrente dos o tres puntos (..) aparecerá una caja de diálogo, solicitando información adicional.

Vuelva a Mirar la Pantalla

Con frecuencia, le sorprenderá la cantidad de problemas y misterios que puede resolver al detenerse y observar con cuidado la pantalla. Muchos programas exhiben una barra de teclas de funciones en la parte inferior de la pantalla, que muestra los comandos que puede introducir. Sólo oprima una tecla de función para introducir el comando mostrado.

Otros programas exhiben una línea de estado en la parte inferior de la pantalla, que contiene mensajes de lo que puede hacer en seguida. Por ejemplo, se puede observar el mensaje **READY** (preparado), que significa que puede empezar a trabajar. O el mensaje puede indicarle cuál tecla necesita oprimir para exhibir la pantalla de ayuda.

F1: El 911 de la Computación

Igual que el 911 es un número telefónico estándar para comunicarse en caso de emergencias, la mayoría de los programas emplea la tecla F1 para exhibir una pantalla de ayuda. Oprima **F1** y observe lo que sucede. Muchos programas exhiben un índice Help que lista la ayuda. Si la opción está disponible, selecciónela para saber cuáles teclas necesita oprimir para introducir comandos.

¿Un Tutorial Incorporado? Encontró el Oro

Algunos programas vienen con un tutorial que le conduce por el proceso de emplear las características principales del programa. Exhiba un directorio de los archivos del programa y busque un archivo parecido a TUTOR.EXE, TUTOR.COM, LEARN.EXE o LEARN.COM. Si encuentra tal archivo, intente ejecutarlo.

Lo Mínimo que Necesita Saber

En cuanto se acostumbre a emplear una computadora, se inclinará más y más a usar cada programa sin consultar la documentación. Conforme encara desafíos mayores, recuerde los fundamentos:

- ☛ Si no tiene documentación para un programa, lo primero que debe hacer es observar un directorio de los archivos del programa.

- ☛ Si ve un archivo llamado SETUP o INSTALL, escriba el nombre del archivo (sin el punto y la extensión) en el indicador del DOS y oprima **Enter**. El programa se instalará a sí mismo.

- ☛ Por lo general, los archivos de programas están comprimidos en un archivo. Si ve un archivo que tiene la extensión .ZIP, emplee PKUnzip para descomprimir los archivos del programa.

- ☛ Algunos programas contienen un archivo README u otro archivo de texto, que contiene instrucciones sobre cómo instalar y emplear el programa. Algunos archivos README sólo contienen información actualizada o soluciones para problemas comunes.

☛ Los archivos de programas cuyos nombres terminan en .BAT, .COM o .EXE son archivos que ejecutan en programa. Para correr uno de estos archivos, escriba su nombre (sin el punto ni la extensión) en el indicador del DOS y oprima **Enter**.

☛ Si el programa es de Windows de Microsoft, debe ejecutarlo desde Windows.

☛ Algunos programas contienen un menú o una barra de menús desplegables que emplea para introducir comandos. Para activar la barra de menús, pruebe la tecla Alt o el ratón.

☛ Una manera común de obtener ayuda en un programa es oprimir la tecla **F1**.

Capítulo 26

Tal Vez Usted Pueda Arreglarlo

Al Final de Este Capítulo, Podrá:

- ☛ Determinar qué hacer (y qué no hacer) en una crisis.

- ☛ Rastrear la causa de un problema.

- ☛ Comprender al menos cinco mensajes de error del DOS.

- ☛ Sacar al apuntador del ratón de su escondite.

- ☛ Hacer que su impresora empiece a funcionar (cuando se niega a continuar).

- ☛ Hacer que su teclado recobre la normalidad cuando enloquezca.

Las computadoras son inconstantes. Puede usar su computadora toda la semana sin problemas. Después, el viernes intenta ejecutar un programa que ha empleado toda la semana y aparece el siguiente mensaje en la pantalla:

Bad command or filename

O intenta imprimir un archivo y no lo logra. La impresora está encendida, tiene papel y todo parece estar bien, pero, sin importar lo que haga, no consigue imprimir el archivo.

¿Qué debe hacer? En este capítulo, aprenderá a reaccionar en una crisis y a resolver los achaques de su computadora. Aunque no cubro todos los problemas en este capítulo, analizaremos muchos problemas comunes para darle una muestra de las cosas que pueden funcionar mal.

Tácticas de Solución de Problemas: Cómo Resolver sus Propios Asuntos

Con un poco de paciencia, puede resolver sus propios problemas. Sólo tiene que saber cómo enfrentarlos: lo que debe hacer y lo que no debe hacer. La táctica general tiene dos vertientes. Necesita rastrear el problema hasta sus causas y no hacer el problema peor de lo que ya es.

Cuando tiene un problema y no posee una solución obvia, es mejor no hacer nada. Si tiene inquietud de hacer algo, camine o lave los platos hasta que ya no sienta pánico. Después regrese y pruebe alguna de las tácticas siguientes.

Busque Pistas

Es probable que la respuesta a la mayoría de los problemas esté ante sus ojos. Por lo tanto, primero debe observar el monitor en busca de mensajes que indiquen un problema. Aunque los mensajes en la pantalla son muy generales, le proporcionan un punto inicial. Si no ve nada en la pantalla, hágase algunas preguntas.

¿Está todo conectado y encendido? Si una parte de su computadora está muerta: sin luces, sin sonido, sin acción, es probable que no esté conectada o encendida. Apague todo y revise las conexiones. No suponga que sólo porque algo parece conectado lo está; encaje bien los enchufes.

¿Cuándo empezó el problema? Recuerde lo que hacía antes que surgiera el problema. ¿Instaló un programa de software nuevo?, ¿introdujo un comando?, ¿se congeló la computadora? Saber cuándo empezó el problema con frecuencia revela la causa.

¿El problema se limita a un programa? Si tiene el mismo problema en todos los programas, tal vez lo produzca su computadora. Si el problema sólo ocurre en un programa, es probable que lo produzca el programa.

¿Cuándo fue la última vez que tuvo el archivo? Si perdió un archivo, no es probable que lo haya devorado un agujero negro: está en alguna parte de su disco, en un directorio separado. Intente recordar cuándo fue la última vez que tuvo el archivo y en qué directorio lo guardó.

Tal Vez no Sea la Computadora

Gran parte de los usuarios novatos de computadoras (y algunos experimentados) suponen en forma automática que, cuando surge un problema, es por la computadora. Aunque la computadora puede producir problemas importantes, rara vez es la causa de los problemas cotidianos y menores. Por lo general, el problema es el software: el DOS, Windows o una de sus aplicaciones.

No deje pasar lo obvio. Muchos problemas tienen soluciones rápidas. La impresora puede no estar encendida, un cable puede estar flojo o desconectado, o tal vez busque un archivo en el directorio incorrecto. Necesita alejarse del problema para apreciarlo.

Mi Computadora no Arranca

Una computadora se parece mucho a un automóvil. Lo más frustrante es que ni siquiera consiga encender el motor. Para resolver el problema, considere estas cuestiones.

¿Está encendida la computadora? ¿Se encienden las luces de la computadora? Si es así, la computadora está conectada y encendida. Si no, asegúrese de que la computadora esté conectada a una toma de corriente, que esté encendida su tablilla de corriente (si la emplea) y que el otro extremo del conector de la computadora se inserte con firmeza en la computadora. Por último, asegúrese de que el interruptor de corriente de la unidad del sistema esté encendido.

¿Está la pantalla completamente en blanco? Aunque la pantalla esté completamente en blanco, la computadora pudo haber arrancado; pero usted no puede verlo. Si escuchó que la computadora emitía ruidos y vio que las luces se encendían y apagaban, es probable que la computadora haya arrancado bien. Asegúrese de que el monitor esté encendido y de que los controles de brillantez estén en la posición correcta.

¿Hay un disco en la unidad A? Si ve un mensaje en la pantalla que dice **Non-system disk or disk error**, es probable que haya dejado un disco en la unidad A. Quítelo y oprima cualquier tecla para arrancar desde el disco duro.

Si pretende crear un disco flexible para arrancar, consiga un disco en blanco para la unidad A (no la unidad B). Insértelo en la unidad A, escriba **format a: /s** y oprima **Enter**. Cuando el DOS termina de formatear el disco, tiene un disco flexible de arranque. Colóquelo en la unidad A, cierre la puerta de la unidad y oprima **Ctr + Alt + Del** para ver si funciona el disco. Si no trabaja, quítelo, oprima **Ctrl + Alt + Del** y pida ayuda a gritos.

¿Puede arrancar desde un disco flexible? Si no consigue que su computadora arranque desde el disco duro, intente arrancar desde la unidad de discos flexibles. Inserte un disco flexible de arranque en la unidad A, cierre la puerta y oprima **Ctrl + Alt + Del**. Si arranca desde un disco flexible, el problema está en su disco duro. Necesitará ayuda experta para salir de este lío.

Mensajes Comunes del DOS en Idioma Sencillo

Mientras trabaja con el DOS, encuentra mensajes de error y advertencias y se pregunta qué significan. Las secciones siguientes traducen los mensajes del DOS que es más probable que encuentre. (También, hay más información en el sistema Help del DOS, como se explica en el capítulo 6.)

All files in directory will be deleted Are you sure (Y/N)?

Es probable que haya introducido el comando delete *.* en el punto de petición del DOS. Esto le indica al DOS que borre todos los archivos en la unidad y directorio actuales. Si pretendía hacer eso, oprima **Y**. Si no, oprima **N**.

Bad command or file name

Este mensaje se observa cuando comete un error al escribir el comando que introduce. Revise que su comando esté escrito de manera correcta. Si así ocurrió, tal vez el DOS no encuentra el archivo del programa de comandos. Por ejemplo, debe estar en el directorio del DOS para emplear el comando FORMAT del DOS. En tal caso, debe cambiarse al directorio que contiene el archivo del programa antes de ejecutarlo.

File cannot be copied onto itself

Este mensaje aparece si intenta copiar un archivo en el mismo directorio que ya contiene el archivo. Para crear una copia de un archivo en el mismo directorio, tiene que darle un nombre diferente.

File not found

Usted observa este mensaje cuando intenta copiar, borrar, renombrar o ejecutar alguna otra operación en un archivo que no existe o en un archivo que está en una posición diferente de la que usted piensa. Si obtiene este mensaje, asegúrese de haber escrito el nombre de archivo de manera correcta. Si está bien escrito, cambie a la unidad y directorio donde piensa que se almacena el archivo y emplee el comando DIR para observar una lista de los archivos. Compruebe que el archivo se encuentra donde usted piensa.

Insufficient disk space

El DOS exhibe este mensaje de error cuando intenta copiar en un disco más archivos de los que puede contener. Si recibe este mensaje de error, necesita copiar los archivos en más de un disco.

Non-system disk or disk error
Replace and press any key when ready

Se obtiene este mensaje de error cuando arranca su computadora. Si sus archivos del sistema están en un disco duro, este mensaje significa que dejó un disco en la unidad A. Quite el disco y oprima cualquier tecla para continuar.

Si normalmente arranca de un disco flexible, tal vez olvidó insertar el disco de inicio en la unidad A. Inserte el disco de inicio del DOS, cierre la puerta de la unidad y oprima cualquier tecla.

Not ready reading drive A
Abort, Retry, Fail?

Obtendrá este mensaje por alguna de estas razones:

- ☞ Olvidó colocar un disco en la unidad A. Inserte un disco, cierre la puerta de la unidad y oprima **R** para reintentar (Retry).

- ☞ Olvidó cerrar la puerta de la unidad. Ciérrela y oprima **R** (Retry).

- ☞ El disco en la unidad A no está formateado. Si la unidad A tiene un disco nuevo sin formatear, el DOS no podrá leerlo. Inserte un disco formateado en la unidad A, cierre la puerta y oprima **R**.

- ☞ Cambió a la unidad A por error. Oprima **F** (Fail) o **A** (Abort) para indicar al DOS que deje de buscar en la unidad A. Aparece un mensaje diciéndole que la unidad A ya no es válida. Escriba **c:** y oprima **Enter** para regresar a la unidad C.

- ☞ Tiene una unidad de doble densidad y colocó un disco de alta densidad en ella. Haga la prueba con un disco de doble densidad.

Mi Pantalla Parpadea

Si su pantalla parpadea o presenta colores disparejos, es probable que esté flojo el conector del monitor a la unidad del sistema. Apague todo y revise la conexión. Si el conector tiene tornillos que lo aseguran a la unidad del sistema, apriételos.

No Puedo Ejecutar el Programa

Adquirió un programa nuevo, lo instaló e introdujo el comando para ejecutar el programa. Y le aparece el siguiente mensaje en la pantalla: **Bad command or file name.** ¿Qué salió mal?

¿Se encuentra en la unidad y directorios donde se almacenan los archivos del programa? Algunos programas se instalan a sí mismos y configuran su sistema para que pueda ejecutarlos desde cualquier directorio o unidad. Con otros programas, debe cambiar a la unidad y directorio que contienen los archivos del programa para ejecutarlos.

¿Escribió el comando correcto? El comando debe escribirse exactamente como se especifica en la documentación. Si escribe mal el comando, el programa no se ejecuta. Si no tiene la documentación, consulte el capítulo 25 para saber qué hacer.

¿Instaló el programa en forma correcta? Instalar algunos programas comúnmente consiste en copiar los archivos del programa a un directorio en su disco duro. Con otros programas, debe ejecutar un programa de instalación. Si el programa requiere que ejecute un programa de instalación y no lo hizo, es probable que no se ejecute.

¿Es un programa de Windows? No puede ejecutar un programa de Windows desde el punto de petición del DOS. Primero ejecute Windows y después intente correr el programa (véanse los capítulos 7 y 8). O intente escribir **win**, seguido por el comando requerido para ejecutar el programa y después oprima **Enter**. Por ejemplo, escriba **win excel** y oprima **Enter**.

Tengo un Ratón, pero no Encuentro el Apuntador en la Pantalla

Una vez que hace trabajar su ratón, es probable que nunca tenga problemas con él. Lo difícil es hacer que el ratón funcione la primera vez. Si conectó un ratón a su computadora y no ve el apuntador en la pantalla, debe investigar algunas posibilidades.

¿Está en un programa que emplea un ratón? Algunos programas no *soportan* un ratón, por lo que no ve el apuntador en estos programas. Por ejemplo, no ve un apuntador de ratón en el punto de petición del DOS, pero debe ver uno en el programa DOS shell. Ejecute un programa del que está seguro que emplea un ratón para ver si funciona ahí.

¿Está oculto el apuntador del ratón? A los apuntadores de ratón les gusta ocultarse en las esquinas u orillas de su pantalla. Mueva el ratón en su escritorio para ver si puede hacer que se vea el apuntador.

Cuando conectó el ratón, ¿instaló un programa de ratón? No es suficiente conectar un ratón a su computadora. Debe instalar un programa (llamado *manejador de ratón*) que le indique a la computadora cómo usar el ratón. Siga las instrucciones que vienen con el ratón para saber cómo instalar el programa.

Hablando de anotar todos los cambios que haga, es una buena idea anotar siempre cualesquiera modificaciones que haga a su sistema. Aunque requiere un poco de tiempo extra, le permite seguir sus pasos más adelante.

Cuando instaló el programa del ratón, ¿especificó un puerto COM? Cuando instala un programa de ratón, el programa le consulta si el ratón está conectado a COM1, COM2 o COM3, los puertos tipo serie de su computadora. Si proporciona la respuesta incorrecta, su computadora no podrá encontrar su ratón. Ejecute el programa de instalación o de configuración otra vez y seleccione un puerto COM diferente. Vuelva a arrancar después de cada cambio y anote las modificaciones realizadas.

El Apuntador del Ratón Salta

Si el apuntador de su ratón salta por la pantalla en lugar de moverse con suavidad, su ratón tiene bolas de pelusa. Para saber qué son y cómo eliminarlas, consulte el capítulo 27.

No Consigo que Funcione mi Modem

Usted no es el único. Cada día, a alguien, en algún lugar, le ocurre el mismo problema. Por lo general, esto sucede en Windows. Un ser maligno entra en la computadora y enreda todo. Cualquiera que sea el problema, las preguntas siguientes tal vez le ayuden a resolverlo.

¿Está conectado y encendido el modem? Si tienen un modem externo, debe estar conectado a una fuente de corriente, a la unidad del sistema, a una línea telefónica y debe estar encendido.

¿Funciona el teléfono? Revise su enchufe telefónico introduciendo en él un teléfono normal. Levante la bocina y escuche si presenta el tono de marcar. Si no lo escucha, el enchufe está muerto y su modem no podrá marcar.

¿Estoy marcando el número equivocado? Parece tonto, pero es una causa común. Si escucha una voz enojada que sale del modem, es probable que haya despertado a alguien. Rece para que no tenga un rastreador de llamadas. También, si normalmente tiene que agregar un dígito antes de llamar a otro teléfono (por ejemplo, 9), escriba el dígito, una coma y, por último, después el número telefónico.

¿Tiene servicio de pulsos o tonos? Levante su teléfono y marque algunos números. Si escucha clics, tiene un servicio de pulsos (o rotatorio), aun cuando tenga un teléfono con botones. Si escucha bips, tiene un servicio de tono. Si su programa de telecomunicaciones está establecido para servicio de tono y usted tiene servicio rotatorio, no podrá marcar. Restablezca su programa de telecomunicaciones para servicio rotatorio. Por lo general, sólo tiene que señalar en una caja de opciones.

¿Sabe mi programa dónde está el modem? La mayoría de las computadoras tiene dos puertos COM. Por lo regular, un ratón se conecta a COM1, y COM2 se deja abierto para otro dispositivo, con frecuencia un modem. Su programa de comunicaciones o de servicio en línea, le permite especificar el puerto COM que emplea su modem. Intente cambiar la especificación del puerto COM.

¿Son correctas las especificaciones de comunicaciones? Si su programa de comunicaciones puede encontrar su modem, marcar un número y establecer una conexión, pero no hace nada más, es probable que sus especificaciones de comunicaciones estén incorrectas. Si su especificación de baudios es 9600 bps o mayor, haga una prueba a 2400. Si el modem funciona con un programa pero no funciona con otro, anote las especificaciones de comunicaciones del programa que funciona y empléelas para el programa que no lo hace.

La Computadora no Lee mi Disco Flexible

No se sienta mal, les sucede a todos. Introduce un disco flexible en la unidad, cierra la puerta, cambia a la unidad y obtiene un mensaje de error que dice que el disco no está bien. El DOS no puede leer o escribir en él o ni siquiera ve que está ahí. ¿Qué sucedió? Depende.

¿Está bien insertado el disco? Incluso los usuarios más experimentados, en ocasiones insertan un disco al revés o de lado en la unidad de disco (una vez, inserté un disco en la ranura entre las dos unidades de disco). Asegúrese de que el disco está en la ranura correcta y de la manera adecuada.

¿Está cerrada la puerta de la unidad? Si la unidad tiene una puerta, debe estar cerrada. De otra manera, obtiene un mensaje de error que dice que el DOS no puede leer o escribir en él.

¿Tiene el disco protección contra escritura? Si el disco tiene protección contra escritura, no podrá guardar un archivo en el disco.

¿Está lleno el disco? Si intenta guardar un archivo en un disco y recibe un mensaje de **Insufficient space**, el disco no tiene espacio libre suficiente para contener más datos. Emplee otro disco.

¿Está formateado el disco? Si compra discos nuevos sin formatear, debe formatearlos antes de usarlos.

¿Formateó el disco a la densidad adecuada? Si formatea un disco de alta densidad como disco de baja densidad, o viceversa, es probable que surjan problemas cuando intente usarlo.

¿Está mal el disco? Aunque es raro, los discos se estropean. Algunos discos incluso vienen mal desde el fabricante. Si recibe un mensaje **Sector not found** o **Data error**, el disco está defectuoso. Por otra parte, tal vez necesita ajustar la unidad. Pruebe otros discos. Si tiene problemas con todos ellos, el problema está en la unidad. Si sólo tiene problemas con un disco, es el disco.

TECNO CEREBRO ENSEÑA...

Si un disco está estropeado, tal vez pueda salvarlo al usar un programa de utilerías, como se explica en el siguiente capítulo. Si una unidad está mal, tiene que llevarla a un taller de computadoras y hacer que se la reparen. Por lo general, el problema es que la unidad no gira a la velocidad correcta o que el brazo que lee y escribe datos en el disco no está alineado en forma adecuada sobre el disco.

Mi Teclado Está Esquizofrénico

Algunos teclados fantásticos le permiten *remapear* las teclas. Por ejemplo, puede hacer que la tecla F1 en el lado izquierdo del teclado actúe como la tecla Enter, o que ejecute una serie de teclazos. A los usuarios avanzados les gusta remapear teclas para personalizar el teclado y ahorrar tiempo.

Sin embargo, si oprime por accidente la tecla de remapeo y después sigue escribiendo, remapea todo su teclado sin saberlo. Se enterará cuando oprima la tecla K y obtenga una Z o cuando oprima la barra espaciadora y borre un párrafo. Por lo general, puede desmapear el teclado. Si tiene un teclado AnyKey, regresa una tecla a su modo normal al oprimir la tecla Remap y después presionar dos veces la tecla afectada.

Si no tiene un teclado AnyKey, no puedo ayudarle. Saque la útil documentación que llegó con su teclado e intente encontrar algo sobre el remapeo de teclas. Sin embargo, tal vez desee saber dónde estaba el bromista de la oficina (o su hijo de 14 años) justo antes que todo se desquiciara.

Mis Teclas se Pegan

Si tiene un teclado antiguo, o si derramó algo en el teclado, las teclas pueden empezar a pegarse. Lleve el teclado a un servicio de computadoras y haga que lo limpien. O compre uno nuevo; son baratos. Si su teclado no está muerto por completo o si su computadora exhibe el mensaje **Keyboard not found** (no se encontró el teclado) cuando la arrancó, revise la conexión y el cable del teclado.

Mi Impresora no Funciona

Las impresoras son una molestia. Son molestas para configurarlas y para usarlas. E incluso si finalmente consigue que una impresora funcione con un programa, no es seguro que funcione con otro programa. Por lo tanto, si tiene problemas con la impresora, tal vez tenga que hacer modificaciones toda una jornada. He aquí algunas de las cosas que debe buscar:

¿Tiene papel la impresora? Una impresora se niega a imprimir sin papel, pero casi ninguna impresora le indica que se le ha acabado el papel. Revise la provisión de papel y asegúrese de que se alimenta en forma correcta a la impresora.

Pruebe el botón Load/Eject. Algunas impresoras tienen un botón Load (cargar), que debe oprimir para hacer que el papel empiece a alimentar la impresora. Sólo oprima el botón una vez: para iniciar la alimentación de papel. La impresora lo toma de ahí.

¿Está encendida la luz de en línea? Si está apagada o parpadeando la luz de en línea, la impresora no está preparada para imprimir. Oprima el botón de en línea (si la impresora tiene uno) o el botón **Reset**.

¿Tiene problemas al imprimir en un solo programa? Si puede imprimir sin problemas en otro programa, tal vez seleccionó la impresora incorrecta en el programa que le causa problemas. Lea la documentación de su programa para saber cómo configurar una impresora. Después, revise la configuración de su impresora en el programa. También verifique que seleccionó el puerto de impresora correcto (por lo general LPT1). Si tiene un programa en el que puede imprimir, revise la configuración de la impresora y tómelo como modelo para la nueva configuración de la impresora.

Revise la cola de impresión. Muchos programas imprimen un archivo en una *cola de impresión* en el disco; la cola (o administrador de impresión) alimenta después el archivo a la impresora. La cola de impresión puede dejar de enviar información a la impresora por diversas razones (por lo general, debido a que la impresora está apagada o no está en línea). Por lo que necesita hacer dos cosas:

> **Encienda la impresora y póngala en línea.** Hasta que la impresora esté preparada para aceptar información, la cola de impresión no enviará el archivo.

> **Indique a la cola de impresión que inicie o continúe el trabajo de impresión.** Este proceso es diferente de programa a programa. Por ejemplo, en Windows oprime **Ctrl + Esc** y elige **Print Manager** de la lista de programas. Aparece la ventana de Print Manager, que le muestra los archivos que se encuentran en ese momento en la cola. Después, se introduce un comando para continuar el trabajo de impresión.

Cuando Tenga Duda, Apáguela

Si no funciona alguna reparación, intente volver a arrancar su computadora al oprimir **Ctrl + Alt + Del**. Si eso no funciona, apague todo y déjelo así tres minutos. (Esto permite que la computadora limpie su memoria.) Encienda el monitor, después su impresora y por último la unidad del sistema. Si no ha arreglado nada, solicite ayuda.

Antes de Llamar al Soporte Técnico

Muchas compañías de hardware y software ofrecen apoyo técnico para sus productos. Por lo general, debe llamar a larga distancia y tal vez le cobren por los consejos. Para ahorrar dinero y evitar algunos problemas con la persona de apoyo técnico, realice los siguientes pasos antes de llamar:

☛ Pruebe todo lo mencionado en este capítulo.

☛ Escriba una descripción del problema con detalle, explicando lo que sucedió y lo que hacía en ese momento.

☛ Anote nombre, versión y número de licencia (o de registro) del programa con el que tiene problemas.

☛ Anote la información de su computadora, incluyendo la marca, el tipo de chip y su velocidad así como el tipo de monitor.

☛ Encienda su impresora, cambie al directorio C:\, escriba **print config.sys** y oprima **Enter**. Escriba **print autoexec.bat** y oprima **Enter**. Mantenga estos papeles a la mano cuando llame al soporte técnico.

☛ Ahora puede llamar.

Lo Mínimo que Necesita Saber

Si no recuerda todos los detalles proporcionados en este capítulo, no se preocupe. Es probable que su problema específico no haya sido cubierto. Lo que debe recordar es cómo analizar un problema hasta su causa. Estas son algunas cosas que debe recordar:

☛ No se deje llevar por el pánico.

☛ Busque pistas en la pantalla.

☛ Pregúntese si cuando empezó el problema. ¿Estaba instalando un programa nuevo?

☛ Aísle el problema. ¿Sucede en todos los programas o sólo esta vez?, ¿sucede todas las veces?

☛ Si sospecha un problema de hardware, apague todo y revise las conexiones. Asegure los enchufes; una conexión floja puede ser peor que no tener una conexión.

☛ Como último recurso, apague su computadora, espere tres minutos y después encienda todo.

Fije su mirada en medio de esta página y espere a que aparezca una imagen en tercera dimensión. Tenga paciencia.

Capítulo 27

El Zen y el Arte del Mantenimiento de Computadoras

Al Final de Este Capítulo, Podrá:

- ☛ Evitar las migajas en su teclado.

- ☛ Recuperarse al derramar algo en el teclado.

- ☛ Retirar cabellos de su ratón.

- ☛ Elegir un programa de utilerías que le ayude a recuperarse de un desastre.

- ☛ Proteger sus discos y los datos que almacenan.

Está bien, admito que el título del capítulo es un poco confuso. Este capítulo no contiene nada sobre Zen. Tal vez un koan (el sonido de una unidad sin disco) o dos. O un mantra que canturrea cuando derrama refresco de cola en su teclado; pero nada de la filosofía Zen que encuentra en el libro *Zen y el arte del mantenimiento de motocicletas*. No, este capítulo se concentra en la parte de mantenimiento.

¡Cómo!, ¿Otra Vez la Analogía del Auto?

Sí, de nuevo la analogía del auto. Lo lamento, pero es la analogía perfecta cuando nos referimos al mantenimiento. Su computadora *es* como un automóvil. Puede usarlo sin limpiarlo, afinarlo o rotar sus llantas, pero es probable que no dure mucho tiempo. En este capítulo, conocerá el mantenimiento básico del Software y del Hardware que hará que su computadora funcione sin problemas y que le servirá para recuperarse de incidentes ocasionales.

Aprenderá a cuidar todas las partes que forman la computadora: a quitar las migajas del teclado, a limpiar jugo de insectos de su monitor y a retirar el polvo de su unidad del sistema. Más adelante en este capítulo, aprenderá a cuidar el interior de la computadora: la unidad de disco duro y los datos que almacena.

Limpieza del Parabrisas

Para desempolvar un monitor, pruebe una hoja para secarse las manos usada. El papel es suave, así que no es probable que raye el monitor. Y la hoja ayudará a reducir la estática en el monitor, evitando futuras acumulaciones de polvo.

Si nunca ha limpiado su monitor, ponga su dedo en la pantalla y escriba LAVAME. Pero no lave el monitor. Primero apáguelo. Después tome una toalla de papel, rocíela con un poco de agua y limpie el polvo y las huellas de la pantalla. No rocíe nada en la parte de cristal del monitor. Podría quedar húmedo su interior; la humedad y la electricidad no se llevan.

Mientras lo hace, asegúrese de no arrojar polvo por sus aberturas. Tener polvo *fuera* de la unidad es mejor que tenerlo *dentro*. Si tiene una aspiradora con manguera, empléela para absorber el polvo del monitor.

Cómo Quitar Migajas del Teclado

Algunos estudios sobre los cigarrillos demuestran que dañan su computadora. La ceniza se acumula en los componentes y discos de su computadora y los estropea en poco tiempo.

Los teclados son como las alfombras; todo lo que escapa de su boca o de sus dedos cae en el teclado. Este material se desliza bajo las teclas. Para sacarlo, voltee su teclado y sacúdalo con suavidad.

Oops, Café en el Teclado

Si derrama café, jugo u otra bebida en el teclado, apague todo. Mientras la humedad no se filtre muy adentro del teclado, está bien. Quite todo el líquido posible de las teclas con una toalla de papel y después voltee el teclado. Séquelo con una secadora eléctrica o permita que se seque solo (toda una noche).

Si las teclas se pegan después, tal vez tenga que llevarlo a una limpieza profesional.

Antes que todo, es mejor evitar derrames. Si tiene alguna bebida favorita para trabajar, mantenga su vaso bajo el nivel de su teclado y aléjese cuando beba.

Cómo Extirpar de su Ratón las Bolas de Pelusa

Es probable que alimente a su ratón sin saberlo. Su ratón devora todo el polvo y migajas que hay en su escritorio y lo engulle. Esto produce que el apuntador del ratón salte por toda la pantalla.

Para limpiar el ratón, apague todo, voltee el ratón, desatornille o deslice su tapa, quite la bola del ratón y retire con cuidado las pelusas con un palillo o con unas pinzas largas. Dentro del ratón hay unas partes móviles que parecen rollos de toalla de papel. El polvo se acumula en estos rollos. También, sople en los contactos dentro del ratón para quitar el polvo.

Si algo se pega en la bola del ratón, límpiela con una toalla de papel humedecida en alcohol. Vuelva a colocar la bola y atornille la tapa. Eso es suficiente para otros 10,000 kilómetros.

Cómo Desempolvar la Impresora

Por lo general, las impresoras contienen mucho polvo de papel. Aspire el polvo. No puede hacer mucho más para conservar su impresora en condiciones de operación óptimas, excepto evitar objetos extraños y cubrirla cuando no la use.

Cómo Aspirar la Unidad del Sistema

Odio decírselo, pero su unidad del sistema es una aspiradora. Hay un pequeño ventilador en la parte trasera que absorbe aire, polvo, humo y cualquier desecho cercano al interior de su computadora. Es importante que no haya polvo y desperdicios cerca de este ventilador. Por lo tanto, aspire la parte trasera de su computadora igual que lo hace detrás de su refrigerador.

Además, usted (o una persona dedicada al mantenimiento) debe en ocasiones quitar la cubierta de la unidad del sistema y aspirar dentro. Asegúrese de que la manguera de la aspiradora no toque las partes dentro de la unidad. Haga esto cada año o dos.

Cómo Limpiar las Unidades de Discos Flexibles: ¿Es Realmente Necesario?

Puede comprar un equipo de limpieza para la unidad de discos flexibles en su tienda de computadoras. Rocía un líquido en un disco especial, lo inserta en la unidad y le proporciona un lavado centrífugo a su unidad. Supuestamente limpia las cabezas de lectura/escritura dentro de la unidad.

Nunca he limpiado una unidad de discos flexibles y nunca he tenido un problema. Nunca he conocido a nadie que haya tenido problemas con una unidad sucia. Por lo tanto, a menos que atore una rebanada de pan tostado en su unidad de discos flexibles, pensando que era el tostador, no se preocupe por limpiarla. Ahora que, si la unidad deja de trabajar, límpiela; vale la pena probar.

Un Equipo de Primeros Auxilios para su Computadora: Un Programa de Utilerías

No importa cuánto cuidado tenga, usted y su computadora algún día tendrán un accidente. Puede ser un error humano o un mal funcionamiento de la máquina, pero en algún momento (por lo general en el peor momento posible), algo va a salir mal. Para recuperarse de ese tropiezo ocasional, debe tener a la mano un equipo de primeros auxilios. En las secciones siguientes, conocerá los equipos de primeros auxilios de computadoras (programas de utilerías) y lo que pueden hacer por usted.

Un programa de utilerías consiste en un conjunto de programas diseñados para ayudarle a administrar sus archivos, obtener información de su computadora, diagnosticar y reparar problemas comunes, recuperar archivos perdidos o dañados y mantener su equipo operando con eficiencia. La mayoría de los programas de utilerías ofrece las siguientes características:

Mantenimiento de directorios y archivos. Mueva, copie y borre archivos y directorios de tal forma que mantenga organizado su disco.

Recuperación de archivos. Un programa de utilería le ayuda a recuperar archivos que haya eliminado accidentalmente.

Protección contra virus. Esta característica comprueba la existencia de virus en su computadora o en sus discos así como también revisa si no han causado daños.

Información del sistema. Le proporciona información de su computadora, incluyendo cuánta memoria tiene, cómo se emplea, la rapidez del disco duro, el tipo de monitor que tiene conectado, la velocidad de la unidad central de procesamiento y más.

Reparación de discos. Si un disco es ilegible o si un archivo en el disco se daña o se pierde, el programa de utilerías le ayuda a encontrar y corregir el problema.

Rendimiento del disco. Mientras almacena archivos en su disco duro, algunas de sus partes se almacenan en diferentes posiciones del disco. Esto hace más difícil que la unidad de disco lea el archivo. Los programas de utilerías reorganizan los archivos en el disco para que cada archivo se almacene en posiciones contiguas.

Protección de archivos. La mayoría de los programas de utilería le permite proteger sus archivos con contraseñas.

Respaldos de archivo. Algunos programas de utilerías vienen con un programa de respaldo que copia los archivos de su disco duro a un conjunto de discos flexibles o a una unidad de respaldo separada. Si algo les ocurre a sus archivos originales, usted emplea los respaldos para restaurarlos.

Dos buenos programas de utilería son The Norton Utilities y PC Tools. Sin embargo, el DOS 6.2 viene con la mayoría de las utilerías que necesita, incluyendo ScanDisk (para reparar discos), AntiVirus (para protección contra virus), Defragmenter (para rendimiento del disco), Microsoft Backup (para respaldar los archivos de su disco duro), Undelete (para restaurar los archivos borrados por accidente) y Microsoft Diagnostics (para obtener información de susistema). Para emplear estas valiosas herramientas, escriba **help** en el punto de petición del DOS y oprima **Enter**.

Medicina Preventiva

Aunque se puede recuperar de un desastre incluso si no se ha preparado, tiene mayor oportunidad de recuperarse si protege su sistema. Memorice el plan de medicina preventiva de cinco pasos y empléelo.

Paso 1: Registre los Archivos Borrados

Normalmente, los archivos de utilerías ofrecen una característica de protección de borrado que evita que los archivos borrados se eliminen por completo. La protección de borrado viene en dos formas:

Registro de nombres. Con el registro de nombres, el programa de utilerías registra los nombres de todos los archivos que borra. Mientras no guarde otro archivo en el disco (sobre el archivo que borró), puede recuperar el archivo borrado al seleccionar su nombre de una lista.

Copias exactas. Como una protección más confiable, algunos programas de utilerías conservan una copia de cada archivo que borra, en un directorio separado en el disco. Si borra por accidente un archivo, puede obtener la copia. Esta característica requiere más espacio en el disco que el registro de archivos.

Paso 2: Elabore una Copia de Respaldo de la Información más Vital que Tenga en el Disco

Al inicio de cada disco hay cierta información vital, incluyendo una tabla de asignación de archivos (FAT, siglas en inglés), que le indica la computadora dónde se localizan los archivos en el disco. Si se borra esta información, su computadora puede detenerse.

Los programas de utilerías contienen un programa (llamado Mirror) que toma una fotografía de esta vital información y la almacena en una posición separada en el disco. Si se daña la información original (por lo general, debido a un formateo accidental), emplea la copia de Mirror para recuperarla.

Paso 3: Respalde sus Archivos con Regularidad

Un programa de respaldo toma los archivos almacenados en su disco duro, los comprime (para que ocupen menos espacio) y los almacena en un grupo de discos flexibles o algún otro medio de respaldo (por ejemplo, una cinta). Si algo les sucede a sus archivos originales, puede restablecer los archivos usando los respaldos. Microsoft Backup (que viene con el DOS 6.0 y posteriores) es suficiente. Los mejores programas de respaldo incluyen PC Backup (que se vende solo o con PC Tools), Norton Backup y FastBack Plus.

Los programas de formateo también hacen más fácil formatear discos flexibles. En lugar de usar las opciones del comando del DOS para indicarle el tipo de disco que va a formatear, sólo selecciona el tipo de una lista de opciones.

Paso 4: Formatee con Seguridad

Una de las maneras más comunes en las que los usuarios pierden datos es al formatear un disco por accidente (esto es muy fácil de hacer en el DOS). Al formatear limpia todos los datos del disco. Casi todos los programas de utilerías tienen un programa de formateo separado, que le avisa si un disco ya ha sido formateado o si tiene datos. De tal forma que pueda cancelar la operación.

Paso 5: Elabore un Disco de Emergencia

Si se estropea su disco duro, tal vez ni siquiera pueda arrancar su computadora para repararlo. En tal caso, es útil tener un disco flexible de arranque a la mano para iniciar su computadora y ejecutar las reparaciones necesarias. Un programa de utilerías le ayuda a crear tal disco. Además de servir para arrancar, el disco debe contener:

Herramientas para recuperar lo borrado. Si borra archivos por accidente en su disco duro, puede ejecutar el programa de recuperación de borrado desde el disco de emergencia para recuperar los archivos.

Información del sistema. Su computadora almacena información, incluyendo información de unidades de disco en un área de almacenamiento operada por baterías llamada CMOS (ver capítulo 4). Si se acaba la batería, su computadora puede olvidar que tiene un disco duro. El disco de emergencia debe contener la información del sistema para recordarle a su computadora dónde está todo.

Un programa para desformatear. Si formateó su disco duro por accidente, tal vez necesite desformatearlo. El disco de emergencia debe contener un programa que le permita hacer esto.

Un programa de reparación de discos. La mayoría de los usuarios no sabe dónde iniciar cuando falla su sistema. Un programa de reparación de discos puede identificar el problema y le indica qué debe hacer.

Reanimación Cardiopulmonar para su Computadora

Cuando su computadora se detiene o usted borra por accidente muchos archivos, necesita ayuda. Los programas de utilerías le ayudan a recuperarse de desastres y a reanimar su sistema. Lo que necesita hacer para recuperarse depende del problema. Las secciones siguientes describen algunos problemas y soluciones comunes sin un orden particular.

Cuando Llegan los Desastres

Lo que hace inmediatamente después de comprender que borró un archivo, formateó un disco o sufrió algún otro percance con su computadora es un factor de importancia para conocer la probabilidad de recuperar el archivo o disco. Estas son tres buenas reglas que debe seguir después que comete un error:

☛ **No se deje dominar por el pánico.** Si se aterroriza, es probable que haga más daño. Es mejor que respire profundo a que empeore el problema. El problema no puede empeorar por si solo.

☛ **No apague su computadora.** Al apagar y encender su computadora, corre el riesgo de empeorar el problema. Cuando arranca la computadora, puede escribir algo en el disco duro, sustituyendo algo que ya estaba ahí. Si apagó su computadora, vuelva a arrancarla desde un disco flexible. Esto evita que la computadora emplee el disco duro.

☛ **No guarde o copie archivos en el disco duro.** Al guardar o copiar archivos en el disco duro, se arriesga a escribir sobre el contenido de los archivos borrados por accidente. En este punto, tampoco instale un programa de utilerías. Ejecute el programa de utilerías desde un disco flexible o desde un disco de emergencia.

Cómo Sacar a sus Archivos de la Tumba

Si no encuentra un archivo o grupo de archivos, tal vez los haya borrado por accidente. Por otra parte, tal vez sólo los haya extraviado. Antes que intente desborrar archivos, búsquelos en los diversos directorios. Si todavía no aparecen, utilice el comando Undelete (desborrar) del DOS, o emplee el programa de utilerías para recuperarlo.

Cómo Quitar el Formato a un Disco

Si formateó un disco por accidente, puede quitarle el formato. Si utiliza el DOS, escriba **unformat**, seguido por la letra de la unidad de disco que desea desformatear y oprima **Enter**. Por ejemplo, para desformatear al disco en la unidad A, escriba **unformat a:** y oprima **Enter**.

> Desformatear por accidente un disco es tan malo como formatearlo. Si desformatea un disco cuando no lo necesita, destruye la información en el disco.

Con un programa de utilerías, se puede seleccionar el comando Unformat de un menú. Después, el programa le conduce por el proceso de desformatear al disco. Si formateó su unidad de disco duro, necesita arrancar su sistema desde un disco flexible y después ejecutar el programa Unformat desde otro disco flexible. (Sin embargo, no intente instalar el programa Unformat, o cualquier otro programa, en su disco duro; esto sobreescribe la información existente en el disco.)

Cómo Sanar un Disco Enfermo

Recuerde que los discos almacenan información en forma magnética. Si la superficie del disco se raya, se ensucia o se gasta, la información puede perderse. La información puede estar en el disco; sólo sucede que el DOS no puede encontrarla. Un programa de utilerías le ayuda a revitalizar discos gastados o dañados, haciendo posible que el DOS encuentre la información.

TECNO CEREBRO ENSEÑA

Para revitalizar un disco, la mayoría de los programas de utilería reformatea al disco por medio de un proceso que lee una sección (preferentemente un sector) cada vez. Lo anterior se hace así: el programa lee la información del sector (si esto es posible), formatea el sector y reescribe la información. Si el sector está dañado, la utilería marca el sector como inutilizable, para que el DOS no escriba en él cuando se trate de grabar algo. La información que contenía el sector se escribe en uno diferente. Por lo general, la revitalización recupera todos los datos perdidos o repara los programas que tienen problemas al ejecutarse.

Cómo Ajustar su Disco Duro

Conforme guarda, borra y vuelve a guardar archivos en un disco, los archivos empiezan a *fragmentarse*. Esto es, todas las partes de un archivo pueden no estar en un solo lugar. Para leer o emplear el archivo, el disco duro tiene que buscar en muchas partes. Esto toma tiempo y hace que la unidad haga un trabajo extra. Para que la unidad trabaje con fluidez, emplee un programa para desfragmentar los archivos en el disco. Casi todos los programas de utilerías vienen con esa herramienta.

Cómo Defender a su Computadora Contra los Virus

Un virus de computadora es un programa que se introduce en su sistema, borra archivos, fuerza a su computadora a que haga cosas extrañas y destruye la información que su computadora necesita para funcionar en forma adecuada. Si no lo atiende, un virus de computadora puede estropearla por completo. Ahora las buenas noticias: los virus no son frecuentes.

Los virus de computadora no son enfermedades virales que puedan contagiar misteriosamente a su computadora. Para contraer un virus, su computadora debe estar encendida y el virus debe introducirse a su sistema a través de uno de sus puertos o unidades. Su computadora tiene el riesgo de contraer un virus si:

Está conectada a otras computadoras mediante modems. Si ejecuta programas obtenidos de servicios BBS (sistema de tablero de anuncio) o de información en línea, su computadora corre más riesgo.

Está conectada a otras computadoras en una red. No puede hacer mucho para proteger su computadora en este caso. La protección depende del administrador de red.

Obtiene discos de programas o datos de fuentes externas. Si sólo emplea programas comerciales y trabaja con los archivos que elabora, su sistema está seguro.

Otra persona emplea su computadora. Tal vez otra persona emplea un disco flexible infectado en su sistema, sin que usted lo sepa.

Detenga los Virus en la Bahía

La mejor manera de evitar que los virus destruyan archivos es evitar que infecten su sistema. Tome algunas precauciones:

Aísle su sistema. No deje que nadie inserte un disco flexible en su computadora sin su conocimiento. Cualquier disco puede contener un virus. Sin embargo, si está conectado a un modem o si su computadora está en una red, este tipo de prevención no es práctico o efectivo.

Active la protección contra escritura de los discos de programas. Antes de instalar un programa comercial, active la protección contra escritura en los discos que compró. Si su disco duro está infectado con un virus, la protección contra escritura al menos protege los discos del programa. Después, la podrá emplear para reinstalar el programa, cuando haya destruido el virus.

Respalde sus archivos de datos por separado. Aunque los virus pueden borrar los archivos de datos, rara vez los infectan.

Instale un programa antivirus. Los programas antivirus protegen su sistema al advertirle de los virus que llegan. Algunos programas antivirus populares para IBM incluyen FluShot+, Norton Anti-Virus y Central Point's Anti-Virus. (Emplee el programa antivirus para revisar los discos flexibles que obtenga de fuentes externas.)

Lo Mínimo que Necesita Saber

El mantenimiento de computadoras puede parecer al principio una manera de mantenerse ocupado, pero una vez que establece buenos hábitos de computación, le va a dedicar muy poco tiempo. He aquí las diez tareas de mantenimiento más importantes que debe ejecutar:

☛ Quite el polvo de su monitor, para que pueda ver lo que hace.

☛ Si derrama algo en su teclado, apague todo y seque el teclado.

☛ Si su apuntador de ratón salta, apague todo y limpie el ratón.

☛ No se preocupe por limpiar sus unidades de discos flexibles.

☛ Adquiera un programa de utilerías y aprenda a usarlo. (U obtenga el DOS 6.0 o posterior y aprenda a usar sus herramientas.)

☛ Ejecute el programa Mirror en su disco duro diariamente. Configure el programa para que sea lo primero que se realice al encender la computadora.

☛ Respalde los archivos en sus discos. Cada mes, respalde todo el disco. Diariamente, respalde los archivos que haya modificado ese día.

☛ Efectúe la creación de un disco de emergencia para recuperarse de accidentes inevitables y manténgalo actualizado.

☛ Ejecute un programa de desfragmentación en su computadora al menos una vez al mes.

☛ No utilice discos o archivos de fuentes cuestionables y ejecute un comprobador de virus sobre ellos antes de usarlos.

Capítulo 28

Guía del Comprador Inteligente de Aplicaciones

Visite una tienda grande de computadoras y verá los estantes llenos con el software más reciente: procesadores de palabras, hojas de cálculo, bases de datos, software de impuestos, programas de presentaciones y todo lo que pueda imaginar. Para examinar los programas y tomar una decisión informada, emplee la siguiente guía del comprador.

Esta guía incluye los nombres de los programas más populares en cada categoría de software, una valoración general, un precio aproximado del hardware y una lista de lo que necesita para ejecutar cada aplicación. La valoración general se basa en varios factores, incluyendo la facilidad de aprender y emplear el programa, cuántas características ofrece y su posición contra productos similares en su rango de precios. Mi máxima calificación son 4 estrellas, 3 está bien y menos de 3 está bien si obtiene el programa gratis. Quité de la lista algunos verdaderos fracasos, por lo que las calificaciones mínimas no bajan de 2 1/2.

POR CIERTO

Los precios mostrados son los que rigen mi localidad. La lista de precios del fabricante es más alta, pero [...] que a ese precio no venderían un solo producto, de todas formas no puedo utilizar todos los productos. Me haría un coleccionista.

Producto de software	(dólares)	Calificación general	Requisitos de hardware
Programas de presentación de negocios			
PowerPoint	$ 330	**** (poderoso, fácil de usar, muchas imágenes de biblioteca)	Procesador 386 o mayor; EGA o VGA; DOS 3.1 y Windows 3.1; 2 MB de RAM; 15 MB de espacio en disco duro; ratón de Microsoft.
Freelance Graphics	$ 250	**** 1/2 (fácil de usar)	Procesador 286 o mayor; EGA o mejor; DOS 3.1 y Windows 3.0; 3 MB de RAM; 9 MB de espacio en disco duro; ratón de Microsoft.
Harvard Graphics (DOS)	$ 400	*** 1/2 (el mejor programa si no tiene Windows)	Procesador 286 o mayor; EGA o VGA; DOS 3.0; 640 K de RAM; 4.5 - 12 MB de espacio en disco duro; ratón de Microsoft.
WordPerfect Presentations	$ 130	*** (bueno para el precio que tiene, algunos paquetes incluyen un scanner)	Procesador 386 ó mayor; EGA o VGA; Windows 3.1; 4 MB de RAM; 9 - 22 MB de espacio en disco duro; ratón de Microsoft.
Bases de datos			
Access	$ 300	***1/2 (contiene Wizards, que le guía por el proceso de crear una base de datos)	Procesador 386SX o mayor, EGA o mejor; Windows 3.0 o mayor; 4 - 6 MB de RAM; 8 - 14 MB de espacio en disco duro; ratón de Microsoft.
Paradox for Windows	$ 140	**** (poderosa, pero no la más fácil de aprender)	Procesador 386SX o mayor; EGA o VGA; Windows 3.1; 4 - 6 MB de RAM; requiere disco duro.

Producto de software	(dólares)	Calificación general	Requisitos de hardware
FileMaker Pro	$ 120	*** 1/2 (poderosa y bastante fácil de aprender)	Procesador 286 o mayor; VGA; Windows 3.0 o mayor; 3 - 4 MB de RAM; requiere disco duro.
FoxPro (DOS o Windows)	$ 300	*** 1/2 (poderosa y rápida, excelente para crear sus propias aplicaciones de base de datos)	8088 (DOS) o 386 (Windows); DOS 3.1 o Windows 3.1 (para la versión de Windows); 640 K - 3 MB de RAM; se requiere disco duro; ratón de Microsoft (para Windows).
Q&A (DOS o Windows)	$ 160	*** (fácil de aprender y usar, viene con procesador de palabras, bueno para crear cartas personalizadas (machotes)	DOS 2.0; 640 K de RAM; requiere disco duro; la versión de Windows requiere Windows 3.1 y de 2 a 4 MB de RAM.

Edición por computadora

PageMaker	$ 580	**** (excelente para publicaciones del tamaño de un libro)	Procesador 386 o mayor; VGA o mejor; Windows 3.1; 4 MB de RAM; requiere disco duro; ratón de Microsoft.
Frame Maker	$ 600	**** (excelente para manuales y documentos de hipertexto)	Procesador 386 o mayor; VGA o mejor; impresora PostScript; Windows 3.1; 8 MB de RAM; 10 - 20 MB de espacio en disco duro; ratón de Microsoft.
QuarkXPress	$ 570	**** (bueno para revistas y diseños de página difíciles)	Procesador 386 o mayor; VGA o mejor; impresora PostScript con al menos 2 MB de memoria; Windows 3.1; 4 MB de RAM; requiere disco duro; ratón de Microsoft

continúa

Producto de software	(dólares)	Calificación general	Requisitos de hardware
Microsoft Publisher	$ 100	**** (excelente para tarjetas de felicitaciones, folletos y boletines, pero no para libros)	Procesador 286 o mayor; VGA o mejor; DOS 3.1 y Windows 3.1; 4 MB de RAM; 6 - 13 MB de espacio en disco duro; ratón de Microsoft.
Print Shop Deluxe (DOS o Windows)	$ 50	*** (muy bueno para uso en el hogar y negocios pequeños, pero no para publicaciones grandes)	Procesador 286 o mayor; VGA; DOS 3.0 y Windows 3.1 (para la versión de Windows); 2 MB de RAM (640 K para la versión del DOS); se requiere disco duro; ratón de Microsoft.
Publish It!	$ 45	** 1/2 (consiga éste si tiene una PC antigua que no puede ejecutar otra cosa)	DOS 2.1; CGA o mejor; 640 K de RAM; ratón de Microsoft.
Gráficos			
CorelDRAW!	$ 400	**** (programa de gráficos excelente y completo, poderoso y fácil de usar)	Procesador 386 o mejor; VGA o mejor; Windows 3.1; 4 - 8 MB de RAM; requiere disco duro (se recomienda la versión de CD-ROM); ratón de Microsoft.
Micrografx Designer	$ 460	**** (un poco complejo para usuarios principiantes, pero bueno para artistas gráficos experimentados)	Procesador 386 o mayor; VGA o mejor; Windows 3.1; 4 MB de RAM; requiere disco duro; ratón de Microsoft.

Producto de software	(dólares)	Calificación general	Requisitos de hardware
Adobe Illustrator	$ 550	**** (magnífico para anuncios, ilustraciones técnicas y folletos)	Procesador 386 o mayor; VGA o mejor; impresora PostScript; DOS 3.3 y Windows 3.1; 4 MB de RAM; requiere disco duro; ratón de Microsoft.
VISIO	$ 130	*** (viene con imágenes predibujadas que usted combina para crear ilustraciones; bueno para negocios)	Procesador 386SX o mayor; VGA o mejor; Windows 3.1; 4 MB de RAM; 15 MB de espacio en disco duro; ratón de Microsoft.
PC Paintbrush	$ 40	*** (buen programa de pintura, pero no ofrece la capacidad de dibujo de CorelDRAW!)	EGA o mejor; DOS 3.0; 640 K de RAM; requiere disco duro.
Windows Draw	$ 50	** 1/2 (buen programa para principiantes)	Procesador 286 o mayor; EGA o mejor; Windows 3.0; 2 MB de RAM; requiere disco duro; ratón de Microsoft.
Software de fax			
WinFax PRO	$ 100	**** (el mejor programa de fax de propósito general)	Procesador 286 o mayor; EGA o mejor; Windows 3.0, 2 MB de RAM; 3 MB de espacio en disco duro; fax modem compatible con clase 1, clase 2 o CAS.

continúa

Producto de software	(dólares)	Calificación general	Requisitos de hardware
DOSFax PRO	$ 60	*** (el mejor programa de fax para el DOS)	CGA o mejor; fax modem compatible con clase 1 o clase 2.
Eclipse FAX	$ 70	*** (bastante económico, aunque poderoso)	Procesador 286 o mayor; EGA o mejor; Windows 3.0 o mayor; 2 MB de RAM; 2 MB de espacio en disco duro; fax modem compatible con clase 1, clase 2 o CAS.

Software integrado

Microsoft Office	$ 600	**** (contiene Microsoft Word for Windows, Excel, Power-Point y Microsoft Mail)	Procesador 386 o mayor; EGA o VGA; DOS 3.1 y Windows 3.1; 4 - 6 MB de RAM; 25 - 62 MB de espacio en disco duro; ratón de Microsoft.
Lotus SmartSuite	$ 350	*** 1/2 (contiene Ami Pro, Lotus 1-2-3, Organizer, Free-lance Graphics y Approach)	Procesador 386 o mayor; EGA o VGA; Windows 3.0 o mayor; 4 MB de RAM; 27 MB de espacio en disco duro; ratón de Microsoft.
ClarisWorks	$ 130	*** (ofrece procesa-miento de palabras, hoja de cálculo, base de datos, dibujo y grafica-ción)	Procesador 386 o mayor; VGA o mejor; DOS 3.1 y Windows 3.1; 2 MB de RAM; requiere disco duro; ratón de Microsoft.
Microsoft Works (DOS o Windows)	$ 100	*** 1/2 (fácil de usar, ésta es una versión re-ducida de Microsoft Office)	Procesador 386SX o mayor; VGA o mejor; DOS 3.1 y Windows 3.1; 2 MB de RAM; 4 - 14 MB de espacio en disco duro; ratón de Microsoft.

Producto de software	(dólares)	Calificación general	Requisitos de hardware
Lotus Works	$ 100	*** 1/2 (ésta es una versión reducida de Lotus SmartSuite)	Procesador 286 o mayor; EGA o VGA; DOS 3.0 o mayor; 640K de RAM; requiere disco duro; ratón de Microsoft.

Administración de dinero

Producto de software	(dólares)	Calificación general	Requisitos de hardware
Peachtree Complete	$ 120	**** (buen programa de contabilidad para negocios pequeños o grandes)	Procesador 386 o mayor; EGA o VGA; DOS 3.1 y Windows 3.1 (para la versión de Windows); 640 K de RAM (para DOS); 2 MB de RAM (para Windows); requiere disco duro; ratón de Microsoft.
DacEasy	$ 100	*** (no tan fácil de usar como Peachtree Complete)	DOS 3.1; 640 K de RAM; requiere disco duro; ratón de Microsoft.
Quicken (DOS o Windows)	$ 40	*** 1/2 (el mejor programa de finanzas para el hogar)	Procesador 286 o mayor; EGA o mejor; DOS 3.1 y Windows 3.1 (para la versión de Windows); 640 K de RAM para el DOS; 2 MB de RAM (para Windows); requiere disco duro; ratón de Microsoft.
Microsoft Money	$ 23	*** (bueno para finanzas del hogar)	286 o mayor; EGA o VGA; DOS 3.1 y Windows 3.1; 2 MB de RAM; requiere disco duro.

continúa

Producto de software	(dólares)	Calificación general	Requisitos de hardware
		Servicios en línea	
Prodigy	$ 10 dólares más una tarifa mensual de $ 15 dólares por acceso ilimitado a las características básicas	*** 1/2 (buen servicio familiar, mucho para niños)	Procesador 386 o mayor; VGA; Windows 3.0 (para la versión de Windows); 640 K de RAM (DOS) o 4 MB de RAM (para Windows); 3.5 MB de espacio en disco duro; modem compatible con Hayes.
America OnLine	$ 23 más $ 10 mensuales por 5 horas de acceso	*** 1/2 (el servicio para la generación hip)	Procesador 386 o mayor; EGA o VGA; Windows 3.0 (para la versión de Windows); 640 K de RAM (DOS) o 2 MB de RAM (Windows); 2 MB de espacio en disco duro.
CompuServe	$ 25 más una tarifa de $ 9 mensuales por acceso ilimitado a las características básicas	*** 1/2 (buen servicio para técnicos y empresarios)	Procesador 386 o mayor; EGA o VGA; DOS 3.1 y Windows 3.1; 2 MB de RAM; 15 MB de espacio en disco duro; ratón de Microsoft.
		Administradores personales de información	
Lotus Organizer	$ 100	*** (magnífico programa para registrar citas y direcciones, fácil de usar)	Procesador 386 o mayor; VGA; Windows 3.0; 2 MB de RAM; 4 MB de espacio en disco; ratón de Microsoft.

Producto de software	(dólares)	Calificación general	Requisitos de hardware
ACT! (DOS o Windows)	$ 270	**** (excelente programa para registrar contactos y cuentas)	286 (DOS) o 386 (Windows); EGA o VGA; DOS 3.1 y Windows 3.1 (para la versión de Windows); 640 K de RAM (DOS) o 4 MB de RAM (Windows); 3 MB de espacio en disco duro; ratón de Microsoft (para Windows).
PackRat	$ 180	***1/2 (buen organizador de propósito general, muy poderoso y fácil de personalizar)	Procesador 386SX o mayor; VGA o mejor; Windows 3.1; 2-4 MB de RAM; 8 MB de espacio en disco duro; ratón de Microsoft.
		Hojas de cálculo	
Lotus 1-2-3 (DOS o Windows)	$ 420 (DOS) $ 320 (Windows)	**** (DOS) *** 1/2 (Windows) (una de las mejores hojas de cálculo para el DOS en el mercado)	Procesador 286 o mayor; CGA (DOS); EGA o mejor (Windows); DOS 2.1 o DOS 3.3 y Windows 3.0 (para Windows); 640 K de RAM (DOS); 4 MB de RAM (Windows); 8-22 MB de espacio en disco duro (Windows); ratón de Microsoft (Windows).
Excel	$ 300	**** (esta hoja de cálculo de Windows es fácil de usar y poderosa)	Procesador 386 o mayor; EGA o VGA; DOS 3.1 y Windows 3.1; 4 MB de RAM; 8-22 MB de espacio en disco duro; ratón de Microsoft.

continúa

Producto de software	(dólares)	Calificación general	Requisitos de hardware
Quattro Pro (DOS o Windows)	$ 100	**** (Excel se lleva toda la publicidad, pero esta hoja de cálculo es igual o mejor y mucho más barata)	8088(DOS); 386 o mayor (Windows); CGA (DOS); VGA o mejor (Windows); DOS 2.1 (DOS); Windows 3.0 (Windows); 640 K de RAM (DOS); 4 MB de RAM (Windows); 12 MB de espacio en disco duro (Windows).

Telecomunicaciones

Producto de software	(dólares)	Calificación general	Requisitos de hardware
Crosstalk	$ 120	*** 1/2 (poderoso, pero puede ser más de lo que necesita un usuario principiante)	Procesador 386SX o mayor; VGA o mejor; Windows 3.1; 2 MB de RAM; 4.5 MB de espacio en disco duro; modem.
Smartcom	$ 50	*** (económico y fácil de usar)	Procesador 286 o mayor; EGA o mejor; DOS 3.1 y Windows 3.0; 2 - 4 MB de RAM; requiere disco duro; modem compatible con Hayes.
PROCOMM PLUS (DOS o Windows)	$ 100	**** (excelente para el DOS y Windows, funciona con un amplio rango de modems)	8088 o 286 (Windows); EGA o mejor (Windows); Windows 3.0 (Windows); 192 K de RAM libre o 2 MB de RAM (Windows); modem.

Procesadores de palabras

Producto de software	(dólares)	Calificación general	Requisitos de hardware
Microsoft Word (DOS o Windows)	$ 300	*** (DOS) **** (Windows) (lo mejor en el mercado de Windows, pero en el DOS, WordPerfect es más flexible)	Procesador 286 o mayor; EGA o mejor; DOS 3.0 y Windows 3.1 (Windows); 640 K de RAM (DOS); 4 MB de RAM (Windows); 5 - 25 MB de espacio en disco duro; ratón de Microsoft (Windows).

Producto de software	(dólares)	Calificación general	Requisitos de hardware
WordPerfect (DOS o Windows)	$ 300	**** (DOS) *** (Windows) (si busca un programa poderoso de procesamiento de palabras para el DOS, éste es; para Windows, busque otro)	Procesador 286 o mayor; EGA o mejor; DOS 3.0 y Windows 3.1 (Windows); 640 K de RAM (DOS); 6 MB de RAM (Windows); requiere en disco duro 32 MB (Windows); ratón de Microsoft (Windows).
Ami Pro	$ 270	*** 1/2 (flexible y fácil de usar, ocupa un lugar cercano a Word for Windows)	Procesador 386SX o mayor; EGA o VGA; DOS 3.0 y Windows 3.0; 2 MB de RAM; 11 MB de espacio en disco duro; ratón de Microsoft.
Q&A Write	$ 30	** 1/2 (barato y fácil de usar)	Procesador 286 o mayor; EGA o VGA; DOS 3.1 y Windows 3.1; 2 MB de RAM; 4 MB de espacio en disco duro; ratón de Microsoft.
Utilerías			
The Norton Utilities	$ 120	**** (el mejor para la recuperación de datos)	Procesador 286 o mayor; 640 K de RAM; 6 MB de espacio en disco duro.
PC Tools (DOS o Windows)	$ 100	**** (ofrece recuperación y respaldo de datos, protección contra virus, administración de archivos, base de datos, procesador de palabras y mucho más)	286 (DOS) 386SX (Windows); EGA o mejor (Windows); DOS 3.3 (DOS) o Windows 3.1 (Windows); 640 K de RAM (DOS); 4 MB de RAM (Windows); 8 MB de espacio en disco duro (Windows); Microsoft mouse (Windows).

continúa

Producto de software	(dólares)	Calificación general	Requisitos de hardware
UnInstaller	$ 40	**** (quita aplicaciones de Windows)	Procesador 386SX o mayor; VGA o mejor; Windows 3.1; 2 - 4 MB de RAM; requiere disco duro; ratón de Microsoft.
The Norton Desktop	$ 120	*** 1/2 (transforma Windows en un área de trabajo igual que Macintosh)	Procesador 386 o mayor; VGA o mejor; DOS 3.3 y Windows 3.1; 4 MB de RAM; 15 MB de espacio en disco duro; ratón de Microsoft.
FastBack Plus (DOS o Windows)	$ 100	**** (el mejor programa de respaldo)	8088 o 286 (Windows); EGA o mejor; DOS 3.3 (DOS); Windows 3.1 (Windows); 640 K de RAM (DOS); 2 MB de RAM (Windows); 2.5 MB de espacio en disco duro; ratón de Microsoft.

HABLE COMO SI SUPIERA DICCIONARIO

Glosario

Hable como un Tecnocerebro: todo el Archivo

El mundo de las computadoras es como un club muy exclusivo, que utiliza su propio lenguaje. Si desea ser aceptado en la Real Orden de los Conocedores, necesita aprender la jerigonza. El miniglosario siguiente le ayudará a iniciarse.

Recuerde que no obtendrá su diploma de tecnocerebro con sólo leer los términos y definiciones para sus adentros. Diga los términos en voz alta y después utílicelos en una oración. Cuando los otros tecnocerebros le escuchen recitar términos de computadoras, le acogerán en su grupo.

ambiente. Un *ambiente* es una especificación en la que ejecuta tareas en su computadora. Por ejemplo, Windows de Microsoft exhibe un *ambiente* gráfico que le permite introducir comandos al seleccionar dibujos, en lugar de escribir comandos. Esto hace mucho más fácil emplear su computadora (suponiendo que usted conoce lo que representan los dibujos).

aplicación. También conocida como *programa*, y cuya definición puede ser tan pomposa como "un conjunto de instrucciones que permite a una computadora ejecutar una tarea específica", tal como el procesamiento de palabras o la administración de datos.

archivo ASCII. Archivo que contiene carácteres que pueden ser empleados por cualquier programa en cualquier computadora. En ocasiones, se llama *archivo de texto* o *archivo de texto ASCII* (vaya juntando los dientes para pronunciar "aski").

archivo ejecutable. Archivo que contiene instrucciones en un formato de programa que la computadora puede entender al momento de ejecutarlo. Los archivos ejecutables terminan en .BAT, .COM o .EXE.

archivo por lotes. Cualquier archivo que contiene una serie de comandos. Usted ejecuta el archivo por lotes igual que lo hace con un archivo de programa (al introducir su nombre en el indicador del DOS). El archivo por lotes más famoso es el AUTOEXEC.BAT.

archivo. Conjunto de información almacenada como una entidad única en un disco flexible o duro. Los archivos siempre tienen un nombre que los identifica.

arrancar. Cargar una computadora con el software del sistema operativo (por lo general, el DOS) colocándolo donde debe estar.

AUTOEXEC.BAT. Archivo por lotes que el DOS lee cuando usted inicia o tiene que reiniciar una sesión con su computadora. Este archivo contiene una serie de comandos que DOS lee y ejecuta en forma automática.

base de datos. Un tipo de programa de computadora empleado para almacenar, organizar y recuperar información. Los programas de base de datos populares incluyen dBASE, Paradox y Q&A.

baudio. Unidad para medir la velocidad de transmisión de datos, empleada normalmente para describir la velocidad a la cual transfiere datos un módem, tal como 2400 baudios. Una medida más exacta de la velocidad de transmisión son los bps (bits por segundo).

BIOS (sistema básico de entradas/salidas). Son las instrucciones iniciales para una computadora. El BIOS le indica a la computadora cómo controlar el tránsito entre los diferentes elementos que la forman, incluyendo las unidades de discos, la impresora, los puertos y el monitor.

bus. Supercarretera que transporta información en forma electrónica, de una parte de la computadora a otra. Hay tres tipos de carreteras:

- ☞ *Bus de datos.* Permite el intercambio de datos entre la memoria principal y el microprocesador.

- ☞ *Bus de dirección.* Transporta información de las posiciones (direcciones) de información específica.

- ☞ *Bus de control.* Transporta señales de control para asegurar que el tránsito fluya con orden y sin confusión.

byte. Grupo de 8 bits que representa un carácter o un dígito. Por ejemplo, el byte 01000001 representa la letra A.

caché. Parte de la memoria que hace que su computadora ejecute con mayor rapidez, al contener los datos del disco que se accesaron más recientemente. La siguiente ocasión en que la computadora necesita esos datos, los obtiene de esta memoria, en lugar de obtenerlos del disco, lo cual puede ser más lento. En ocasiones se llama caché de RAM.

caída. Falla de un sistema o programa. Por lo general, se da cuenta que su sistema se ha caído cuando se atoran el monitor o el teclado. El término caída también se usa para referirse a un disco estropeado o a una falla de las cabezas que leen/escriben en el disco. Ocurre una falla de disco cuando la cabeza de lectura/escritura toca la superficie del disco. Esto se asemeja a cuando se dejaba caer una aguja de tocadiscos sobre un disco fonográfico (¿los recuerda? Una caída de disco puede destruir cualesquiera datos almacenados en él cuando la cabeza de lectura/escritura toca su superficie.

caja de diálogo. En muchos programas, usted puede proporcionar un comando simple para ejecutar cierta tarea, tal como guardar un archivo. Sin embargo, tal vez necesite introducir información adicional antes que el programa ejecute la tarea. En estos casos, el programa puede exhibir una caja de diálogo, la cual le permite entablar una "conversación" con el programa.

campo. En un registro de base de datos, un campo contiene una parte de información (por ejemplo, un número telefónico, un código postal o el apellido de una persona).

capacidad. Medida de cuántos datos puede almacenar un disco. Por ejemplo, un disco flexible de alta densidad de 5 1/4 pulgadas puede formatearse para almacenar 1.2 MB; 1.2 MB es la *capacidad* del disco.

cargar. Copiar archivos de otra computadora a la suya por medio de un módem. Véase también *descargar*.

cargar. Leer datos o instrucciones de programas del disco y colocarlos en la memoria de la computadora, donde puede usarlos. Por lo general, usted carga un programa antes de usarlo o carga un archivo antes de editarlo.

CD-ROM (Compact-Disk Read-Only Memory). Tecnología de almacenamiento que emplea el mismo tipo de discos que usted ejecuta en un reproductor de audio para discos compactos, diseñado para el almacenamiento masivo de datos de computadora. Un solo disco puede almacenar hasta 600 MB (mega bytes) de información; se pronuncia "si di rom".

celda. La caja que se forma en la intersección de un renglón (1, 2, 3, ...) y una columna (A, B, C, ...) en una hoja de cálculo. Cada celda tiene una*dirección* (tal como B12), la cual define su columna y renglón. Una celda puede contener texto, un valor numérico o una fórmula.

CMOS (Complementary Metal-Oxide Semiconductor). Dispositivo electrónico (por lo general, operado por baterías), que almacena información propia a su computadora.

comando. Orden que le indica qué hacer a la computadora. En los programas manejados por comandos, usted oprime una tecla específica o teclea el comando que deberá ejecutarse. En programas controlados por menúes, usted selecciona el comando de un menú.

comodín. Cualquier carácter que ocupa el lugar de otro en un grupo de caracteres. Considere un carácter comodín como la carta comodín que aparece en un juego de póquer. Si posee un comodín, puede usarlo en lugar de cualquier carta en todo el juego. El DOS tiene dos caracteres comodines: un signo de interrogación (?) y un asterisco (*). El signo de interrogación representa un solo carácter. El asterisco representa un grupo de caracteres.

compatible con Hayes. Se usa para describir un módem que emplea el conjunto de comandos de Hayes para comunicarse con otros a través de líneas telefónicas. Los modems compatibles con Hayes se prefieren a otros modems debido a que casi todos los modems y el software de comunicaciones se diseñan para ser compatibles con Hayes.

computadora. Cualquier máquina que acepta entradas (por parte de un usuario), las procesa y produce un resultado.

correo E. Abreviatura de *correo electrónico.* Es un sistema que permite a las personas enviar y recibir mensajes de computadora a computadora. Por lo general, el correo electrónico está disponible en redes y servicios de información en línea.

CPU (Central Processing Unit). Véase *microprocesador.*

cursor. Línea horizontal que aparece bajo los caracteres. Un cursor actúa como la punta de su lápiz; todo lo que usted escribe aparece aparece donde estaba el cursor (véase también *punto de inserción*).

datos. Todo aquello que introduce en una computadora y que ésta almacena y emplea.

densidad. Medida de la cantidad de datos que pueden almacenarse por pulgada cuadrada en un área de información en un disco.

descargar. Enviar datos a otra computadora, por lo general a través de un módem y una línea telefónica o mediante una conexión en red.

desplazar o enrollar (scroll). Mover un texto hacia arriba, hacia abajo, a la derecha o a la izquierda en el monitor de una computadora.

directorio. Debido a que los discos duros grandes pueden almacenar miles de archivos, necesita guardar grupos de archivos relacionados en directorios separados en el disco. Considere un disco como un armario para archivos y a cada directorio como una gaveta. Al conservar los archivos en directorios separados, es más fácil localizar y trabajar con los archivos relacionados.

disco duro. Unidad de disco que viene completa con un disco no removible dentro de ella. Actúa como una unidad de discos flexibles gigante y, por lo general, se encuentra dentro de su computadora.

disco flexible. Disco redondo de material plástico que almacena datos en forma magnética (los hechos y cifras que usted introduce y guarda). Los discos flexibles son los que inserta en la unidad de discos flexibles de su computadora (que se localiza en la parte frontal de la misma).

disco. Medio de almacenamiento magnético, redondo y plano. Véase *discos flexibles* y *disco duro*.

doblez de palabra o salto automático de línea (word wrap). Característica que mueve en forma automática una palabra a la siguiente línea si ésta rebasa el final de la línea actual.

DOS (sistema operativo de disco). DOS es un programa esencial que le proporciona las instrucciones necesarias a las partes de la computadora (teclado, manejador de disco, unidad central de procesamiento, pantalla, impresora y demás) para que funcionen como una unidad.

edición por computadora (DTP). Programa que le permite combinar texto y gráficos en la misma página manipulándolos en pantalla. Los programas de edición por computadora se emplean para crear boletines, cartas, folletos, volantes, currícula y tarjetas de negocios.

EMS (Expanded Memory Specification). Véase *memoria expandida*.

en línea. Es cuando un dispositivo está conectado, activado y preparado para aceptar información. Se emplea con más frecuencia en relación con una impresora o módem.

estilo. Conjunto de especificaciones para formatear texto. Un estilo puede incluir información para el tipo de fuente, tamaño, márgenes y espaciamiento que se tiene para un texto. Aplicar un estilo al texto es formatearlo en forma automática, de acuerdo con las especificaciones del estilo.

extensión. En el DOS, cada archivo que se crea tiene un nombre único. El nombre consta de dos partes: un nombre de archivo y una extensión, separados por un punto. El nombre de archivo puede tener hasta ocho caracteres (y se coloca a la izquierda del punto). La extensión (que es opcional y va a la derecha del punto) puede constar de hasta tres caracteres.

formatear (disco). El formatear crea un mapa de un disco que le dice al sistema operativo cómo está estructurado el mismo. El sistema operativo usa este mapa para controlar dónde se almacenan los archivos.

formatear (documento). Establecer la distribución física de un documento, incluyendo el tamaño de página, los márgenes, los encabezados, el espaciamiento, la alineación del texto, la colocación de los gráficos y demás.

fuente (font). Cualquier conjunto de caracteres del mismo *tipo de letra* (en cuanto a su diseño) y *tamaño de tipo* (medido en puntos). Por ejemplo, Times Roman de 12 puntos es una fuente (font); Times Roman es el tipo de letra y doce puntos es el tamaño (hay 72 puntos en una pulgada).

gráficos orientados a objetos. A programas de dibujo se les llega a conocer como programas de gráficos orientados a objetos porque tratan a los objetos como unidades individuales preferentemente que como un conjunto de pixeles.

hacer clic. Mover el apuntador del ratón sobre un objeto o icono y después oprimir y soltar el botón del ratón una vez, sin moverlo.

hoja de cálculo. Programa usado para planificar y calcular en base a resultados numéricos. Ejemplos de hojas de cálculo comunes son Lotus 1-2-3, Excel de Microsoft y Quattro Pro.

icono. Imagen que representa otro objeto, tal como un archivo en un disco.

indicador del DOS. Indicador en pantalla, el cual indica que el DOS está preparado para aceptar un comando. Se ve de la manera siguiente:C> o C:\.

indicador o punto de indicación (prompt). La manera en que una computadora le indica al usuario que está lista para recibir información. Considere que la computadora lo observa y le dice: "ordena, dime algo". En otras palabras, le *indica* o *solicita* que le proporcione información; en ese momento usted puede contestar con un comando (orden, mandato, instrucción, etc.) o con el nombre de un programa.

inicializar. Restablecer una computadora o programa a algunos de sus valores iniciales. Cuando se usa para describir discos flexibles o duros, el término se utiliza como sinónimo de formatear.

interfaz gráfica de usuario (GUI). Un tipo de programa que sirve de interfaz y que emplea elementos gráficos, tales como iconos, para representar comandos, archivos y, en algunos casos, otros programas. La GUI más famosa es Windows de Microsoft.

interfaz. Todo aquello capaz de enlazar dos objetos, tales como una computadora y un módem. El enlace entre una computadora y una persona se llama *interfaz de usuario* y se refiere a la forma en que una persona se comunica con la computadora.

kilobyte (K). Unidad para medir la cantidad de datos. Un kilobyte equivale a 1024 bytes.

macro. Conjunto de instrucciones grabadas para una tarea compleja o que se realiza con frecuencia. Los macros parecen programas pequeños y se activan al oprimir una combinación específica de teclas.

manejador de disco. Dispositivo que escribe y lee datos en un disco magnético. Considérelo como una grabadora reproductora de casetes. Al igual que esta última que puede grabar sonidos en una cinta magnética y reproducirlos, una unidad de disco puede registrar datos en un disco magnético y reproducirlos.

megabyte. Unidad estándar empleada para medir la capacidad de almacenamiento de un disco y la cantidad de memoria de computadora. Un megabyte son 1 048 576 bytes (1 000 kilobytes). A grandes rasgos, esto equivale a 500 páginas de texto a doble espacio. Megabyte se abrevia como M, MB o M byte.

memoria de acceso aleatorio (RAM). La que emplea su computadora para almacenar datos y programas en forma temporal. La RAM se mide en kilobytes y megabytes. Por lo general, si una computadora tiene más RAM, puede ejecutar programas más poderosos.

memoria expandida. Un procedimiento o modo especial de las computadoras IBM para usar la memoria más allá de los 640 kilobytes. Con la memoria expandida, la memoria adicional se agrega a la computadora, a través de chips individuales o de tarjetas de memoria. Para accesar esta memoria adicional, el administrador de memoria expandida reserva 64 de los 640 kilobytes estándar como un área de intercambios. Los 64 kilobytes representan 4*páginas*, cada una de las cuales consta de 16 kilobytes. Las páginas de datos son intercambiadas entre la región de los 64 kilobytes y la memoria expandida; el intercambio se lleva a cabo a alta velocidad. No todos los programas pueden emplear memoria expandida. Véase también *memoria extendida.*

memoria extendida. Tipo de memoria que excede al primer megabyte que sirve como memoria base y que poseen la mayoría de las PC. La memoria extendida la obtiene directamente el procesador de su computadora, a diferencia de la memoria expandida, en la cual los datos deben intercambiarse dentro y fuera de la memoria base. Véase también *memoria expandida.*

memoria. Area de almacenamiento electrónico dentro de la computadora, usada para almacenar datos o instrucciones de programas en forma temporal, cuando la computadora los usa. La memoria de la computadora se borra cuando ésta se apaga.

menú desplegable o de persiana (pull-down menu). Menú que aparece en la parte superior de la pantalla, presentando diferentes opciones. El menú no está visible hasta que usted lo selecciona de la barra de menúes; en ese momento, el menú se despliega, cubriendo una pequeña parte de la pantalla.

menú. Lista de comandos o instrucciones exhibidos en la pantalla. Los menúes oganizan los comandos y hacen un programa más fácil de emplear.

microprocesador. En ocasiones llamado unidad de procesamiento central (CPU) o procesador, este chip es el cerebro de la computadora; hace todos los cálculos.

módem. Acrónimo de MOdulator/DEModulator (modulador/demodulador). Un módem es una parte de hardware que le permite a una computadora enviar y recibir datos a través de una línea telefónica ordinaria.

modificador (también, opción o interruptor) (switch). Un valor que puede agregar a un comando para controlar la manera en la que se ejecute. Por ejemplo, en el DOS, se emplea el modificador o interruptor /V en el comando COPY para indicarle que verifique que los archivos copiados sean duplicados exactos de los originales.

monitor. Pantalla parecida a una televisión que le permite a la computadora exhibir información.

MS-DOS (Microsoft Disk Operating System). Véase *DOS*.

multitareas. La capacidad de ejecutar dos programas al mismo tiempo. Algunos programas, tales como el Shell de DOS, le permiten cambiar entre dos o más programas (cambio de tareas), pero no permiten que un programa ejecute operaciones en el segundo plano (multitareas).

partición. Una unidad de disco duro puede dividirse en una o más unidades, a las que el DOS denomina unidades C, D, E y así sucesivamente (no se engañe, todavía es una sola unidad de disco). La unidad de disco duro real se llama unidad *física*; cada partición se denomina unidad *lógica*.

periférico. La unidad del sistema es la parte central de la computadora. A cualesquiera de los dispositivos conectados a la unidad del sistema se les considera periféricos (como en "visión periférica"). Los dispositivos periféricos incluyen el monitor, la impresora, el teclado, el ratón, el módem y el bastón de mando (joystick). Sin embargo, algunos fabricantes consideran el teclado y el monitor como partes esenciales de la computadora y no como periféricos.

pixel. Punto de luz que aparece en la pantalla de la computadora. Un conjunto de pixeles forman los caracteres y las imágenes en la pantalla. Considere un pixel como una pieza de un rompecabezas.

portapapeles (clipboard). Area de almacenamiento temporal que contiene texto y gráficos. Los comandos cortar y pegar colocan el texto o los gráficos en el portapapeles, reemplazando al contenido anterior de éste. El comando pegar copia los datos del portapapeles a un documento.

POST (Power-On Self Test). Serie de comprobaciones internas que ejecuta la computadora sobre sí misma cuando se enciende. Si la prueba revela que cualquiera de los componentes no funciona en forma adecuada, la computadora exhibe en la pantalla un mensaje de error, el cual proporciona una indicación general de cuál componente es el que produce problemas.

procesador de palabras. Programa que le permite introducir, editar, formatear e imprimir texto.

programa integrado. Programa que combina las características de varios programas, tales como procesamiento de palabras, hoja de cálculo, bases de datos y programa de comunicaciones. Por lo general, los nombres de los programas integrados terminan con la palabra *Works*.

programa. Grupo de instrucciones que indica a la computadora lo que debe hacer. Ejemplos de programas típicos son procesadores de palabras, hojas de cálculo, bases de datos y juegos.

protección contra escritura. Procedimiento para evitar que se agreguen o modifiquen datos almacenados en un disco, sin impedir su lectura.

protocolo. En comunicaciones, conjunto de normas, que controlan la transferencia de datos entre dos computadoras mediante un módem.

puerto COM. Abreviatura de puerto de COMunicaciones. Receptáculo, por lo general en la parte trasera de la computadora, en el se que puede conectar un dispositivo serial, tal como un módem, ratón o impresora serial. Si su computadora tiene más de un puerto COM, los puertos COM se numeran COM1, COM2 y así sucesivamente.

puerto paralelo. Conector empleado para enlazar un dispositivo, por lo general una impresora, con la computadora. Transferir datos a través de este puerto es mucho más rápido que transferirlos por medio de un puerto serial, pero los cables paralelos sólo transportan los datos de manera confiable a 3 o 5 metros.

puertos. Los conectores en la parte posterior de la computadora. Reciben su nombre por analogía con los puertos en los que atracan los barcos y entregan su carga. En este caso, los puertos permiten que entre y salga información de la unidad del sistema.

punto de inserción. Línea vertical parpadeante que se usa en algunos procesadores de palabras para indicar el lugar donde se insertarán los caracteres que se tecleen. Un punto de inserción es el equivalente de un cursor.

ranura de expansión. Conector en la tarjeta principal (motherboard) de su computadora,dentro de la unidad del sistema- en donde se coloca la tarjeta controladora propia a un dispositivo externo, para poder enlazarlo a la unidad.

rastreador (scanner). Dispositivo que convierte las imágenes, tales como fotografías o texto impreso, en un formato electrónico que puede emplear una computadora. Muchos almacenes emplean un tipo especial de rastreador para leer de las etiquetas un código de barras en la caja registradora.

ratón de bola, ratón esférico o bola de cursor (track ball). Dispositivo, de uso frecuente con computadoras laptops, que funciona como un ratón al revés. Para usarse requiere menos espacio en el escritorio porque, en lugar de mover el ratón por el escritorio con el fin de desplazar el apuntador en la pantalla, la bola de cursor le permite mover el apuntador. Algunos juegos de video emplean dispositivos similares a las bolas de cursor.

ratón. Dispositivo manual que usted mueve por el escritorio para desplazar un indicador, llamado apuntador de ratón, por la pantalla. Se usa en lugar del teclado para seleccionar y mover elementos (tales como texto o gráficos), ejecutar comandos y otras tareas.

registro. Lo emplean las bases de datos para denotar una unidad de información relacionada, conformada por uno o más campos. En otras palabras, una asociación de campos da como resultado un registro.

relación de transferencia. Medida de la cantidad de información que puede transferir un dispositivo (por lo general, una unidad de disco) a la memoria de su computadora, en un segundo. Una buena relación de transferencia está en el rango de los 500 a 600 kilobytes por segundo. Cuanto más alto es el número más rápido se considera al dispositivo (véase también *tiempo de acceso*).

ROM BIOS. Véase *BIOS*.

shell. Programa que le permite proporcionar los comandos propios a un sistema operativo al seleccionarlos, posiblemente de un menú. Los programas shell orientados a menúes hacen más fácil el uso del sistema operativo.

sistema de tablero de anuncios (BBS). Programa que le permite a una computadora contestar el teléfono en forma automática cuando le llaman otras computadoras. El BBS permite a la computadora que hace la llamada transferir archivos hacia ella (*cargar archivos*) y enviar archivos desde ella (*descargar archivos*). Aunque puede comprar un programa de BBS para configurar su propio BBS, la mayoría de los usuarios trabaja con los BBS configurados por compañías y asociaciones profesionales de computadoras.

software. Conjunto de instrucciones que le dicen a su computadora (el hardware) lo que debe hacer. Hay dos tipos de software: software de sistema operativo y software de aplicaciones. *El software de sistema operativo* (tal como DOS) carga y deja lista su computadora para ejecutar el otro tipo de software. *El software de aplicaciones* le permite hacer algo útil, tal como escribir una carta o elaborar una hoja de cálculo.

suministro de corriente ininterrumpible (UPS). Dispositivo operado por baterías que protege a su equipo contra descargas y cortes de corriente. Si se interrumpe la energía eléctrica, el UPS sigue proporcionando corriente a la computadora para que continúe trabajando o haga lo necesario para no dañar su información y apagar, con seguridad, su equipo.

tabla de asignación de archivos (FAT). Un mapa propio de cada disco que le indica al sistema operativo en dónde están almacenados los archivos en el disco. Es como el conocer en dónde se sienta cada alumno en un salón de clases.

teclado. El principal dispositivo de entradas en la mayoría de las computadoras.

teclas de funciones. Las 10 ó 12 teclas, que empiezan con F, en el lado izquierdo o en la parte superior del teclado (en algunos teclados se encuentran en ambos sitios). Las teclas F están numeradas como F1, F2, F3 y así sucesivamente. Estas teclas se utilizan para introducir comandos específicos a un programa.

Tiempo de acceso. El tiempo promedio que necesita un dispositivo (por lo general, una unidad de disco) para encontrar en el disco una porción de datos al azar. El tiempo de acceso se mide en milisegundos (ms) -entre más bajo es el número, más rápido es el dispositivo-. Los buenos tiempos de acceso se encuentran entre 15 ms y 20 ms (véase también *velocidad de transferencia*).

trayectoria. La ruta que recorre una computadora del directorio raíz a cualquier subdirectorio, cuando localiza un archivo.

unidad de disco fijo. Manejador de disco que contiene un disco no removible; lo contrario de los manejadores de discos flexibles, en los que se puede insertar y quitar al disco.

ventanas. Una manera de exhibir información en diferentes partes de la pantalla.

virus. Programa que se enlaza a sí mismo con otros archivos en un disco flexible o duro y se duplica sin el conocimiento del usuario, y que puede causar que la computadora haga cosas extrañas y, muchas veces, destructivas. El virus puede atacar a la computadora modificando o borrando archivos del disco duro o dando la orden de formatear éste.

viuda/huérfana. Una *viuda* es la última línea de un párrafo que aparece sola en la parte superior de la página siguiente. Si la primera línea del párrafo es la que queda abandonada en la parte inferior de una página, se le llama *huérfana*. No olvide que la huérfana queda atrás.

Indice